Legal Research on the "Belt and Road"

"一带一路"法律研究

（第2卷）

主　　编：刘晓红
执行主编：张继红

知识产权出版社
全国百佳图书出版单位
—北京—

图书在版编目（CIP）数据

"一带一路"法律研究. 第 2 卷 / 刘晓红主编. —北京：知识产权出版社，2020.12
ISBN 978-7-5130-7403-2

Ⅰ.①一… Ⅱ.①刘… Ⅲ.①法律—研究—世界 Ⅳ.①D910.4

中国版本图书馆 CIP 数据核字（2020）第 271110 号

责任编辑：齐梓伊　唱学静　　　　　责任校对：王　岩
封面设计：张新勇　　　　　　　　　　责任印制：孙婷婷

"一带一路"法律研究（第 2 卷）

主　　编　刘晓红
执行主编　张继红

出版发行　知识产权出版社有限责任公司	网　　址　http：//www.ipph.cn
社　　址　北京市海淀区气象路 50 号院	邮　　编　100081
责编电话　010-82000860 转 8112	责编邮箱　ruixue604@163.com
发行电话　010-82000860 转 8101/8102	发行传真　010-82000893/82005070/82000270
印　　刷　北京建宏印刷有限公司	经　　销　各大网上书店、新华书店及相关专业书店
开　　本　720mm×1000mm 1/16	印　　张　16.75
版　　次　2020 年 12 月第 1 版	印　　次　2020 年 12 月第 1 次印刷
字　　数　290 千字	定　　价　89.00 元
ISBN 978-7-5130-7403-2	

出版权专有　侵权必究
如有印装质量问题，本社负责调换。

《"一带一路"法律研究》编委会

编委会主任：刘晓红

编委会顾问（依姓氏笔画为序）：
　　车　英　杨　恕　潘志平

编委会副主任：张继红　殷　敏　朱永彪

编委会委员（依姓氏笔画为序）：
　　王丽华　王　蔚　石子伟　石其宝
　　田俊芳　田新文　任　际　刘志强
　　刘　宪　刘娴静　李　铖　肖建明
　　汪伟民　张少英　张正怡　范铭超
　　赵运锋　胡戎恩　胡宗山　柳　梅
　　袁胜育　贾少学　康敬奎　彭文华

编辑部主任：张继红（兼）

责任编辑：沈晓晨　何　柳　谢垚琪　朱　怡
　　王盛哲　沈怡亿

《"一带一路"法律研究》

　　《"一带一路"法律研究》由上海政法学院中国-上海合作组织国际司法交流合作培训基地、上海全球安全治理研究院全球化法律问题研究所、上海市法学会"一带一路"法律研究会联合主办。它面向全国,收录了国内知名学者、优秀博士研究生在"一带一路"经贸、投融资、能源、航运以及争端解决等法律及其他相关领域的理论与实务著述,范围涵盖"一带一路"法律研究各个方向,是"一带一路"优秀学术著述的汇辑。

卷 首 语

近些年来,世界经济增长低迷,全球化进程受阻,2020年年初又爆发了肆虐全球的新冠疫情,国际形势正在发生着重大变化,"一带一路"建设面临更多新的问题和挑战。《"一带一路"法律研究(第2卷)》紧跟全球经贸治理的新趋势,设置了国际法专题、国际投资法制研究、热点聚焦、实务透视、研究综述五个栏目,收录了14篇热点前沿文章。

一、国际法专题

在国际法专题中,吉林大学法学院何志鹏教授及其博士研究生赵健舟在《中国主导的"一带一路"争端解决机制审思》一文中对中国主导建立"一带一路"的专门争端解决机制这一论题进行了探讨。文章提出,中国国内学者在"一带一路"争端解决的问题上是维持现有制度还是建立专门的争端解决机构之间,更加倾向于后者。然而,高度制度化、法律化的争端解决机制在"一带一路""开放包容"的合作模式、现有的复杂国际关系环境之下较难实现,目前可用于"一带一路"的争端解决机制潜力尚未完全挖掘且短时间内难以取代,同时现阶段中国与沿线各国的政治互信基础尚不坚实,各国形成对"一带一路"合作模式与理念的共识尚需时日。因此,不宜急于构建统一的争端解决机制,而是应当秉承开放包容原则,坚持共商共建思想,在现有双边、多边基础之上妥善处理"一带一路"的争端解决问题。当然,就长远来看,"一带一路"不可能永远停留在松散的、依靠软法文件的阶段,无论各国将走出何种道路,它也必然会向着更加成熟的、系统的、有规律的方向发展。

2020年,新型冠状病毒给人类卫生健康安全带来了极大的挑战。同济大学法学院师华教授及其研究生王华倩在《"一带一路"背景下构建"人类卫生健康共同体"的区域合作研究》一文中提出,在卫生健康领域展开区域合作比实现全球治理更具短期可能性,区域合作是实现全球卫生健康问题全球治理模式的过渡与准备。因此,在138个"一带一路"参与国合作基础上展开卫生健康领域的合作具有其正当性,同时也符合国际社会保障生命健康的人权要求。当然,"一带一路"下构建"人类卫生健康共同体"区域合作也面临着如数据共享中敏感信息的滥用、国家间政策及机制存在较大差异等种种困难与挑战,对此我们目前应当在区域合作发展趋势下对非实质性障碍进行克服与改进,从而间接地达到提高"一带一路"区域内较落后参与国家卫生、医疗、健康水平的实质效果。

上海合作组织起源于1996年成立的"上海五国"会晤机制,以加强边境地区信任和裁军的谈判进程。至2017年,阿斯塔纳会议做出了给予印度共和国和巴基斯坦成员国地位的决议,上合组织已成为世界上人口最多、领土覆盖面最广的区域性国际组织。上海政法学院国际法学院王丽华教授及其研究生袁星在《构建更加紧密上海合作组织利益共同体之国际法思考》一文中提出,上海合作组织建立以来,其合作范围从安全领域不断外溢向经济领域。在"携手构建更加紧密的上海合作组织命运共同体"倡议下,打造更加紧密上合组织利益共同体有其必要性和可行性。针对打造更加紧密上合组织利益共同体存在的法律障碍,应从国际法角度考虑构建更加紧密上合组织利益共同体,可以通过升级经济合作形式、改革组织运行机制、推动实施机制建设等方式进行。中国作为主要倡导国要把人类命运共同体理论同上海精神结合起来,承担供给"一带一路"等公共产品的大国责任,以国际法方式将中国利益与上合国家利益相结合,积极推动上合组织机制的完善和改革。

二、国际投资法制研究

在国际投资法制研究这一专题中,中国政法大学国际法学院张丽英教授和澳门大学国际经济法博士研究生李可在《拉美国家投资中的"社会许可"与中拉绿色投资规范构建》一文中提出,拉美国家是"一带一路"倡议的积极支持者,中拉经贸关系素来以互利共赢为基础。然而,中国在拉美的投资(特别是矿业投资)中,由"资源诅咒"所产生的环境、劳工权益等社会问题给投资回报带来极大的不确定性因素,由此提出"社会许可"这一理念,以其为中心从企业合规的角度出发,讨论企业的"社会许可"经营义务,并在分析国际投资条约晚近发展趋势的基础上,梳理中国与拉美国家签署的双边投资经贸条约及其包含的"社会许可"条款,并探讨以保持中拉经贸关系可持续发展为目的的绿色投资规范的构建措施。

在"一带一路"倡议实施过程中,双边投资条约(BIT)是保护和促进外资的重要国际投资法治工具。BIT 授予外国投资者及其投资各种实体待遇、限制东道国直接和间接征收外国投资,并通过程序条款保障外国投资者实体权利的实现和东道国义务的履行。厦门大学法学院韩秀丽教授及其研究生荣婷在《我国与"一带一路"沿线国家 BIT 间接征收实体条款的结构性分析》一文中提出,我国目前与"一带一路"沿线国家生效的 BIT 中大多缺乏对于征收尤其是间接征收的明确界定,对于征收认定与补偿的规定也比较笼统,从而无法为间接征收争端的解决提供规范性较强的法律依据。因此,在"一带一路"沿线国家的 BIT 中对间接征收给出明确定义、明确认定标准对于"一带一路"倡议的实施有着重要意义。为增强间接征收条款适用的确定性和可预见性,我们可采取完善补偿规则、增加例外条款等措施,同时也使"一带一路"建设得到更好的国际投资法治保障。

营商环境是企业投资环境的重要体现,也是企业农业投资的重要参考。华东理工大学法学院祝宁波副教授及其研究生张琴在《论俄罗斯营商环境下的农业投资》一文中提出,近年来俄罗斯在营商环境改善方面的努力以及在世界营商环境排名中的迅速提升反映出俄罗斯农业投资环境改善的趋势,这将有助于农业投资企业降低企业运营成本和风险管理成本。不过,俄罗斯营商环境及其排名情况并非对农业投资环境的全面反映,也未能充分体现在俄罗斯农业投资的各类风险。由此,企业对俄罗斯农业投资时,应客观认识俄罗斯营商环境报告和指标信息,把握营商环境指标对农业投资的未来影响,以便提高自身的生存和风险应对能力。

在"一带一路"倡议之下,中国企业对于欧洲国家的投资出现了新的机遇,而随着新冠肺炎疫情在全球的爆发,各国经济都面临着巨大的挑战,许多国家采取了更加严格的保护主义。上海对外经贸大学法学院李晓珊博士及其研究生鲁丹在《"一带一路"背景下投资法国的法律风险防范研究》一文中提出,在新冠肺炎疫情的影响下,欧盟与法国都将生物技术纳入敏感行业,欧盟无论在程序上抑或实体上均加强了对外资审查的监管,各成员国在针对外资并购、外资审查等领域也皆受其影响。欧盟和法国对外资的态度进入了保护主义阶段。法国既有的劳工问题也得到了一定程度的缓解,在解雇权和加强企业集体协议的作用方面,立法者秉承了社会法的思维视角,始终在维护社会利益、员工利益和减轻企业负担方面努力作出平衡。

三、热点聚焦

2020 年 1 月 1 日起施行的《中华人民共和国外商投资法》第 35 条将外商投资安全

审查制度上升到了法律层面,同时对外资采用"准入前国民待遇+负面清单"的模式。在提高开放水平的同时,面对外商投资带来的影响,国家安全审查制度的构建任务也更加繁重。西南政法大学国际法学院岳树梅教授及其研究生蒋魏馨在《论我国国家安全审查决定的司法审查》中,通过研究各国关于安全审查决定司法审查规则与实践,发现虽然各国对于司法审查问题上规定不同,但是在维护国家安全的同时赋予投资者一定程度的救济途径是未来安全审查制度的发展趋势。同时,建议我国在落实完善安全审查制度的工作中,可以考虑将国家安全审查程序纳入司法审查范围,在保证国家安全的前提下营造自由便利的投资环境。

上海社会科学院国际问题研究所助理研究员柯静在《世界贸易组织与多边主义发展——基于中国"数字丝绸之路"建设的视角》一文中,从当前世界贸易组织和多边主义发展所面临的挑战出发,发现世界贸易组织存在"功能不足""合法性缺失""领导力缺乏"和"国际地位的边缘化危机"的问题。通过探讨中国推进"数字丝绸之路"的建设,发现我国"数字丝绸之路"建设符合世界贸易组织和多边主义最为核心的"包容性"要求,可成为世界贸易组织和多边主义秩序的重要补充,并且可以完善当前世界贸易组织和多边主义的不足,对于世界贸易组织和多边主义的发展具有重要意义。同时,通过研究在缺少美国的支持和领导下,世界贸易组织和多边主义的走向及其对"数字丝绸之路"建设的影响,发现随着中国逐渐强大,美国将中国视为威胁其霸权地位的竞争对手,并开始利用其作为全球最大市场的物质性权力,对世界贸易组织发起猛烈攻击,试图重构国际经济秩序的现状。

南京航空航天大学人文与社会科学学院硕士研究生李烨及贺富永副教授在《"一带一路"倡议下我国航权交换法律机制的改革与创新》一文中提出,航权交换的法律机制主要包括对空域的开放、机场运行航权的权限及航线管理等内部监管问题,以及航权交换的协定、多边法律机制及区域的协同发展等外部交往活动两方面。当前我国航权交换法律机制上存在宏观设计供给不足、微观规制效率低下等问题。国内空域管理体制的僵化与空域资源分配的不均衡、航权交换的程度不足、航权运营主体的国际竞争力较弱等问题构成其改革内因,多边航权交换机制的构建需求、国际航运的环境保护、各国航空业发展水平差异构成其改革外因。由此提出,机制的内部创新路径在于提升空域的开放水平、扩大航权交换类型、提升航权运营主体国际竞争力,外部创新路径在于建立航权交换多边法律机制、加强国际航运的环境保护协作,设立统一航权交换协同中心。

四、实务透视

随着"一带一路"倡议的实施,银行跨境担保业务面临着重大机遇与挑战。在银行跨境担保业务产品结构迅速创新、服务范围不断扩展的同时,不同地缘引发的政治风险及信用风险和不同地域交织的金融监管政策及其法律风险也随之出现。上海市高级人民法院法官竺常赟及上海金融法院法官助理杨晖在《"一带一路"视域下银行跨境担保法律问题探析》一文中,从金融监管和国际商业惯例视角来界定银行跨境担保业务的范畴,以信用证、独立保函为主要业务模式,从新型担保与传统担保的法律关系性质区别分析入手,聚焦跨境担保的抽象独立性、合同效力、欺诈认定、止付等法律问题。特别探讨了新冠肺炎疫情下不可抗力的国际贸易规则与国内法的衔接,提出在新冠肺炎疫情影响全球情况下,只有对银行跨境担保业务法律问题予以足够的研究和积极的应对,尊重国际金融担保规则,注重国内法与别国法的衔接,才能把握好银行跨境担保法律规则的特别规定与规律,有效管控法律风险。

近年来,我国法院在承认与执行外国法院判决方面为事实互惠原则所限,与相关国家陷入"囚徒困境",不利于为"一带一路"沿线国家经济发展营造良好的法治保障环境。南京市中级人民法院研究室副主任张先荖及外交学院衡砺寒在《外国民商事判决承认和执行中推定互惠原则的选择与制度构建——以"一带一路"沿线国家为视角》一文中,通过梳理涉外民商事判决承认与执行的相关案例,分析事实互惠原则存在的弊端及其原因,并结合最高人民法院对涉外民商事判决承认与执行的司法政策改变,对外国法院判决承认与执行适用互惠原则的审查标准等进行了探讨,在此基础上对适用推定互惠原则制度构建提出完善建议:在我国互惠原则的司法适用中,应该进行国家利益和私人利益的衡量,做好"一带一路"沿线国家外国法查明平台、跨国裁判文书共享等司法信息数据库建设,加强涉外审判队伍建设和建立类案与关联案件检索制度。

五、研究综述

上海政法学院上海全球安全治理研究院助理研究员谢垚琪在《"一带一路"法律问题研究综述》一文中阐述了"一带一路"法律问题的研究现状,提出当前"一带一路"法律问题研究着力聚焦于解决具体法律问题的微观层面,"一带一路"倡议的提出与不断发展帮助中国走出国际法上面临的困境,"亚投行"的创立改变了国际金融法的格局,中欧班列的开通则推动了国际贸易法的新发展；而在宏观层面上，相关研究则暂未在检索中得到相应体现，事实上"一带一路"已经成为构建人类命运共同体的一部分。与此同时，"一带一路"与国际法治发展形成内在契合，推动着国际法治建设，而国际法治的发展也给"一带一路"倡议提供了法律保障。"一带一路"法律问题研究顺应历史发展潮流，对推动国际合作，促进共同发展有着深远意义。

天津师范大学政治与行政学院俞婧婷及何达蓁在《政治学学科视域下中国学界"一带一路"研究述评——基于CiteSpace可视化分析》一文中，以2014—2019年CSSCI数据库中政治学学科领域的"一带一路"研究论文为样本，通过文献计量方法，运用CiteSpace对目前政治学学科视域下的"一带一路"研究现状、前沿和热点进行可视化分析，发现政治学学界对"一带一路"的关注集中在"人类命运共同体""全球治理""中国外交"三个大类。在未来的一段时间里，"人类命运共同体""全球治理""中国外交"将继续成为政治学学科视域下的主流与前沿，但是具体的研究议题会有所深化，学界可以从研究角度、研究方法、理论范式等方面进行突破。

《"一带一路"法律研究》编辑部
2020年9月

目 录

国际法专题　　1

中国主导的"一带一路"争端解决机制审思／1
何志鹏　赵健舟

"一带一路"背景下构建"人类卫生健康共同体"的区域合作研究／23
师　华　王华倩

构建更加紧密上海合作组织利益共同体之国际法思考／38
王丽华　袁　星

国际投资法制研究　　53

拉美国家投资中的"社会许可"与中拉绿色投资规范构建／53
张丽英　李　可

我国与"一带一路"沿线国家 BIT 间接征收实体条款的结构性分析／69
韩秀丽　荣　婷

论俄罗斯营商环境下的农业投资／91
祝宁波　张　琴

"一带一路"背景下投资法国的法律风险防范研究／107
李晓珊　鲁　丹

热点聚焦 122

论我国国家安全审查决定的司法审查 / 122
岳树梅　蒋魏馨

世界贸易组织与多边主义发展
——基于中国"数字丝绸之路"建设的视角 / 134
柯　静

"一带一路"倡议下我国航权交换法律机制的改革与创新 / 154
李　烨　贺富永

实务透视 172

"一带一路"视域下银行跨境担保法律问题探析 / 172
竺常赟　杨　晖

外国民商事判决承认和执行中推定互惠原则的选择与制度构建
——以"一带一路"沿线国家为视角 / 189
张先甹　衡砺寒

研究综述 207

"一带一路"法律问题研究综述 / 207
谢垚琪

政治学学科视域下中国学界"一带一路"研究述评
——基于 CiteSpace 可视化分析 / 221
俞婧婷　何达薷

Contents

Research on International Law 1

A Review of the Dispute Settlement Mechanism of the "Belt and Road" Led by China
He Zhipeng, Zhao Jianzhou / 1

Research on Establishing "a Community of Shared Healthy Future for Mankind" in the "Belt and Road" Regional Cooperation
Shi Hua, Wang Huaqian / 23

Reflections of International Law on Building the Shanghai Cooperation Organization into a Closer Community with Shared Interests
Wang Lihua, Yuan Xing / 38

Research on International Investment Law 53

"Social License" in Latin American Investment and the Construction of Sino-Latin America Green Investment Regulation
Zhang Liying, Li Ke / 53

The Structural Analysis of the Substantive Indirect Expropriation Clauses in BITs Between China and the Countries along the "Belt and Road"
Han Xiuli, Rong Ting / 69

Analysis of Agricultural Investment in Russian Doing-Business Environment

Zhu Ningbo, Zhang Qin / 91

The Research on Legal Risk of the Investment in France under the Background of the "Belt and Road"

Li Xiaoshan, Lu Dan / 107

Spotlights 122

On the Judicial Review of China's National Security Review Decisions

Yue Shumei, Jiang Weixin / 122

The Development of the WTO and Multilateralism

——Based on the Perspective of the Construction of China's "Digital Silk Road"

Ke Jing / 134

Reform and Innovation of China's Legal Mechanism for the Traffic Rights Exchange under the "Belt and Road" Initiative

Li Ye, He Fuyong / 154

Practice Insights 172

Analysis of the Legal Issues of Cross-border Bank Guarantee under the View of the "Belt and Road"

Zhu Changyun, Yang Hui / 172

The Choice and System Construction of the Presumption of Reciprocity Principle in the Recognition and Enforcement of Foreign National Commercial Judgments

——From the Perspective of Countries along the "Belt and Road"

Zhang Xianhua, Heng Lihan / 189

Research Review 207

A Review of the "Belt and Road" Research from the Perspective of Law

Xie Yaoqi / 207

A Review of Studies on the "Belt and Road" Initiative from the Perspective of Political Science

——Visual Analysis Based on CiteSpace

Yu Jingting, He Daru / 221

国际法专题
Research on International Law

中国主导的"一带一路"争端解决机制审思

何志鹏　赵健舟[*]

摘　要："一带一路"倡议提出七年以来,中国同沿线国家之间的经贸、投资合作日益密切,此种实践激发了对于中国主导建立"一带一路"的专门争端解决机构或机制的探讨。但建立制度化组织化的争端解决机制不符合"一带一路""开放包容"的自身特征,目前适用于"一带一路"的争端解决机制的潜力尚未被完全挖掘且短时间内难以被取代,现阶段中国与沿线各国的政治互信基础尚不坚实,各国形成对"一带一路"合作模式与理念的共识尚需时日。因此,不宜急于构建统一的争端解决机制,而是应当秉承开放包容、共商共建的合作理念,在现有双边、多边基础上妥善处理"一带一路"的争端解决问题。

关键词："一带一路"倡议;争端解决机制;多边合作

一、问题的提出

随着中国同沿线国家经贸、投资往来日益密切,各类纠纷、争端也随之涌现。出于对沿线国家与地区复杂投资、经济与贸易环境的担忧,同时也结合将"一带一路"建设向规则化、法治化、制度化方向推动的考量,理论家和实践者对"一带一路"的争端解决问题给予了相当程度的关注。总体而言,中国国内学者在这一问题上的立场有以下

---

[*] 作者简介:何志鹏,吉林大学法学院教授;赵健舟,吉林大学法学院国际法专业博士研究生。
基金项目:本研究受到国家社会科学基金重点项目"国家形象导向下的中国国际法话语权提升机制研究"(19AFX024)支持。

三类。

第一类是"维持现有框架"。持此种立场的学者普遍认为,目前中国所面临的"一带一路"环境,从一体化程度、法治化水平到国家间互信,均不满足创设新的争端解决机制的条件。目前阶段不宜求快求全,而是应当追求"一带一路"争端解决机制的稳步发展。因此,中国应当充分利用双边、多边合作框架,扩展现有平台影响力,以处理"一带一路"有关争端。①

第二类是"建立专门机构"。此种立场在国内学界"更受欢迎"。这一立场认为,基于条约的争端解决,世界贸易组织(WTO)、国际投资争端解决中心(ICSID)等国际组织提供的争端解决办法均存在不适应"一带一路"沿线国家客观情况与实际需求的问题,出于满足需求,同时也加强中国在国际治理中所做贡献,增强多边合作法治化、规则化程度的考量,建议中国主导创设专门的争端解决机构,负责对"一带一路"有关条约的解释、适用,综合性处理沿线国家之间发生的各类纠纷与争端。②

第三类是"建立全面机制"。它是第二类观点的延伸和推广,认为不仅应当在"一带一路"建立专门的争端解决机构,还应当以此为基础,通过普遍缔结多边条约,形成类似于 WTO 或其他区域性经济组织的制度化争端解决机制③,甚至突破现有框架,建立涵盖非诉讼性纠纷解决方案(alternative dispute resolution)与仲裁等多种规则,适用于商业、国际贸易和投资争端的综合性争端解决机制。④

---

① 本文由于所援引文献时间等不同,可能涉及"一带一路战略"等表述,为读者索引方便不做修改。但"一带一路"为中国提出的一个倡议,并非战略。曾文革、党庶枫:《"一带一路"战略下的国际经济规则创新》,载《国际商务研究》2016 年第 3 期;张超、张晓明:《"一带一路"战略的国际争端解决机制研究》,载《南洋问题研究》2017 年第 2 期;刘敬东:《构建公正合理的"一带一路"争端解决机制》,载《太平洋学报》2017 年第 5 期;韩秀丽、翟雨萌:《论"一带一路"倡议下中外投资协定中的投资者－国家仲裁机制》,载《国际法研究》2017 年第 5 期;石静霞、董暖:《"一带一路"倡议下投资争端解决机制的构建》,载《武大国际法评论》2018 年第 2 期。

② 蒋圣力:《论"一带一路"战略背景下的国际贸易争端解决机制的建立》,载《云南大学学报(法学版)》2016 年第 1 期;王贵国:《"一带一路"战略争端解决机制》,载《中国法律评论》2016 年第 2 期;王贵国:《"一带一路"争端解决制度研究》,载《中国法学》2017 年第 6 期;初北平:《"一带一路"多元争端解决中心构建的当下与未来》,载《中国法学》2017 年第 6 期;张丽娜:《"一带一路"国际投资争端解决机制完善研究》,载《法学杂志》2018 年第 8 期;王琦:《"一带一路"争端解决机制的阐释与构建》,载《法学杂志》2018 年第 8 期;王祥修:《论"一带一路"倡议下投资争端解决机制的构建》,载《东北亚论坛》2020 年第 4 期。

③ 武汉大学海外投资法律研究中心:《构建"一带一路"争端解决机制研究报告》,载微信公众号"国际经济法评论",2017 年 4 月 25 日;鲁洋:《论"一带一路"国际投资争端解决机构的创建》,载《国际法研究》2017 年第 4 期;马亚伟、漆彤:《论"一带一路"投资争议解决机制的构建》,载《国际商务研究》2018 年第 5 期。

④ 王贵国、李鉴麟、梁美芬主编:《"一带一路"争端解决机制》,浙江大学出版社 2017 年版,第 1-25 页。

总体而言,后两类观点属于一类,追求建立由中国牵头或主导的、直接面对"一带一路"沿线国家的、具有某种制度化、组织化特征的争端解决机构或机制。但从"一带一路"自身的特征来看,高度制度化、法律化的争端解决机制同"开放包容"的合作模式存在不相容之处;从"一带一路"面临的国际关系环境来看,互信基础尚不坚实,培养共识尚需时日;从"一带一路"的争端解决现状来看,目前可适用的有关机制,虽然存在某些问题,但仍然具有广阔潜力,且短时间内无法被新制度取代。基于这三方面的考量,中国不宜在现阶段急于建构专门性争端解决机构甚至是机制,而是应当温和地面对基于"一带一路"倡议所产生的争端,更多地利用现有的争端解决机制,逐步形成各国在争端解决这一法律问题上的共识与互信,进而在充分考察各国意愿与态度、需求与利益的基础之上,长远考量"一带一路"所涉及的争端解决机制问题。

二、制度化争端解决不符合现阶段"一带一路"合作模式设计

"一带一路"是构建国际经济新秩序的新尝试,追求不同于西方中心的自由主义的多边合作模式,主张"共商共建、开放包容"的合作理念,不对合作预设门槛、附加条件,也不追求具有排他性、封闭性的区域经济体。相比于依赖顶层设计的人为建构,自然发展的路径同"一带一路"更相适应。"一带一路"的此种特征证明,不宜由中国在现阶段主导建立统一的争端解决机制。

(一)"一带一路"的合作模式:开放包容、灵活务实

传统的国际争端解决方式往往建立在双边或多边条约,或者更为制度化的国际性、区域性组织基础之上。法律文件会为争端解决专门作出相应规定,并且通过国际组织的既有框架对其加以实施。[5] 追本溯源,这套高度制度化、体系化、法律化的争端解决机制建立在自由主义的国际经济秩序基础之上,有着鲜明的"规则导向色彩",非常依赖于成熟完善的国际条约、国际组织。[6] 沿着自由主义的规则路径推导,有学者认为争端解决机制的缺位根本上来自于本地区实体性合作协定框架的缺位。因此,必然的结论是,只有先缔结区域性贸易协定,"一带一路"才有可能获得设计良好的争端解决机制。[7]

---

[5] 李向阳:《"一带一路":定位、内涵急需要优先处理的关系》,社会科学文献出版社2015年版,第9页。
[6] 王彦志:《"一带一路"倡议下的国际经济秩序:发展导向抑或规则导向》,载《东北亚论坛》2019年第1期。
[7] 张超、张晓明:《"一带一路"战略的国际争端解决机制研究》,载《南洋问题研究》2017年第2期。

但必须看到,"一带一路"不同于自由主义的传统合作路径,也不属于传统的国际经济法律制度安排。[8] 相比之下,"一带一路"倡议更加注重发展中国家的发展诉求、现实需要,尊重各国的发展理念,倡导共商共建,互利共赢,追求共享发展、共同繁荣,突破了西方自由主义经济秩序对于市场与法治的教条化追求,打破了传统意义上长期以西方发达国家为中心的经济合作格局。[9] 具体而言,其区别于自由主义的合作模式可以总结为以下三个方面。

1. 准入不设门槛

传统的区域性经济合作往往带有一定的身份性、封闭性,其成员或者是以地缘性特征为纽带,或者是以经济制度与社会文化传统为纽带,虽然这有助于降低"俱乐部"国家之间的合作成本,但合作范围始终受到成员特定性限制,区域组织往往演变为新的贸易壁垒边界。[10] "一带一路"旨在建立一个开放包容的经济带,构建一套"宜双边即双边、宜多边即多边、以双边促进多边、以多边带动双边"的区域经贸合作机制[11],它的准入资格不受地缘、文化、经济、政治等因素的影响,对沿线所有国家敞开大门。中国政府的"一带一路"白皮书也不断强调,"一带一路"倡导更为包容的自由贸易,不搞封闭式贸易区。[12] 目前,"一带一路"仍旧不存在也不追求任何明确的地缘或者成员身份边界。一个国家只要认同,哪怕是部分地认同"一带一路"倡议所包含的原则和宗旨,就受到欢迎。各国不必然在"一带一路"中进行"全有或全无"的合作,而是可以根据自身需求,从不同领域、不同层次,以不同手段与沿线国家展开合作。"一带一路"的开放性特征一方面使沿线国家普遍获益,另一方面也意味着中国不可能仿效欧盟、北美自由贸易区等先例,走先经济一体化、后争端解决的传统道路。

2. 合作不附条件

不论是 WTO、国际货币基金组织还是欧盟,都在自由主义理念的影响之下将政治

---

[8] Julien Chaisse, Mitsuo Matsushita, *China's "Belt and Road" Initiative: Mapping the World Trade Normative and Strategic Implications*, 52 Journal of World Trade 163, 163-168(2018).

[9] 刘艳、黄翔:《"一带一路"建设中国家风险的防控——基于国际法的视角》,载《国际经济合作》2015年第8期;李向阳:《跨太平洋伙伴关系协定与"一带一路"之比较》,载《世界经济与政治》2016年第9期;推进"一带一路"建设工作领导小组办公室:《共建"一带一路"倡议:进展、贡献与展望》,载新华网2019年4月22日,http://www.xinhuanet.com/world/2019-04/22/c_1124400071.htm。

[10] 李向阳:《"一带一路":区域主义还是多边主义?》,载《世界经济与政治》2018年第3期。

[11] 王海运:《"丝绸之路经济带"构想的背景、潜在的挑战和未来走向》,载《欧亚研究》2014年第4期。

[12] 推进"一带一路"建设工作领导小组办公室:《共建"一带一路":理念、实践与中国的贡献》,载新华网2017年5月10日,http://www.xinhuanet.com/silkroad/2017-05/10/c_1120951928.htm。

因素如人权、法治作为开展经济合作、提供经济援助的先决条件。[13] 虽然这些先决条件确实可能有助于提高经济援助和合作的透明度与资金利用率,促进接受国的善治,但自由主义的扩张往往教条化、程式化地照搬西方范式,所以并不适合发展中国家的客观情况。从广大发展中国家的角度来看,如果不按照西方模式满足所谓的"良法善治""政治稳定"的条件,就始终难以获得外界资源支持;而得不到支持,本国就会陷入经济社会基础与改革发展机遇难以同步、匹配的恶性循环之中。[14] 因此,"一带一路"不设门槛,欢迎任何有意愿的国家通过适当方式参与其中,更欢迎"各国搭乘中国发展的列车"[15],"一带一路"倡议愿为发展中国家提供宝贵的发展机会,为其摆脱自身困境,稳健秩序,逐步提高本国人权、法治化水平奠定基础。这意味着"一带一路"倡议虽然希望"规则与发展"兼顾,追求各国按照本国现实提高法治化水平,共建良好的争端解决环境,但不能强迫各国恪守统一的争端解决规则、程序,要求法治化水平和理念不同的各国遵守统一的争端解决机制,而是要根据"一带一路"沿线国家之间双边、多边往来的客观情况,尊重其立场,在不同层面上与不同国家分别制定相应的争端解决规则和程序。[16]

3. 方式不限条约

传统的经济合作往往高度法律化,通过谈判达成各领域的双边、区域、诸边或多边国际经济条约,确立明确严格的权利义务关系来推进合作。[17] 这种合作成本高、难度大,对发展中国家而言并不合适。同时,在正式安排主导的争端解决体系下,成员各方的权利义务关系往往受到机制建立者的影响,既得利益集团将自身的实际优势确立为法律优势地位,从而使得机制的改革受到很大阻碍。"一带一路"不以任何严格的多边条约或协定作为合作基础[18],而是本着务实精神,采用软法与硬法文件相结合的灵活方式,逐步推动各领域合作。利用软法推动国际合作法治化的优势已经得到了学者的充

---

[13] 关于国际经济合作的政治附加条件,参见蒋小红:《贸易与人权的联结——试论欧盟对外贸易政策中的人权目标》,载《欧洲研究》2016年第5期;王萍:《论IMF贷款条件性与人权的国际保护》,载《武大国际法评论》2018年第3期。

[14] 王彦志:《"一带一路"倡议与国际经济法创新:理念、制度与范式》,载《吉林大学社会科学学报》2019年第2期。

[15] 习近平:《守望相助 共创中蒙关系发展新时代》,载人民网2014年8月23日,http://finance.people.com.cn/n/2014/0823/c1004-25523274.html。

[16] 包运成:《"一带一路"建设的法律思考》,载《前沿》2015年第1期。

[17] 李向阳:《"一带一路":定位、内涵急需要优先处理的关系》,社会科学文献出版社2015年版,第9页。

[18] 王玉主:《"一带一路"与亚洲一体化模式的重构》,社会科学文献出版社2015年版,第12页。

分论述:软法文件谈判难度低,缔结程序简便,实施快捷迅速,且其不具有强制拘束力,在各方尚未达成普遍共识的领域更能够获得广泛认可,降低了抵触情绪与缔约成本,还能够通过示范效应聚合各方意见,促成制度建构的框架形成。[19] 考虑到"一带一路"沿线的复杂局面,任何制度建构都必然面临着高度的不确定性,软法性文件能够最大限度地在推动合作的同时克服不确定性。[20] 截至2019年3月底,中国政府已与125个国家和29个国际组织签署173份合作文件,主要形式集中于多边与双边联合声明、宣言、谅解备忘录,白皮书等政策性、软法性的合作文件。[21] 这说明中国政府也充分认识与尊重"一带一路"合作的此种特征。"一带一路"的争端解决,不能仿照诸如《华盛顿公约》或者《关税与贸易总协定》这样的国际公约,因此也就不可能形成特定的条约基础的争端解决机构。其解决路径,还是应当建立在中国同沿线国家签署的双边、多边投资保护协定所包含的争端解决条款和解决机制基础上。[22]

(二)"一带一路"的发展路径:自然生长,渐进试错

作为中国倡导、广大发展中国家共同参与的一项追求全球治理体系公正性、平等性、开放性、包容性的合作倡议,"一带一路"倡议包含了中国根据自身历史经验与独特经历所总结出的心得。[23] 这意味着"一带一路"的合作没有先例可循,也没有成熟模式可供仿效。纵观历史,国际秩序与国际制度的建构,虽然不可避免地存在着路径依赖,受到传统因素和既有制度的影响,但客观条件总是促使新制度沿着一条异于旧制度的道路逐渐演化,最终实现新旧交替。[24] 英国以古典自由主义为指导,建立了新的国际秩

---

[19] 何志鹏、尚杰:《国际软法的效力、局限及完善》,载《甘肃社会科学》2015年第2期;何志鹏、尚杰:《国际软法作用探析》,载《河北法学》2015年第8期;江河:《从大国政治到国际法治:以国际软法为视角》,载《政法论坛》2020年第1期。

[20] 韩永红:《"一带一路"国际合作软法保障机制论纲》,载《当代法学》2016年第4期;ZENG Ling liang, *Conceptual Analysis of China's Belt and Road Initiative: A Road towards a Regional Community of Common Destiny*, 15 Chinese Journal of International Law 517, 540 – 541 (2016).

[21] 有关合作情况,参见推进"一带一路"建设工作领导小组办公室:《共建"一带一路"倡议:进展、贡献与展望》,载新华网2019年4月22日,http://www.xinhuanet.com/world/2019-04/22/c_1124400071.htm。

[22] 石静霞、董暖:《"一带一路"倡议下投资争端解决机制的构建》,载《武大国际法评论》2018年第2期。

[23] 何志鹏:《国际经济法治格局的研判与应对——兼论TPP的中国立场》,载《当代法学》2016年第1期。

[24] 关于国际制度建立的探讨,参见[美]克莱斯勒:《结构冲突:第三世界对抗全球自由主义》,李小华译,浙江人民出版社2001年版,第72 – 87页;[美]基欧汉、奈:《权力与相互依赖》,门洪华译,北京大学出版社2002年版,第11 – 20页;刘铁娃:《霸权地位与制度开放性——美国的国际组织影响力探析(1945—2010)》,北京大学出版社2013年版,第2 – 18页。

序,取代了西班牙、葡萄牙等国建立在殖民掠夺基础上的旧秩序,美国在第二次世界大战后则以"有管制的和平"与"有协调的贸易"再取代之。20世纪六七十年代,殖民地国家纷纷独立,民族解放运动成为国际社会的焦点之一,广大发展中国家则对自由主义秩序展开批判,试图创建一套更为平等的国际政治经济新秩序。这些新秩序都不是一蹴而就的,也不是按照主导国家的设计亦步亦趋前进的。在政治领域,国际联盟恪守成规的悲剧性结局与联合国安全理事会对"大国一致"等现实主义原则的接纳形成了鲜明对比,而经济领域《国际贸易组织宪章》的失败与《关税与贸易总协定》的成功同样证明了这一点。

有学者指出,从国际社会发展的宏观角度来看,高度依赖人类理性,试图通过事前的蓝图设计来构建国际关系格局与国际制度的建构式发展格局,并不符合人类历史发展规律。而制度的渐进改革,自然生成、自发试错避免了对有限理性的过度依赖,既尊重事物发展规律,又尊重各国选择权利,反而可能更为妥当。[25] "一带一路"倡议涉及60多个国家,各国的传统、现状、利益诉求呈现高度多元化态势,任何调研都不可能完全体现出每个国家对"一带一路"倡议的真实观点和真正愿望,因此也就不存在一套足以满足各国需求、尊重各国意愿的事前顶层设计。在看清"本国利在何处,各国利在何处"之前贸然实施机制建构,必然产生诸多隐患。[26] 就争端解决机制而言,"一带一路"涉及的贸易争端、投资仲裁、民商事争端领域广阔,成员众多,各国法治理念与水平各异,既包括倾向于保护本国主权利益的发展中国家,也包括积极对外投资、希望充分保护本国外资的国家,沿线国家经济发展和利益关注的不同决定了通过顶层设计其法治化路径并不可行。[27] 因此,"一带一路"的争端解决,更应当尊重事物发展规律,尊重各国对本国利益的重视,尊重各领域对于争端解决的选择,避免试图以全能理性的顶层设计处理一切争端,而是以现有双边、多边协议作为基础,灵活调整、补充争端解决机制的不足和缺陷,等待沿线国家逐步拓展实践,深化共识。

三、"一带一路"沿线政治互信要求慎重对待争端解决机制

争端解决机制是否能够得到各国承认和接受,不仅仅涉及机构本身设置、运行的一

---

[25] 何志鹏:《"一带一路"与国际制度的中国贡献》,载《学习与探索》2016年第9期。
[26] 赵可金:《"一带一路"中国为什么要做赔钱买卖?——"一带一路"不应回避的十大问题》,载凤凰国际智库2015年11月30日,https://pit.ifeng.com/event/special/yidaiyiludiaoyan/chapter8.shtml。
[27] 曾文革、党庶枫:《"一带一路"战略下的国际经济规则创新》,载《国际商务研究》2016年第3期。

系列技术性问题,更同主导国家与其他国家的政治互信息息相关,同该国周密细致的关系治理密不可分。一个国家主导建立争端解决机制绝不是一项孤立的行动,而是主导实施全球与地区治理蓝图,为国际社会提供公共产品的总体规划的组成部分。缺乏充分的互信基础,缺少对周边国家立场、态度与诉求的准确把握与尊重,盲目构建争端解决机制必然以失败告终。

(一)沿线地区风险复杂,政治互信尚不坚实

"一带一路"穿越了各个文化、宗教的交汇地带,矛盾、冲突与风险不断聚集,这对任何多边合作都构成挑战。总体而言,"一带一路"所面临的风险可总结为三类。其一,沿线一些国家的经济体系和基础较为薄弱,政治环境不稳定。[28] 沿线覆盖区域是安全问题多发区,民族、宗教、领土纠纷、资源争夺、毒品、有组织犯罪等问题多发,传统安全与非传统安全交织。[29] 其二,普通法系、大陆法系与伊斯兰法系共存[30],各国法律制度、文化与观念差异较大,法治化水平千差万别,国内立法规则修订繁复,执法公正性、专业性存在很大差距。[31] 其三,沿线国家大多数都属于新兴经济体和发展中国家,为保证本国在对外开放与参与国际经济合作过程中利益不受损害,对国际贸易、外商投资等均倾向于采取保护主义立场,加剧了经济贸易领域发生争端与纠纷的风险。[32] 这一点也导致各国在多边经济合作中,带有更多政治考量,往往由于国内政局变化而影响到投资、经贸活动。例如,斯里兰卡、缅甸的政局变化导致中国投资的损失,巴西、南非等国出于政治原因在投资领域采取的保护主义立法措施[33],以及玻利维亚、厄瓜多尔、委内瑞拉都退出了《华盛顿公约》,终止 BIT,排除了 ICSID 投资者-国家仲裁机制的适用。[34]

---

[28] 初北平:《"一带一路"多元争端解决中心构建的当下与未来》,载《中国法学》2017 年第 6 期。

[29] 王海运等:《"丝绸之路经济带"构想的背景、潜在挑战和未来走势》,载《欧亚经济》2004 年第 4 期。

[30] Malik R. Dahlan, *Dimensions of the New Belt & Road International Order: An Analysis of the Emerging Legal Norms and a Conceptionalisation of the Regulation of Disputes*, 9 Beijing Law Review 88(2018).

[31] 赵大程:《为"一带一路"建设提供法律服务》,载人民网 2016 年 11 月 17 日,http://opinion.people.com.cn/n1/2016/1117/c1003-28873939.html;关于"一带一路"的投资风险评估,参见中国社会科学院世界经济与政治研究所:《中国海外投资国家风险评级报告(2016)》,中国社会科学出版社 2016 年版,第 32-33 页。

[32] 李玉璧、王兰:《"一带一路"建设中的法律风险识别及应对策略》,载《国家行政学院学报》2017 年第 2 期。

[33] UNCTAD, *World Investment Report 2015: Reforming International Investment Governance*, UNCTAD/WIR/2015, 108.

[34] 韩秀丽:《再论卡尔沃主义的复活——投资者-国家争端解决视角》,载《现代法学》2014 年第 1 期;韩秀丽、翟雨萌:《论"一带一路"倡议下中外投资协定中的投资者-国家仲裁机制》,载《国际法研究》2017 年第 5 期。

有不少观点认为,"一带一路"的高风险恰好意味着必须迅速构建起统一的争端解决机制,来为中国的对外投资保驾护航。[35] 但经济合作与政治互信究竟何者为先,仍旧是值得讨论的问题。阎学通就曾针对"经济合作带动政治互信"的观点指出,"多领域的经济合作尚不必然增强双边战略关系,连接交通设施能增强双边战略关系的说法就更缺乏说服力"。不能想当然地认为加大投资额度、扩张基础设施建设规模,就必然能够增进两国之间的友好关系。没有双边政治的一致性,对外投资反而可能会对双边关系产生影响,并且强调,只有首先建立起战略安全互信,涉及主权敏感问题的对外投资,甚至是一国基础设施建设的投资,才不会受到该国政权更迭的过度冲击。[36] 这正是中国作为对外投资国必须关注的问题。

因此,中国必须正确判断"一带一路"争端解决所需的政治互信,因为处于观望状态的国家需要综合平衡经济收益与外交、政治和社会风险之间的关系,在无法解决这些问题之前,是不会迅速参与其中的。对于持有谨慎态度的国家而言,国家利益与安全是否会在此过程中受到损害也是重要关切。[37] 此外,沿线一些国家政治环境复杂、经济状况严峻、社会结构不稳,面临着复杂的国内外挑战,因此在不能充分建立国家间政治互信的基础上,争端解决机制难以保障切实遵循。[38] 中国在考虑争端解决机制时,应当既算经济账,也算政治账,既考虑各国的收益,也尊重各国的担忧,将建构政治互信作为一项重要任务来推进。必须认识到,共同的身份与价值观对于"一带一路"长久维系各国合作而言至关重要,没有形成价值观层面上的共识和信任,对外投资和经贸合作就必然是无本之木。[39]

---

[35] 刘艳、黄翔:《"一带一路"建设中国家风险的防控——基于国际法的视角》,载《国际经济合作》2015年第8期;HUANG Jie, *Silk Road Economic Belt*:*Can Old BITs Fulfill China's New Initiative*? 50 Journal of World Trade 737,746 – 750（2016）;HAN Xiuli, ZHAI Yumeng, Investor-State Arbitration Mechanism in Sino-Foreign Investment Agreement under the "Belt and Road" Initiative 16 Chinese Review of International Law 32,32 – 35（2017）;马亚伟、漆彤:《论"一带一路"投资争议解决机制的构建》,载《国际商务研究》2018年第5期。

[36] 阎学通:《"一带一路"的核心是战略关系而非交通设施》,载参考消息网2015年6月23日,http://ihl.cankaoxiaoxi.com/2015/0623/826925.shtml。

[37] 徐进:《"一带一路"上的支持者、观望者和谨慎者》,载澎湃新闻网站2015年2月16日,https://www.thepaper.cn/newsDetail_forward_1304333。

[38] 曾文革、党庶枫:《"一带一路"战略下的国际经济规则创新》,载《国际商务研究》2016年第3期。

[39] WANG Zheng, *China's Alternative Diplomacy*, The Diplomat（January 30,2015）, https://thediplomat.com/2015/01/chinas-alternative-diplomacy；William Yale, *China's Maritime Silk Road Gamble*, The Diplomat（April 22,2015）, https://thediplomat.com/2015/04/chinas-maritime-silk-road-gamble.

(二)各方共识尚未凝聚,不足以支撑机制构建

"一带一路"在提供一系列积极的全球公共产品和治理供给的同时,也伴随着新生事物不可避免的不确定性,而不确定性往往衍生出谨慎与观望。作为一项秉承开放包容原则的多边合作倡议,"一带一路"必然融合各方共识,凝聚各国力量,这就意味着要摆脱合作中的"他者"心态,深入了解各国利益诉求,避免主观臆断。目前各国对于"一带一路"态度敏感、复杂,因此出于整体考量,建构争端解决机制应当慎重。

"一带一路"在域外大国[40],尤其是美国的视野中获得了高度关注,美国学界对于"一带一路"的定位进行了多种解读,既有中立客观立场,也有敌视和误读。[41] 相比之下,"一带一路"沿线国家态度则更为平缓温和。

"一带一路"沿线的发展中国家,由于其基础设施相对落后,资金匮乏,经济发展动力不足,所以基本上都肯定中国在"一带一路"倡议中的积极外交举措,赞扬多边合作的框架与机遇,对于丰富的经济机遇和外来投资充满期待。[42] 但与此同时,作为发展中国家和同中国在地缘政治上存在密切关系的国家,沿线的中小国家往往也出于各种原因,存在对于"一带一路"合作前景和发展路径的暧昧态度。例如,阿拉伯国家经常受到西方媒体立场的影响,无形中强化了"一带一路"对于本国影响的担忧[43];越南与泰国等东盟国家,一方面同中国建立了良好的合作关系,有长期的交流历史,对"一带一路"的积极效应十分认可,另一方面也非常关心自身作为发展中国家,规制与管理外国资本的主权权力是否会遭到侵蚀。例如,"一带一路"之中的投资,尤其是基础设施投资,一方面会注入大量外界资金,促进本国经济发展,另一方面也可能导致投资者利益膨胀,主权管制遭到削弱的问题。[44] 总体来说,各国普遍对于经济社会发展与民生状况改善

---

[40] 尹明明、陈梦毡:《法国主流媒体"一带一路"报道研究——以〈费加罗报〉和〈世界报〉为例》,载《国际传播》2017年第6期;曾一珺:《英国主流媒体关于中国"一带一路"倡议的报道框架研究——以〈卫报〉〈每日电讯报〉〈泰晤士报〉为例》,北京交通大学2019年硕士学位论文,第42-47页。

[41] 马建英:《美国对中国"一带一路"倡议的认知与反应》,载《世界经济与政治》2015年第10期。

[42] 推进"一带一路"建设工作领导小组办公室:《共建"一带一路"倡议:进展、贡献与展望》,载新华网2019年4月22日,http://www.xinhuanet.com/world/2019-04/22/c_1124400071.htm。

[43] 向珍飚:《阿拉伯媒体关于"一带一路"报道的及物性分析——以"半岛台"、〈生活报〉为例》,北京外国语大学2019年硕士学位论文,第33-35页。

[44] 顾冬雪:《评价理论视角下对泰国英文媒体"一带一路"倡议的新闻报道分析》,广西师范大学2019年硕士学位论文,第25,28,34-36页;吕晓莉、黎海燕:《越南对中国"一带一路"倡议的认知——基于对越南官方媒体报道的分析》,载《和平与发展》2019年第6期。

有着强烈需求,因此对"一带一路"的合作倡议十分支持,只是作为参与方,各国更希望"谋定而后动"。

一些国家囿于现实的利益纠纷和战略考量,对于"一带一路"的某些倡议持观望、谨慎态度。一方面,近年来在边界、领海问题上,中国政府的态度日益明确,中国的立场也更加强硬,周边其他国家是否会对此保持乐观仍然有待考察。"海上丝绸之路"这一提议的沿线国家,包括越南、菲律宾、马来西亚和印度尼西亚等东南亚国家,都和中国存在或多或少的边海争议。这将可能对"一带一路"的顺利实施产生阻碍。[45] 另一方面,"一带一路"沿线穿越区域同某些地区大国的传统地缘范畴有所重合。例如,中亚、西亚地区分别为俄罗斯、土耳其所关注。俄罗斯对于独联体国家,尤其是中亚诸国十分重视,将其认定为本国的战略后方,并不十分欢迎其他国家扩大在此地区的影响,土耳其近年来也多有发展本国地区影响力,实施干预行动的实践,这些都是其观望态度的来源。[46] 东南亚是日本的海上能源生命线,日本在此地区经营多年,中国将东盟纳入"一带一路"的合作框架内,日本也有所担忧。[47] 在南亚方向,各国国内就是否应该加入,在何种程度、何种领域加入"一带一路",是否既要与中国在经济上保持合作,又要在政治、军事上同中国保持一定的距离和张力,也进行了广泛讨论。就南亚的最大国家印度而言,其国内对"一带一路"的认识存在诸多分歧,认识与心理上的矛盾使得印度在"一带一路"的合作前景中处于两难局面:一方面希望分享红利,另一方面又担心某些不确定性和潜在风险,因此持怀疑、观望态度。同时,印度和巴基斯坦存在强烈的竞争与对立关系,中印之间,尤其是在印度一方,存在着对华关系的认知错误和误判,并且深陷安全困境之中。因而出于地缘政治的考虑,这些国家对"一带一路"是否会削弱各自对周

---

[45] John C. K. Daly, *China Focuses on Its Maritime Silk Road*, Making Waves(July 31, 2014), https://maritimeindia.org/View%20Profile/6355188033770111677.pdf;Teshu Singh, *Securing India's in the Indian Ocean: New Strategies and Approaches*, Institute of Peace and Conflict Studies(December 29, 2014), http://www.ipcs.org/comm_select.php?articleNo=4789;Gurpreet S. Khnrana, *Maritime Silk Road: China's "Master-Stroke" of Economic Diplomacy?*, Academia(28 August, 2014), https://www.academia.edu/8124142/_Maritime_Silk_Road_China_s_Master_Stroke_of_Economic_Diplomacy.

[46] 白贵等:《土耳其媒体和社会对"一带一路"倡议认识》,载《河北大学学报》2016年第2期;谢飞:《俄罗斯主流媒体"一带一路"报道研究》,载《国际传播》2017年第5期。

[47] 朱丹丹:《日本对"一带一路"倡议的战略意图解读及应对——以日本主流报纸相关报道分析为例》,载《中国周边外交学刊》2015年第2期。

边国家的影响力,进而损害本国国家利益存在某些忧虑。[48]

更需注意的是,在"一带一路"倡议实施中,我国主要处于资本输出国地位,我国的对外投资将直接面对沿线国家存在缺陷和非公正性问题的国内立法、司法体制。[49] 其中占重要地位的基础设施建设投资周期长、收益慢,在复杂的地区与各国国内形势影响下其脆弱性更为凸显。[50] 虽然学者往往因此而指出实施保护的紧迫性,但从另一个角度来看,中国大规模的对外投资以及严峻复杂的投资环境,尤其是各国政府出于保护主义所采取的某些措施带来的不利影响,必然产生这样的后果:其一,中国鼓励为"一带一路"建立一套平衡投资者与东道国利益的投资争端解决体系,但在可预见的未来,东道国与投资者矛盾仍旧存在着某些不易调和之处,使各国相信中国的合作理念也需假以时日;其二,中国积极提供公共产品的首要目的就是维护本国的海外利益,在此基础上实现"美美与共"。[51] 而各国政府从本国利益出发,更注重东道国利益保障。[52] 中国的大规模对外投资承载着国内经济发展的重要使命,面对脆弱的各国法治环境,中国投资者及其背后的政府必然要在"选择友好"还是"照章办事"之间做出抉择。有学者就指出,基建投资等敏感问题的争端解决,难以通过友好协商方式得到妥善解决。[53] 按照严格的国际规则处理争端,有可能损害东道国与投资者母国的友好关系;按照东道国尚不完善的法律制度处理争端,则对外投资安全难以确保。上述矛盾在短期内难以获得有效的解决方案。因此在争端解决领域,应当保持慎重、稳健的态度,避免由于实施失误、考虑不周给正面行动带来负面效果,更要注意从我国立场出发完全正确的行动被各国

---

[48] Raja Mohan & Samudra Manthan, *Sino-Indian Rivalry in the Indo-Pacific*, Oxford University Press, 2013, p. 16; Daulet Singh, *Indian Perceptions of China's Maritime Silk Idea*, 8 Journal of Defence Studies 133, 133 – 148 (2014);林民旺:《印度对"一带一路"的认知及中国的政策选择》,载《世界经济与政治》2015 年第 5 期;叶海林:《印度南亚政策及其对中国推进"一带一路"的影响》,载《印度洋经济体研究》,2016 年第 2 期;朱翠萍:《"一带一路"倡议的南亚方向:地缘政治格局、印度难点与突破路径》,载《南亚研究》2017 年第 2 期。

[49] Kate M. Supnik, *Making Amends: Amending the ICSID Convention to Reconcile Interests in International Investment Law*, 59 Duke Law Journal 343, 351 – 352(2009).

[50] 2019 年中国对外投资中"一带一路"沿线国家投资稳步推进,其中对外承包工程,为沿线国家提供基础设施建设成为重要部分。参见《2019 年 1—8 月我对"一带一路"沿线国家投资合作情况》,载中国一带一路网 2019 年 9 月 24 日, https://www.yidaiyilu.gov.cn/xwzx/gnxw/104331.htm;《1—7 月中国对"一带一路"国家投资合作情况》,载中国一带一路网 2019 年 8 月 15 日, https://www.yidaiyilu.gov.cn/xwzx/gnxw/100181.htm。

[51] 刘雨辰:《从参与者到倡导者:中国供给国际公共产品的身份变迁》,载《太平洋学报》2015 年第 9 期。

[52] 石静霞、董暖:《"一带一路"倡议下投资争端解决机制的构建》,载《武大国际法评论》2018 年第 2 期。

[53] 张悦、匡增军:《"一带一路"争端解决机制构建研究——以发展导向与规则导向为视角》,载《青海社会科学》2019 年第 6 期。

错误看待,产生负面效应的可能。

(三)慎重对待合作关系,防止加重各方疑虑

"一带一路"沿线国家客观情况复杂,虽然对倡议总体呈现积极响应趋势,但仍然存在着观望、质疑和谨慎情绪,给深化合作带来诸多挑战,尤其是中国在亚太地区近年来的快速崛起势必被一些邻近国家视为威胁,从而加重"一带一路"建设中的国家声誉成本。因此,重视"一带一路"的关系治理,谨慎对待中国同沿线国家的互动至关重要。[54]

一方面,从中国的角度来看,对于"一带一路"的定位虽然是清晰、明确和一贯的,即坚持和平崛起,倡导开放包容,通过"一带一路"共同促进地区经济社会发展,增进人民福祉,但在"他者"视角下,经济发展机遇同中国影响力的扩张并驾齐驱,各国认可"一带一路"的经济收益,却也在"中国是否会构成挑战"这个问题上认识模糊。[55] 更应该警惕的是,中国不应落入西方话语体系中,增加沿线国家的不安情绪。在"一带一路"提出之初,除了一批海外学者将其定义为中国的"马歇尔计划"以外[56],一些有影响力的中国学者、媒体也提出了类似观点,认为中国将凭借主导的多边组织扩大政治与经济影响力。[57] 美国媒体与学界将二者相提并论,很大程度上是出于战略考量,将中国的开放式合作倡议纳入西方自由主义的话语框架之内,实现对"解读权"的掌握。但更值得人深思的是,诸多中国学者、媒体也持类似观点并大力宣传,这在很大程度上呼应了自由主义叙事逻辑,对于中国进一步开展合作、化解各方疑虑、巩固各国互信产生了负面作用。因此,即便目前"一带一路"的国际舆论环境向好,中国政府和民间仍然需要注意,在进行"一带一路"有关理念的阐发时,既要多使用软性词汇,减少各方的抵触情

---

[54] 杨思灵:《"一带一路"倡议下中国与沿线国家关系治理及挑战》,载《南亚研究》2015年第2期;陈伟光、王燕:《共建"一带一路":基于关系治理与规则治理的分析框架》,载《世界经济与政治》2016年第6期;肖晞、宋国新:《关系治理与"一带一路"沿线的中国海外利益保护》,载《探索》2019年第1期。

[55] 杨思灵:《"一带一路"倡议下中国与沿线国家关系治理及挑战》,载《南亚研究》2015年第2期。

[56] Shannon Tiezzi, *The New Silk Road: China's Marshall Plan?* The Diplomat (6 November, 2014), https://thediplomat.com/2014/11/the-new-silk-road-chinas-marshall-plan; Michele Penna, *China's Marshall Plan: All Silk Roads Lead to Beijing?* World Politics Review (9 December, 2014), https://www.worldpoliticsreview.com/articles/14618/china-s-marshall-plan-all-silk-roads-lead-to-beijing; WSJ Opinion, *China's Marshall Plan*, The Wall Street Journal (11 November, 2014), https://www.wsj.com/articles/chinas-marshall-plan-1415750828.

[57] 周子勋:《"中国版马歇尔计划"构想一举数得》,载上海证券报网站2014年11月7日,http://news.cnstock.com/news,yw-201411-3234807.htm;赖梓铭:《舆论热炒新马歇尔计划》,载证券时报网2014年11月7日,http://yq.stcn.com/2014/1107/11834463.shtml。

绪和警惕心理[58]，又要避免由于自我定位和认识的错误，导致广大沿线国家将"一带一路"归入西方传统路径之中。

另一方面，"一带一路"倡议提出时，也是主要由中国国内人士对其宗旨目标、总体规划、具体实施方案进行阐发，并没有充分考虑其他参与国家的主体地位，而是想当然地将其他国家置于"被规划""被纳入"的位置，这不免使各国产生反感。[59] 在历史上，中国在依托上海合作组织构建自由贸易区的过程中就曾经遭遇过类似挑战。[60] 这说明"一带一路"所坚持的"共商、共建、共享"原则，绝不能仅仅停留于宣示，而必须落实到具体行动、对各国态度和利益的认真考察之中。

应当看到，这一分析为我们揭示了中国与"一带一路"沿线国家之间关系中一个重要但往往被忽视的环节——我们非常重视对自我立场的阐发和解释，并且认为基于这种善意、友好、开放、合作的积极态度，"一带一路"的总体规划与具体实施必然能够得到其他国家的理解与支持。但实际上，这需要各国能够清晰地认识到，并且根据自身视角信任这一点，这一结论才是具有意义的。因此，一厢情愿地认为高举多边合作的旗帜就能够自然而然地获得各国赞同，既不符合中国利益，更不符合"一带一路"所面临的局势复杂性。中国必须"超越国家的个特性认知"[61]，在"一带一路"建设中注意取信于人，谨慎表达中国愿景，充分与其他国家协商、对话，避免加剧其他国家的反感和猜疑；倾听其他国家的声音，避免中国单方面界定其他国家的需求和利益，切忌操之过急。[62]

四、完善现有争端解决机制可以满足公正需求

一方面，现有争端解决机制在"一带一路"沿线国家中确立的地位，以及其自身长

---

[58] 孙敬鑫：《"一带一路"建设面临的国际舆论环境》，载人民网 2015 年 4 月 16 日，http://dangjian.people.com.cn/n/2015/0416/c117092-26856073.htm。

[59] 李晨阳：《探索不同规模国家关系模式——以政治转型以来的中缅关系为例》，载《国际展望》2014年第 2 期。

[60] 王维然、陈彤：《关于建立上海合作组织自由贸易区的回顾与反思（2003—2013）》，载《俄罗斯东欧中亚研究》2014 年第 6 期。

[61] 肖晞、宋国新：《关系治理与"一带一路"沿线的中国海外利益保护》，载《探索》2019 年第 1 期。

[62] 时殷弘：《"一带一路"建设推进速度不可太快》，载中国经济导报网 2017 年 5 月 20 日，http://www.ceh.com.cn/llpd/2017/05/1034595.shtml；时殷弘：《推进"一带一路"建设应有审慎心态》，载人民网 2015 年 7 月 5 日，http://world.people.com.cn/n/2015/0705/c1002-27256546.html; Johan Nylander, *The perils of China's Silk Road revival*, Aljazeera (14 September, 2014), www.aljazeera.com/indepth/features/2014/09/perils-china-silk-road-revival.

期实践积累出的经验与规范,短时间内仍旧难以被任何新机制替代;另一方面,现有适用于"一带一路"的争端解决机制,虽然存在某些问题,但仍旧具有良好的改进空间与潜力,发掘其潜力,弥补其不足,在成本收益上相比于另起炉灶更为合适。

(一)"一带一路"争端解决机制的现状

"一带一路"涉及的争端主要分为三类:一是国家与国家之间的贸易争端;二是投资者与国家之间的投资纠纷;三是由运输、贷款、公司融资、股东协议或商品供应引起的商业纠纷。[63] 目前,"一带一路"争端解决机制的关键要素已经初具雏形,包括以中国国际商事法院(CICC)为主体的国内司法诉讼程序、商业仲裁、由中国机构如中国国际经济贸易仲裁委员会(CIETAC)或外国机构如 ICSID 进行的投资者－国家仲裁,以及仍然由 WTO 负责处理的国家间贸易争端。

就中国同"一带一路"沿线国家缔结双边条约所建立的争端解决机制而言,据中国商务部统计,截至 2016 年 12 月,中国已经签订的双边投资保护协定有 104 个。其中与"一带一路"沿线国家签订的双边投资协定有 56 个。[64] 这意味着就覆盖率而言,中国同"一带一路"沿线国家的投资协定已经达到了 85%。近年来,中国政府还积极参与缔约活动,签署了《区域全面经济伙伴关系协定》,完成了《中欧全面投资协定》的谈判工作,为"一带一路"提供了更多可用的争端解决路径。同时,基于投资协定建立的争端解决机制也存在两个方面的问题:一是条约覆盖不充分,存在缔约空白地带,中国同 9 个沿线国家尚未签署 BIT,同 2 个国家的 BIT 尚未生效[65];二是现有投资协议提供的争端解决机制不完善、不全面,其中 35 份 BIT 只允许将"涉及征收补偿款额的争端"提交国际仲裁[66],还有少数 BIT 规定,除了征收补偿款额有关的争端可以提交仲裁以外,争端双方同意的其他争端也可提交仲裁,有限地扩大了争端解决机制的覆盖范围。[67] 仅有不到 25% 的 BIT 允许将所有争

---

[63] 王贵国:《"一带一路"战略争端解决机制》,载《中国法律评论》2016 年第 2 期。

[64] 中华人民共和国商务部:《中国已与"一带一路"沿线 56 个国家签署投资协定》,载网易新闻网 2015 年 5 月 31 日,https://news.163.com/16/0531/17/BODMLMRK00014SEH.html。

[65] Vivienne Bath, *One Belt One Road and Chinese Investment*, in Wolff Lutz-Christian & XI Chao eds, Legal Dimensions of China's Belt and Road Initiative, Wolters Kluwer Hong Kong Limited, 2016, pp. 165 – 217.

[66] 中国与"一带一路"沿线国家签订双边投资协定的情况,参见中华人民共和国商务部条法司:《我国对外签订双边投资协定一览表》,载中华人民共和国商务部网站 2016 年 12 月 12 日,http://tfs.mofcom.gov.cn/article/Nocategory/201111/20111107819474.shtml。

[67] 包括中国与科威特、马来西亚、斯洛伐克、希腊、菲律宾、阿联酋、立陶宛、也门签署的 BIT。See UNCTAD, *International Investment Agreements Navigator*, UNCTAD Website (29 January, 2021), https://investmentpolicy.unctad.org/international-investment-agreements.

端提交仲裁,其中半数以上还要求投资者在将争端提交仲裁前用尽当地行政复议程序。[68]

就 ICSID 在"一带一路"沿线国家之间的争端解决发挥的作用而言,根据统计,"一带一路"沿线国家加入《华盛顿公约》的情况良好,66 个国家(含中国)中仅有 9 个国家尚未加入该公约[69],这意味着仅从理论上来看,绝大多数"一带一路"沿线国家所发生的投资争端可以通过该机制得到解决。对各国在 BIT 中选择 ICSID 的倾向进行统计,结果显示,在 66 个被统计国家中,对外签订的 BIT 选择过 ICSID 作为第三方机构的国家达 63 个,占比为 95.45%;就对外签订的所有 BIT 而言,选择了 ICSID 作为第三方机构的 BIT 占比超过 1/2 和超过 2/3 的国家分别为 52 个和 31 个,占全部被统计国家数量的比例分别为 78.79% 和 46.97%。[70] 大多数沿线国家签订的 BIT 选择 ICSID 作为争端解决方式的数量过半,甚至有的达到 70%。[71] 当然,根据统计,截至 2018 年 7 月,沿线的 ICSID 缔约国中,阿富汗、巴林、白俄罗斯、不丹、文莱、尼泊尔、叙利亚、泰国等国家从未用 ICSID 解决过投资争端。[72] 这也说明即便是 ICSID 这样的权威争端解决机构,也尚未充分发挥其作用。

就其他类型的第三方争端解决机构而言,如国际商会仲裁院(ICC)、斯德哥尔摩商会仲裁院(SCC)、开罗区域国际商事仲裁中心(CRCICA)以及吉隆坡区域仲裁中心等机构,数据显示,虽然这些机构也在某些 BIT 中被缔约国选择,但这种选择有时具有明显的国别因素(如印度尼西亚与埃及 BIT 选择开罗区域国际商事仲裁中心,斯里兰卡与埃及 BIT 选择吉隆坡区域仲裁中心),并且就总体而言,其频率远低于 ICSID,其他机构被选择的频率则更低。[73]

就贸易争端解决而言,目前"一带一路"大部分国家已经加入 WTO 并且可以通过

---

[68] 包括中国与土耳其、罗马尼亚、伊朗、文莱、塞浦路斯、约旦、缅甸、波黑、拉脱维亚、捷克、俄罗斯、印度、乌兹别克斯坦签署的 BIT。See UNCTAD, *International Investment Agreements Navigator*, UNCTAD Website(29 January,2021), https://investmentpolicy.unctad.org/international-investment-agreements.

[69] 有关缔约各国使用情况,See ICSID, *Search Cases*, ICSID Website(29 January,2021), https://icsid.worldbank.org/en/Pages/cases/AdvancedSearch.aspx。

[70] 鲁洋:《论"一带一路"国际投资争端解决机构的创建》,载《国际法研究》2017 年第 4 期。

[71] 马亚伟、漆彤:《论"一带一路"投资争议解决机制的构建》,载《国际商务研究》2018 年第 5 期。

[72] 武汉大学海外投资法律研究中心:《构建"一带一路"争端解决机制研究报告》,载微信公众号"国际经济法评论",2017 年 4 月 25 日。

[73] 鲁洋:《论"一带一路"国际投资争端解决机构的创建》,载《国际法研究》2017 年第 4 期。

争端解决机制处理贸易纠纷,但沿线国家仍然有13个非WTO成员[74],也有20个国家从未将争端诉诸WTO解决。[75] 同时,就区域组织能够提供的贸易争端解决,"一带一路"沿线国家中有33个国家游离于任何区域组织之外,占50%。除了东亚、东南亚与中亚部分国家同中国保持了密切的经贸往来,有良好的合作基础以外,南亚国家、中东欧国家以及西亚北非国家大部分都处在自由贸易协定或者区域经济合作的"真空地带",其国际合作与法治化基础都有待提高。[76]

就民商事争端而言,目前民商事领域的争端解决机制建立已经有了充分的讨论[77],并且自2017年以来已经形成了以最高人民法院为主的制度化体系,成立了数个专门法庭负责对口处理"一带一路"沿线国家民商事纠纷。[78] 但同时应当认识到,国际商事纠纷中,当事方更加热衷于选择第三方仲裁机构而不是在国内法院进行诉讼。[79] 况且在"一带一路"沿线,虽然有50多个国家是《承认及执行外国仲裁裁决公约》缔约国,但只有不到20个国家与中国签署了民事或刑事司法协助条约,这进一步加剧了通过国内法院裁决处理争端的困难。[80]

(二)现有制度的不可替代性

现有制度的丰富经验、成熟机制与国际公信短时间内难以被新制度取代[81],在长期实践中形成的、根植于国际政治经济权力格局的路径依赖也难以迅速消除。一方面,争端解决机制的权威与合法性来自于长期实践中其专业、中立的争端解决成果,这是一个

---

[74] World Trade Organization, *Members and Observers*, WTO Website(30 January, 2021), www.wto.org/english/thewto_e/whatis_e/tif_e/org6_e.htm.

[75] 宋锡祥、田聪:《"一带一路"视野下国际商事争端解决机制的构建》,载《海峡法学》2019年第2期。

[76] 刘艳、黄翔:《"一带一路"建设中国家风险的防控——基于国际法的视角》,载《国际经济合作》2015年第8期。

[77] 朱伟东:《关于建立"一带一路"争端解决机制的思考》,载《法治现代化研究》2018年第3期。

[78] 石春雷:《国际商事仲裁在争端解决机制中的定位与发展》,载《法学杂志》2018年第8期;宋锡祥、田聪:《"一带一路"视野下国际商事争端解决机制的构建》,载《海峡法学》2019年第2期;杨临萍:《"一带一路"国际商事争端解决机制研究——以最高人民法院国际商事法庭为中心》,载《人民司法》2019年第25期。

[79] Queen Mary, University of London, *2015 International Arbitration Survey: Improvements and Innovations in International Arbitration*, White-Case-and-Queen-Mary-2015-survey(12 November, 2018), https://www.international-arbitration-attorney.com/wp-content/uploads/2018/11/White-Case-and-Queen-Mary-2015-survey.pdf.

[80] Malik R. Dahlan, *Dimensions of the New Belt & Road International Order: An Analysis of the Emerging Legal Norms and a Conceptionalisation of the Regulation of Disputes*, 9 Beijing Law Review 88, 88 – 89(2018).

[81] 王琦:《"一带一路"争端解决机制的阐释与构建》,载《法学杂志》2018年第8期。

漫长和艰难的过程。[82] 根据统计,在各个仲裁机构中ICSID被适用的最多,足见这一多边投资仲裁机制的重要性。另外,SCC、ICC和PCA被适用的情况也比较多。可见西欧发达国家所建立的仲裁机制颇受"一带一路"投资者的青睐。相反,"一带一路"域内的仲裁机构,如CRCICA,明显受到冷落。[83] 这些主流机构虽然在"一带一路"沿线国家中也存在着缔约与适用的空白地带,存在着诸如透明度、中立性、管辖权扩张、投资者倾向等诸多问题,但毕竟经过了充分的历史实践检验,积累了丰富的争端解决经验,有着成熟的平台与规范[84],总体上它们获得了较高的需求度和接受度。[85] 另一方面,各国在争端解决机制中的议程设置权、规则制定权和国际话语权,本质上是各国在国际政治经济体系权力结构中地位的体现。在自由主义秩序之下,发达工业国家掌握主要权力,并且将发展中国家的从属地位通过制度安排固定下来。即便发展中国家对此存在不满,对相关规则的需求仍旧迫使它们接受制度安排,并在漫长的实践中形成对制度的路径依赖。在此种权力结构被"一带一路"等致力于促进发展中国家平等地位的倡议改变之前,各国都难以彻底摆脱争端解决机制旧有的权力格局的影响,这也是现有争端解决机制难以被发展中国家割舍的重要原因。[86]

"一带一路"框架下建立有效的争端解决机制"不是重新发明轮子"[87],中国政府的白皮书也屡次强调,"一带一路"建设不是另起炉灶、推倒重来,而是实现战略对接、优

---

[82] Michael Barnett, Martha Finnemore, *Rules for the World: International Organizations in Global Politics*, Cornell University Press, 2004, pp. 11–20.

[83] 武汉大学海外投资法律研究中心:《构建"一带一路"争端解决机制研究报告》,载微信公众号"国际经济法评论",2017年4月25日。

[84] 张超、张晓明:《"一带一路"战略的国际争端解决机制研究》,载《南洋问题研究》2017年第2期。

[85] Evgeny Raschevsky, *When "One Belt One Road" project disputes arise, who will resolve them*? LAW OFFICE (24 November, 2017), https://epam.ru/en/media/view/when-one-belt-one-road-project-disputes-arise-who-will-resolve; Mark Feldman, *Belt and Road Dispute Settlement and Transnational Governance*, Asiadialogue (30 July, 2018), https://theasiadialogue.com/2018/07/30/belt-and-road-dispute-settlement-and-transnational-governance.

[86] 有关国际制度的权力结构与路径依赖问题,参见 Tine Hanrieder, *The Path-dependent Design of International Organizations: Federalism in the World Health Organization*, 21 European Journal of International Relations 215 (2015);温尧:《退出的政治:美国制度收缩的逻辑》,载《当代亚太》2019年第1期;潘亚玲:《国际规范生成:理论反思与模型建构》,载《欧洲研究》2019年第5期。

[87] Malik R. Dahlan, *Dimensions of the New Belt & Road International Order: An Analysis of the Emerging Legal Norms and a Conceptionalisation of the Regulation of Disputes*, 9 Beijing Law Review 88, 107–108 (2018).

势互补[88];中国积极倡导加强双边合作,充分利用现有的联委会、混委会等双边机制来协调推动合作实施;强化多边合作机制作用,发挥现有的上海合作组织、中国－东盟"10＋1"、亚太经济合作组织等多边机制作用;继续发挥沿线各国区域、次区域相关国际论坛、展会的平台建设性作用。[89] 这说明"一带一路"争端解决应当着重于充分利用、改进现有双边、多边平台,夯实基础,扩大影响,广交朋友,而不是急于构建新的组织,建立新的体系,对现有机制进行大规模的变更。

进一步讲,"一带一路"沿线国家既包括发展中国家,也包括部分欧洲的发达国家,既包括对于规则导向缺乏兴趣的国家,也包括对于法治水平追求较为积极的国家。现有机制的丰富经验和长期积累起来的信誉、权威是任何新机制都难以取代的,现阶段对它们的充分利用,既可以促进沿线国家法律制度的完善,也可以加强沿线中欧美国家利益相关方对于争端解决的信赖,消除沿线国家针对中国一国建立、一国主导、一国运行的争端解决机制潜在排他性可能的不信任感。[90]

中国主导建立新机制的巨大挑战也从另一个角度证明了现有机制的不可替代性。王利明教授强调:"我国最终能不能打造成为国际商事仲裁中心还是要看仲裁的质量,看仲裁裁决的公正性能不能在国际上产生广泛的影响和认可。"[91]有学者指出,"一带一路"争端解决机制从无到有,获得地区乃至国际社会的认可,存在着诸多挑战:其一,相比于已经拥有一定国际承认度的中国香港地区、新加坡等地的争端解决机制,中国内地在国际化程度、法律环境、法律人才保障以及配套国际化服务方面皆存在短板;其二,中国国内有关仲裁立法制度同国际惯例还存在不协调、不一致之处;其三,各国是否能够充分信任、充分认可争端解决机制仍旧存在疑问。中国在机制建立与运行过程中承担的主导型角色,以及中国在"一带一路"沿线国家中显著性的相对优

---

[88] 习近平:《携手推进"一带一路"建设——在"一带一路"国际合作高峰论坛开幕式上的演讲》,载中国共产党新闻网 2017 年 5 月 14 日,http://cpc.people.com.cn/n1/2017/0514/c64094-29273979.html。

[89] 国家发展改革委、外交部、商务部:《推动共建丝绸之路经济带和 21 世纪海上丝绸之路的愿景与行动》,载新华网 2015 年 3 月 28 日,http://www.xinhuanet.com/world/2015-03/28/c_1114793986.htm;《推进"一带一路"建设工作领导小组办公室负责人答记者问》,载新华网 2017 年 2 月 7 日,https://www.yidaiyilu.gov.cn/xwzx/gnxw/6436.htm。

[90] 初北平:《"一带一路"多元争端解决中心构建的当下与未来》,载《中国法学》2017 年第 6 期。

[91] 王利明:《中国商事仲裁国际化水平亟待提升》,载《中国对外贸易》2016 年第 10 期。

势地位,有可能引发沿线国家对于倡议互利性与解决机制中立性的不信任。[92] 目前,"一带一路"沿线国家普遍对国际准司法机构较为谨慎,对于已经相当成熟的 WTO 争端解决机制尚且态度复杂,遑论另起炉灶,建立满足发展程度不一、经济体量参差不齐各国需求的争端机制。[93] 在可预见的未来,现有机制仍旧是"一带一路"不可或缺的争端解决方案。

(三)现有机制的改进空间

现有争端解决机制的潜力尚未被完全发掘,仍旧存在诸多在现有多边合作框架和国际政治环境下可供改进之处。因此,鼓励各国积极参与多边国际争端解决机制并为发展中国家增强话语权,促进现有制度改革,相比于重新构建争端解决机制成本更低,也更为实用。

国际争端解决机制还有进一步扩展的空间。目前 WTO 与 ICSID 的争端解决机制在"一带一路"沿线还没有完全推广,《能源宪章条约》也没有被中国接纳,仅在缔约领域就存在着发展空间。同时,沿线国家对于 DSB 与 ICSID 的利用率也有待于提高。一方面,中国应当坚持做多边机制的支持者、拥护者,鼓励发展中国家加入 WTO,积极参加多边贸易谈判,在符合本国国情的条件下缔结《华盛顿公约》与《国际能源宪章》,扩展多边争端解决机制在"一带一路"沿线的充分利用;另一方面,对于尚未加入有关条约的国家,可以暂时辅以临时仲裁机制,满足这些国家同中国的投资往来保护需求。[94]

在投资协定建立的争端解决机制方面,考虑到目前缔约空白和旧版本条约问题,我国于 21 世纪初已开始了对一些早期 BIT 的更新换代,并且积极与沿线国家展开缔结新约、更新条约的谈判。虽然就目前的进展来看,更新换代主要集中在欧洲部分国家,"一带一路"沿线其他国家的更新进程较为缓慢,只有与捷克、俄罗斯、乌兹别克斯坦所签署的 BIT 进行了更新[95],且"一带一路"沿线的高水平 BIT 仅占比 11% 左右。[96] 双边

---

[92] Shaun Breslin, *China and the global order: signaling threat or friendship?*, 89 International Affairs 615, 622 – 630(2013); Sajaya Bam, *China's One Belt One Road Initiative Is Not just about Economics*, The Economics times(25 April, 2017), https://economictimes.indiatimes.com/blogs/et-commentary/chinas-one-belt-one-road-initiative-is-not-just-about-economics/.

[93] 曾文革、党庶枫:《"一带一路"战略下的国际经济规则创新》,载《国际商务研究》2016 年第 3 期。

[94] 曾文革、党庶枫:《"一带一路"战略下的国际经济规则创新》,载《国际商务研究》2016 年第 3 期。

[95] 石静霞、董暖:《"一带一路"倡议下投资争议解决机制的构建》,载《武大国际法评论》2018 年第 2 期。

[96] 刘艳、黄翔:《"一带一路"建设中国家风险的防控——基于国际法的视角》,载《国际经济合作》2015 年第 8 期。

投资协定的现状恰好说明,无论是缔约,还是更新版本,都存在着改进空间。"一带一路"沿线国家所关注的投资者与东道国利益平衡问题,投资仲裁的中立性、透明度问题,仲裁员选任的公正性问题,保护标准与赔偿标准问题,均可以在 BIT 中通过试点方式,以良好实践形成模范效应,为中国与其他"一带一路"沿线国家的合作提供范本与指南。

在民商事争端解决领域,中国已经建设了一系列基于国内法院的专门机构,并且提出了一系列商事争端解决机制建设、发展的原则、规划。[97] 这些制度投入实践的时间不长,一方面已经产生了诸多成果,获得了一定的支持、承认,另一方面其不足之处尚待实践加以验证和改进,因此更不应当猝然抛弃既有成果,盲目寻求"综合性"的"专门"争端解决机制。

在目前阶段,中国牵头发起倡议并谈判构建一个国际法意义上的"一带一路争端解决中心",建构针对"一带一路"所涉各领域的争端解决机制,受制于各种现实因素以及谈判意愿和成本的制约难度较大,不符合现阶段的国际、国内现实,也不符合"一带一路"争议解决的具体需要。[98] 因此,2018 年《"一带一路"法治合作国际论坛共同主席声明》也表示,"支持'一带一路'参与方加强协商合作,积极运用现有国内、国际争端解决机制或机构解决争端"。[99]

五、结论

从以上三个角度,本文论述了"中国主导建构专门的'一带一路'争端解决机制应当暂缓"的理由。不可否认,就长远来看,"一带一路"不可能永远停留在松散的、依靠软法文件的阶段,无论各国将走出何种道路,它也必然会向着更加成熟的、系统的、有规律的方向发展。因此,一个综合性的、专门的、囊括三类争端甚至是其他纠纷处置的"一带一路"争端解决机制在发展的视角下并非不可能。但就目前的国际环境与条件

---

[97] 中共中央办公厅、国务院办公厅:《关于建立"一带一路"国际商事争端解决机制和机构的意见》,载中国政府网 2018 年 6 月 27 日,http://www.gov.cn/zhengce/2018-06/27/content_5301657.htm;《最高人民法院负责人就〈关于建立"一带一路"国际商事争端解决机制和机构的意见〉答记者问》,载新华网 2018 年 6 月 28 日,http://www.xinhuanet.com/politics/2018-06/28/c_1123046444.htm。

[98] 武汉大学海外投资法律研究中心:《构建"一带一路"争端解决机制研究报告》,载微信公众号"国际经济法评论",2017 年 4 月 25 日。

[99] Co-Chairs of the Forum on the "Belt and Road" Legal Cooperation, *Statement of the Co-Chairs of the Forum on the "Belt and Road" Legal Cooperation*, Xinhua news agency (July 3, 2018), www.xinhuanet.com/politics/2018-07/03/c_1123073746.htm.

而言,无论是对中国利益,还是对各国合作,迅速建构由中国主导的争端解决机制都存在着导致反弹、造成损害、影响合作的潜在风险。因此,必须极其慎重地考察各国现状,并且摒弃传统的单线程思维,从更广阔的视角来思考该问题。

A Review of the Dispute Settlement Mechanism of the "Belt and Road" Led by China

He Zhipeng, Zhao Jianzhou

Abstract: Since the "Belt and Road" Initiatives were put forward seven years ago, the economic, trade and investment cooperation between China and countries along the "Belt and Road" has become increasingly close. Discussions has been stimulated on the establishment of special dispute settlement bodies or mechanisms led by China. But the institutionalized dispute settlement mechanism does not conform to the characteristics of openness and inclusiveness of the "Belt and Road"; The potential of the dispute settlement mechanism that can be used in the "Belt and Road" has not been fully exploited and will be hard to replace in a short time. The foundation of political mutual trust between China and countries along the "Belt and Road" is not solid, and it will take time for countries to reach a consensus on the cooperation model and ideologies of the "Belt and Road". Therefore, it is not advisable to rush to establish a unified dispute settlement mechanism. Instead, China should uphold the principle of openness, inclusiveness, extensive consultation and joint contribution, properly handle the dispute settlement issue of the "Belt and Road" on the existing bilateral and multilateral basis.

Keywords: the "Belt and Road" Initiatives, Dispute Settlement Mechanism, Multilateral Cooperation

"一带一路"背景下构建"人类卫生健康共同体"的区域合作研究

师 华 王华倩[*]

摘 要：2020年，新型冠状病毒成为人类卫生健康安全面临的最新挑战。在应对模式上，区域合作模式的实现比全球治理模式更具短期实现的可能性。同时，在138个"一带一路"参与国合作基础上展开卫生健康领域的合作符合国际社会保障生命健康的人权要求。诚然，合作过程会涉及三类实质性障碍，但并不妨碍对其克服以提高区域卫生健康水平的效果。这将有益于"一带一路"倡议下的区域合作，并有助于发挥中国卫生健康领域的优势与分享防疫经验。

关键词："一带一路"；"人类卫生健康共同体"；区域合作

2020年，新冠肺炎短时间内毫不留情地迅速肆虐世界各国，部分疫情严重的传统发达国家对其国内疫情控制、救治情况都自顾不暇，世界上大部分发展中、不发达国家与地区的疫情状况则更加令人担忧。

"一带一路"倡议提出7年以来，相关国家已由最初的64个沿线国发展至2020年

---

[*] 作者介绍：师华，同济大学法学院教授，博士研究生导师。王华倩，同济大学法学院2019级国际法专业研究生。

基金项目：同济大学(E)智库与学术影响类-(E4)文科智库项目"一带一路"建设与政府工程采购法律规制研究基金资助(22120200326)。

5月签署了"一带一路"合作文件的138个参与国。① 但其中大部分的东南亚、中西亚与非洲参与国属于发展中或不发达国家,其在此次新冠肺炎疫情全球扩散的过程中面临着更严峻的医疗卫生健康挑战。病毒威胁到这些国家民众个体的生存与健康安全,同时,亦对"人类命运共同体"理念构成新挑战。为了更有效地应对与解决"一带一路"参与国中不发达国家民众的卫生健康危险问题,"人类命运共同体"理念下的卫生健康国际合作,尤其是"一带一路"下的区域合作需要得到充分的重视与研究。

一、"一带一路"背景下构建"人类卫生健康共同体"区域合作研究的正当性

康德于1795年发表的《永久和平论》中曾提到,人类历史上的多次战争,无论正义与否,本质上均为人类自身的互相残杀。② 从人道主义出发,康德认为人与人之间,国与国之间要想追求和平、追求和平共处,需要有意识地人为构建以国家为基础的联盟。在这里,康德强调的是民族国家频繁战争背景下建立长期、稳定的国家合作的必要性,否则将会造成积极的互相残杀。同理,当面对与全球传染病毒之战时,倘若人类不能跨越国别、种族与肤色界限守望相助、建立适当合作机制的话,便无异于"消极的互相残杀"。

(一)区域合作是实现全球卫生健康问题全球治理模式的过渡与准备

诚然,卫生健康问题尤其是恶性传染病毒不存在国籍"识别功能"或者地区"歧视倾向",其属于全球范围的卫生公共安全问题。针对国际公共性问题③的"全球化"特点,最终必定需要寻求非割裂式的、整体性的合作式应对机制和模式。因此,有学者主张采用全球治理模式④作为有效应对全球范围大规模卫生公共健康安全问题的最终途

---

① 本数据来源于第十三届全国人大三次会议后记者会,其间中国国务委员兼外交部部长王毅就"中国外交政策和对外关系"相关问题回答中外记者提问中提到,"一带一路"的基础来自于为各国人民带来的切身利益。7年来,中国同138个国家签署了"一带一路"合作文件,共同开展了2000多个合作项目,解决了成千上万人的就业。《王毅:疫情对"一带一路"合作的影响是暂时和局部的》,载中国新闻网2020年5月24日,http://www.chinanews.com/gn/2020/05-24/9193504.shtml。

② 张乃根:《国际法原理》(第2版),复旦大学出版社2012年版,第377页。

③ 如环境方面的温室效应、环境污染,经济方面的金融危机,人道主义方面的难民问题、大规模杀伤性武器的使用、全球恐怖主义蔓延以及妇女儿童被跨国拐卖等跨国犯罪问题。这些问题都体现了较高程度"非地区性"的、"全球性"的负面影响和后果。

④ 刘晓红:《公共卫生安全全球治理的国际法之维》,载《法学》2020年第4期。

径。然而,笔者认为在此主张采用区域合作模式应对近期国际卫生公共健康问题与学者们采用全球治理模式的主张并不矛盾,并且在目前国际形势下是更符合现实性的考虑。

不可否认的是,与全球治理模式⑤相比,区域合作模式不是最根本的解决路径,但是它有合作相对容易,能够更有倾向性以及针对性地关注重点区域的特殊、专有卫生健康问题的特点。正如《世界卫生组织宪章》序言第四段所强调的,全人类的健康是实现和平与安全之根本,而这个目标的实现有赖于个人与国家的合作本质上,这两种模式均强调"合作"的重要性,其区别主要在于合作开展的范围、广度与深度的不同。所以,主张将区域合作模式运用至"一带一路"参与国的卫生健康方面的合作并不违背全球治理模式的初衷与方向。

但就现实可行性分析,鉴于全球国家意识形态、经济发展水平的巨大差异,短时间内实现卫生健康方面的"全球治理"可能性较小。虽然"全球治理模式"可能成为日后长期应对此类公共卫生安全突发事件的更系统化、最终的解决模式,但笔者认为,就目前国际形势考虑,采取充分发挥区域合作模式的作用,循序渐进地带动更广泛国家与地区的合作,这将会是可行性更高的可选路径。由此作为推进卫生健康公共问题全球治理最终实现的过渡阶段,积累区域合作的丰富经验,为卫生公共健康方面的全球治理做前期准备。

(二)"一带一路"卫生健康方面区域合作有助于人权保障的实现

面对新冠肺炎等全球性大规模疾病的侵袭,无论是对个体还是对人类社会集体来说,生存无疑是第一要义。因此,在讨论"一带一路"区域内卫生健康问题的区域合作正当性时,相关个体的社会生存、健康条件与水平的逐步提高是关键的考虑因素与出发点。

从国家内部应对能力来看,"一带一路"目前主要参与国是东南亚、中亚、西亚以及非洲的发展中国家或不发达国家,其较低的经济水平限制了当地政府保障医疗卫生健康的能力。具体来说,其GDP总值以及人均GDP整体水平较低,国家经济财政对医疗

---

⑤ 全球治理,即指多元主体跨国界参与下,以解决人类共同事务为目标,"在全球范围内建立一套合理的组织体系、法律规范和运行机制"。刘晓红:《公共卫生安全全球治理的国际法之维》,载《法学》2020年第4期。在应对此问题上,该模式被学者认可和采用的逻辑基础在于追本溯源,即应当利用全球性的模式和机制解决全球性问题。这也是相较于传统主权国家治理模式,全球治理模式能从根本上更高效管理、更有针对性解决此类问题的合理性之处。

基础建设与普及、医疗物资供给均存在客观能力障碍;同时,沿线国地区教育水平尤其是医学、卫生、护理等高等教育水平较低,卫生健康方面人才、专家培养能力有限;加之当地普通民众卫生健康观念较弱、政府教育宣传力度不足等多方面综合因素限制了当地国家有效、及时检测与防控国际突发卫生公共安全事件的能力。

正如《世界卫生组织宪章》序言第三段所承认的,无论种族、宗教、政治信仰、经济与社会条件的差异,享有可达到的最高标准的健康是每一个人的基本权利之一。面对当地民众生命健康安全受威胁而不能得到及时、有效的卫生健康安全保障的客观现状,出于国际人道主义援助的要求以及作为负责任大国的担当,"一带一路"参与国中经济能力较强且医疗技术、卫生条件较优的国家有责任对该地区民众伸出援手,切实保障与改善当地民众生存与健康这一基本人权要求。

二、"一带一路"背景下构建"人类卫生健康共同体"区域合作的现实基础与困难(挑战)

事实上,构建"一带一路"倡议下"人类卫生健康共同体"的想法早已被提出与认可,并也在"一带一路"参与国有限范围内形成了部分较高级别的、较为成熟的合作或合作意向。与此同时,"一带一路"倡议下构建"人类卫生健康共同体"的区域合作不可避免地面临着许多挑战,主要表现为敏感信息数据共享过程中的滥用、泄露与误用,各国国内政策传递、执行机制差异,卫生健康领域区域合作的外部挑战三个较难解决的实质性障碍,以及目前区域合作主体的局限性、外派医疗团队的专业一致性较低与现存区域合作的法律依据零散且不具法律约束力等其他方面的合作障碍。

(一)"一带一路"背景下构建"人类卫生健康共同体"区域合作的现实可能性

国家卫生健康委员会(原国家卫生计生委)于 2015 年发布了《关于推进"一带一路"卫生交流合作三年实施方案(2015—2017)》,2017 年中国与世界卫生组织(WHO)签署了《中华人民共和国政府和世界卫生组织关于"一带一路"卫生领域合作的谅解备忘录》等协议,它们为 2020 年新冠肺炎疫情挑战下的卫生健康区域合作奠定了基础,指明了方向。

具体来说,在《关于推进"一带一路"卫生交流合作三年实施方案(2015—2017)》文件中,提到了三个较为具体的近期、中期与远期目标。分别为:在近期,1~3 年建立"一带一路"沿线国家的卫生合作共识;在中期,3~5 年逐步形成"一带一路"沿线国家的卫生合作网络,并逐步增强中国在多边治理机制中的话语权与影响力;在远期,5~10年基本形成"一带一路"沿线国家卫生领域全方位合作新格局。⑥

同时,多个卫生健康细化方面的具体合作以多种形式展开并取得一定成效:在合作论坛方面,自2015年起多次举办中国-东盟卫生合作论坛、"中阿卫生合作论坛"与中国-中东欧国家卫生部长论坛等;在传染病防控方面,借助上海合作组织平台促进中亚地区传染病联防联控机制合作、在大湄公河次区域建立传染病监测与防控项目、跨境传染病、血吸虫病消除与控制的合作项目等;在人才培养与医疗能力提升方面,实施了中国-东盟公共卫生人才培养百人计划、中国-印度尼西亚公共卫生人才合作培训计划,构建了中国-中东欧国家公立医院合作网络、中俄医科大学联盟等;在卫生发展援助方面,中国分别在马尔代夫、坦桑尼亚、加纳、苏丹、缅甸等国开展了白内障复明义诊手术"光明行"活动。此外,"一带一路"卫生交流区域合作还在传统医药、卫生应急和紧急医疗援助、健康产业发展及其他支撑项目等方面取得初步成效。⑦

可见,自2013年"一带一路"倡议提出以来,各沿线国家以及参与国家之间的卫生状况、医疗技术条件差异已得到重视,并对此提出了初步方案以及成功建立了初步合作基础,使得区域进一步深化合作存在现实可能性。

(二)"一带一路"背景下构建"人类卫生健康共同体"区域合作面临的困难与挑战

不可否认的是,在应对此次全世界范围大规模暴发的新型冠状病毒导致的传染性疾病时,上述已取得的努力与合作成果并没有达到预期效果。因此,这对各国在"一带一路"卫生健康区域合作的进一步深化、机制化提出了现实迫切的要求,合作过程中还将面临以下挑战与困难。

1. 敏感信息数据共享过程中的滥用、泄露与误用

在人类卫生健康科学研究过程中不可避免地会涉及对生物信息数据的收集与运用。这里的敏感信息数据主要涉及基因序列以及病毒序列信息。例如,基因序列信息可能涉及个体身份信息、个体健康与行为学信息以及个体血缘亲属关系的确认。⑧ 虽

---

⑥ 《关于推进"一带一路"卫生交流合作三年实施方案(2015—2017)》,国卫办国际函〔2015〕866号,2015年10月23日发布。

⑦ 《关于推进"一带一路"卫生交流合作三年实施方案(2015—2017)》,国卫办国际函〔2015〕866号,2015年10月23日发布。

⑧ M. Sariyar, S. Suhr & I. Schlünder., *How Sensitive Is Genetic Data?*, Biopreserv Biobank, 2017, pp. 494-501. See https://pubmed.ncbi.nlm.nih.gov/28880588/.

然存在"基因例外论"⑨的主张,但从目前主要国家对信息保护法律⑩所涵盖的范围来看,更倾向不承认基因例外论的主张,即认为在数据敏感程度方面,基因数据同其他生物特征或临床数据并无不同。加之,随着生物科学技术的迅猛发展,科学家对全基因组序列内涵的认识将会更加深入与丰富。因此,对此种基因序列数据的保护依然十分有必要。此处的关键问题在于,如何确保敏感数据信息的最终利用与最初收集目的一致。因为事实上要对生物研究参与者的敏感信息做到绝对保护,难度很高,因此,如何防止此类数据的滥用、泄露与误用将成为信息共享合作要求下最关键的挑战。

2. 各国组织动员能力与政策传递、执行机制差异大

应对大规模突发事件时,除了国家基础经济实力具有物质提供方面的决定性作用外,各国整体的组织动员能力与政策决定、传递以及最终执行落实的机制也有较大影响。而这个方面的巨大差异恰恰与各国政治体制、内部架构紧密相关,属于国与国之间难以简单移植的经验。

例如,此次武汉疫情大规模暴发后,中国全民齐心抗疫,上至中央政府,下至绝大部分普通群众,均积极配合各项抗疫政策的实施;武汉火神山医院选址、设计与施工在10日内完成,"火速"提供1000个病床,体现了"集中力量办大事"的制度优势。相反,在部分实行联邦制的西方国家难以整体呈现"上下联动"齐心对抗疫情的景象。由此可见,各国组织动员能力与政策传递、执行机制差异之大涉及政治体制更深层次的影响因素。因此,在这方面的经验需要各国间深入交流,进而在借鉴、合作基础上研究变通后的可行方法。

3. 卫生健康领域区域合作的外部挑战

除了区域合作过程中的自身障碍外,卫生健康领域还存在诸多外部挑战。

(1)"一带一路"倡议由中国提出并与多国进行合作伊始便遭受到许多国家的无理批评与打压。美国国会有意立法阻挠愿意接受"一带一路"合作项目投资与贷款的有关国家继续获得美国官方项目的资金援助。⑪若此规定最终实现,将可能形成部分"一带一路"参与国加强与中国合作,包括展开进一步卫生健康领域合作的重要阻碍。

---

⑨ 即主张因为遗传信息与生俱来,因而同其他健康和医疗信息相比需要区别对待。
⑩ 例如,根据欧盟《一般数据保护条例》(GDPR),基因数据的特性和定义并不支持任何形式的基因例外论。
⑪ 黄仁伟:《"一带一路"面临新挑战和新机遇》,载《环球时报》2020年5月26日,第15版。

(2)此前已经达成的其他经济领域的合作项目难以顺利如期推进。例如,在与欧盟合作方面,因受各国疫情防控措施影响,原定于2020年举行的系列峰会与高层外交往来论坛均不同程度被取消或推迟;原本筹备的中欧投资协定与"一带一路"第三方市场合作也被暂时搁置。在与中东欧的经济合作项目推进方面,此前在中国-中东欧合作机制("17+1")下已经达成的合作项目启动也可能因此难以按期落实。此外,对未来将要达成的合作项目资金来源方面,由于国际经济组织与亚洲基础设施投资银行、金砖国家新开发银行以及丝路基金的合作与融资能力呈下降趋势,所以将在一定程度上削弱未来几年区域卫生健康合作项目开展的融资力度。

4.依赖传统主权国家与政府间国际组织的合作有一定局限性

虽然主权国家作为国家行为体,是传统国际法上最重要的主体之一,但仅依靠其在应对国际卫生公共安全事件时的作用也显现出一定的局限性。

从外部来看,"威斯特伐利亚体系"下强调了"国家主权平等"以及肯定了国家在国际舞台独立、自主的地位与能力。而在国家自主独立决定国内事务的过程中,不可避免地从维护国家自身利益角度出发,同时对让渡主权、主权被外界不法损害产生高度警惕与反感。

再从内部来看,即使发生了突发卫生健康安全事件,各主权国家的政府出于"维稳"的目的,仍需要考虑国内政治、经济等不同界别的声音与利益。过早地公布国内疫情状况或许会造成社会内部恐慌,同时有可能遭遇国际社会各国的禁限措施。因此,对于主权国家政府来说,如何平衡国民"要么饿死(失业),要么病死"的得失矛盾,也是一个重要挑战。

由此可见,主权国家及其政府由于其天然的属性,一方面不具有内在推动力去积极主动、快速、真实客观地公布国内卫生公共安全事件;另一方面又担忧被外部监管、不当限制主权,从而缺乏主动积极与他国合作的意愿,因此造成了主权利益博弈下各自为政的状态。

此外,2017年中国与世界卫生组织签署《中华人民共和国政府和世界卫生组织关于"一带一路"卫生领域合作的谅解备忘录》等协议,是希望依托世界卫生组织已有平台与经验更好地开展区域卫生健康协调合作。诚然,传统理论强调的建立在国家基础上长期、稳定的国际组织合作方式对于解决全球性问题起到重要作用。然而,政府间国际组织在应对国际突发卫生健康安全事件时也存在天然难以克服的局限性[12],并且其制定的国际规则也存在约束力较弱现象。此处,以世界卫生组织(WHO)及其制定的《国际卫生条例(2005)》部分具体规定为例展开分析。

(1)《国际卫生条例(2005)》为缔约国设定了核心能力要求(Core Capacity Requirements),包括要求缔约国利用现有国家机构与资源开展"监测、报告、通报、核实、应对和合作活动"的义务。[13] 然而,此项义务的具体实施情况却得不到缔约国的积极响应与配合,出现不遵守此项义务的情况较多。

在2015年1月发布的《〈国际卫生条例(2005)〉实施报告》中,截至2014年仅64个缔约国向其报告了此项能力的建设情况(见表1)。另外,未报告该核心能力建设状况的国家数量占总数比例从2012年的17.1%上升至24.9%。这表明部分缔约国不愿积极或客观能力上确实不能履行此义务的现状。

表1 缔约国《国际卫生条例(2005)》下核心能力建设的落实情况[14]

	未报告	执行完毕	要求2年延长期
2012年	33个	42个	118个
2014年	48个	64个	81个

(2)《国际卫生条例(2005)》下要求缔约国对自身核心能力进行年度"自我评估"[15],但这种内部评估方式明显欠缺严格的独立性,进而影响其有效性、客观性与可靠性。因此,在设定这样的义务的同时,仍需要有效的外部监督评价方式。但现实是,世界卫生组织在实践中并不能发挥这样的作用,这使得这项规定的效果大打折扣。

(3)《国际卫生条例(2005)》第6条,规定了缔约国对境内突发卫生公共情况应当在自我评估后24小时内以最有效的通信方式向世界卫生组织通报[16]的义务。这样的及时通报义务符合简单流行病学上的控制规律,能科学有效地控制和减少病毒传播。

---

[12] 其局限主要在于,其一,由于目前国际上不存在超越国家主权的国际组织,这使得政府间国际组织的权力来源实质受限于主权国家的权力让渡;其二,除了世界贸易组织存在较完善的争端解决机制裁外,目前大多数政府间国际组织均不存在类似的制裁机制,这使得政府间国际组织成员违反或不适格遵守国际规范的行为无法得到来自外部机制的有效惩罚与遏制。

[13] 《国际卫生条例(2005)》附件一,第1段。

[14] 表格数据来源于世界卫生组织2015年1月16日发布的《〈国际卫生条例(2005)〉实施报告》[Implementation of the International Health Regulations(2005)],附件1,第3段和第5段。

[15] 《国际卫生条例(2005)》附件一,第2段。

[16] 《国际卫生条例(2005)》第6条。

然而,这样的义务在各国政府的经济影响考虑下得不到有效"及时"的实现。若及时通报义务得不到有效履行,则后续只会损害更大范围内的经济状况。例如,西非埃博拉病毒疫情以及沙特阿拉伯MERS疫情期间均出现过缺乏透明合作与延迟通报的情况,导致几内亚、利比里亚和塞拉利昂等国家和地区遭受GDP下降超过10%的经济衰退现象[17],令当地民众健康医疗保障水平雪上加霜。

综上所述,虽然世界卫生组织及其《国际卫生条例(2005)》的弊端并非近期才被注意,然而却一直无法改变或进行有效的改革,归根结底障碍在于政府间国际组织这一国际行为主体本身的性质——机构运作的权力、资金、人员等关键要素均紧密依靠主权国家这一主体,并且世界卫生组织在传染病防控、环境卫生标准以及医药方面颁布的标准、指南和建议等均仅为"软法",因其制定主体非国家而不具备国家强制力保障实施的特点[18],故缺乏有力的制约机制。

5. 外派医疗团队的专业一致性较低、"团队作用"效果不理想

在"一带一路"医疗环境、水平较差的国家和地区,外派医疗团队的疾病专治专业化较低,折损了派出人员的"团队作用"。此处以近年中国援非医疗团队派出的情况为例。中国近年派出到非洲坦桑尼亚医疗团队人员,其中大都只是承担当地医疗过程中的零散性辅助工作,按照援非医疗队员各自的专业方向被安排在不同的科室,辅助完成手术,中国医疗人员的"团队作用"未能发挥出最大效果。

相反,西方国家却利用中国援建莫西比利医院的贾卡亚·基奎特心脏病研究所平台,派出心血管疾病治疗方向完整的医疗团队,免费为坦桑尼亚的病人做心血管手术,广受当地人欢迎。[19] 对于此种"前人栽树,后人乘凉"的援助模式,虽然中国援建的医疗基础设施重要性毋庸置疑,但就外派援助医疗团队来说,西方国家派出完整的、专门针对某种疾病的医疗团队援助方式比中国援非医疗队表现出更高效的专业"团队"治疗优势。

---

[17] Addis Ababa, *Socio-Economic Impact of Ebola Virus Disease in West African Countries*, United Nations Development Group(UNDG)—Western and Central Africa, 2015.

[18] 姜明安:《软法的兴起与软法之治》,载《中国法学》2006年第2期。

[19] 姚苗苗:《中国援外医疗队存在的不足及应对措施——以坦桑尼亚为例》,载《知识-力量》2019年第11期。见 http://www.chinaqking.com/yc/2019/2040807.html。该文章为浙江师范大学非洲研究院2019年赴非调研课题成果。

6. "一带一路"卫生健康区域合作的法律依据零散且不具法律约束力

在国内法律方面,"一带一路"参与国的国内卫生健康法律规定参差不齐,有的法律制度较落后的国家甚至不存在这方面明确的规则。至于我国,医疗卫生健康的规定长期较多散见于层级效力较低的法律法规中,此方面第一部也是目前唯一一部基础性法律是于 2020 年 6 月 1 日施行的《中华人民共和国基本医疗卫生与健康促进法》。但遗憾的是,该法律内容并未将此前学者们建议的"跨国卫生援助"纳入其规定。

在区域性文件依据方面,现有有限的"一带一路"卫生健康区域合作文件,大致有:中国－中东欧国家卫生部长论坛通过的《中国－中东欧国家卫生合作与发展布拉格宣言》[20]、中阿卫生合作论坛发布的《银川宣言》[21]、中国与大湄公河次区域经济合作机制成员续签的《关于湄公河流域疾病监测合作的谅解备忘录》、2013 年上海市与捷克卫生部签署的传统医学领域合作协议、2014 年亚太经济合作组织(APEC)中国年领导人会议宣言和双部长会议联合声明提出的"健康亚太 2020"倡议[22]等区域性卫生、医学领域合作文件。

由上可见,目前"一带一路"卫生健康区域合作的依据大致属于多边论坛下达成的"宣言""谅解备忘录"以及"倡议"等不具有正式国际法效力的"君子协议"式文件,不具有国际法上法律的强制约束力,协议内容的遵守更多依赖参与国家的自愿与自觉。同样地,参与国对协议中义务性、责任性内容的违反亦不存在强制履行规定或受到其他协议项下惩罚措施的制裁,这也间接削弱了该类现存区域合作协议对卫生健康水平提升的实际合作效果与水平。

三、"一带一路"背景下构建"人类卫生健康共同体"区域合作的建议

必须承认,在"一带一路"倡议下构建"人类卫生健康共同体"区域合作存在短时间内难以根本解决的实质性障碍。但笔者认为并不妨碍目前该区域合作发展趋势下对障

---

[20] 该宣言初步确认了"16 + 1"卫生部长论坛的建立,并着力推动实施中医中心等一批务实合作项目的开展。

[21] 该论坛由中国宁夏回族自治区人民政府、阿拉伯国家联盟秘书处等共同在宁夏银川主办,其目的为推动《2014—2016 年中阿卫生合作行动计划》的落实。

[22] 该倡议发起成立 APEC 全民健康覆盖进展监测研究网络,为 APEC 经济体卫生决策者、专家、学者的信息交流、能力建设提供支持平台。召开 APEC 全民健康覆盖进展监测的国际研讨会,促进区域内经济体交流实现全面健康覆盖的进展、主要做法和经验交流。

碍的克服,区域合作可以达到提高"一带一路"区域内较落后参与国家卫生、医疗、健康水平的实质效果。

(一)鼓励卫生健康区域合作过程中跨国公司作为多元主体的参与

除了整合、协调此前已有的多个沿线地区的区域合作组织、卫生合作论坛的卫生治理体制外,还可以鼓励在"一带一路"项目支持下受益的、经济实力较强的利益相关者——跨国公司来积极承担企业社会责任,参与区域卫生健康合作(CSR)[23],尤其是鼓励目前存在较大优势的中国跨国公司。跨国公司的企业社会责任在强调促进经济社会发展的目标时,实质上都蕴含着尊重个体人权生命健康权、维护跨国公司生存和维系社会延续的更基础性、根本性要求,跨国公司应当积极承担企业社会责任,为"一带一路"倡议下卫生健康区域合作提供需要的技术与经济支持。[24]

具体可以在两个方面鼓励参与。第一,鼓励经济实力较强的区域内跨国公司投资或承揽传统基础设施项目。例如,投资重点东道国机场、高铁与公路等运输基建项目,连通地形崎岖的城市或村落,进一步促进医疗物资的及时运输;又如,积极投资有助于清洁用水普及的自来水处理厂、海水淡化技术等,为当地民众提供可负担且符合国际生活饮用水卫生标准的自来水,从源头减少人体接触病菌的概率;再如,投资建设完备的高效发电厂与电路传输设备的敷设,以确保电力稳定以保障手术医疗设备的正常运转。

第二,推动跨国公司更多地开展卫生健康安全相关的业务与投资新兴产业领域,并与已有国际投资与贸易项目相结合。诚然,我国大型国有跨国企业在实施对外援助项目的过程中容易混淆商业行为与援助行为。有观点对此作出负面评价,然而,笔者认为此结合的方式却是目前区域卫生健康对外援助过程中能够资源共用,取得实际成效的重要原因之一,并不能因此减损结合援助方式的有效性与正当性。在资源区域跨境筹措、调配方面,跨国公司能够积极、迅速地调动其下子公司、分公司等关联企业的人力,调配防疫医疗急需物资至国际卫生公共安全情况最紧急的地区,发挥跨国公司相对于

---

[23] 根据世界永续发展企业委员会(WBCSD)对公司的企业社会责任的定义,其指在特定的法律框架、社会规范和经营环境下,跨国公司在履行其基本经济职能的同时,承诺持续遵守道德规范,为经济社会发展做出贡献,并持续改善员工及其家庭、所在社区、社会生活的品质,为社会发展做出"积极贡献"。See the World Business Council on Sustainable Development (WBCSD), *Corporate Social Responsibility: Meeting Changing Expectations*, Geneva, Switzerland, 1999. Page3.

[24] 世界卫生组织2015年1月16日发布的《〈国际卫生条例(2005)〉实施报告》(*Implementation of the International Health Regulations*(2005)),附件1,第26段。

国家与政府间国际组织来说覆盖范围广泛、拥有更灵活决策应对方案、更迅速响应能力的优势。

例如,在由中国企业联合会、中国企业家协会公布的《2019 中国跨国公司 100 大及跨国指数》中,排名第 16 位、跨国指数为 37.24% 的复星国际有限公司(以下简称复兴国际)[25]在抗击此次新冠肺炎疫情的全球治理过程中积极、充分发挥了其作为跨国公司的优势,包括自 2020 年 1 月 24 日除夕夜起利用其现存的全球产业、团队布局,启动全球物资调配计划的紧急任务[26],分别迅速援助了部分"一带一路"参与国的抗疫工作。其中,复星国际紧急调配医疗物资驰援日本,同时还通过其全球合作伙伴,以最快的速度将所需的医疗产品送往韩国,助力韩国抗击疫情。另外,复星国际还通过其在欧洲的 Club Med、PAREF 等旗下企业紧急调配了 5000 只能够进入医院"红区"的口罩,支援"一带一路"参与国之一意大利的米兰等地的疫情防控。[27] 可见,大型跨国公司对紧急医疗物资跨区域的紧急调配反应速度较快、灵活度较高,对整体疫情防控起到重要作用,可以作为"一带一路"卫生健康区域合作下的重要主体力量。

(二) 丰富卫生健康领域区域合作的援助形式

在现有医疗基础设施建设援助形式基础上进一步丰富区域内对外援助形式。具体包括三类。

第一,卫生健康问题科学研究过程中生物特征、临床数据等相关敏感数据需要及时传递、共享。

第二,进一步稳固与疾病救助等卫生健康水平提高相关的医疗设备、医疗资源材料生产、制造的供应链,尽量确保区域内参与国在重大疾病暴发时,相关物资设备可以尽可能及时供应,以便满足当地医疗救助顺利开展的需求,同时在此基础上应当加强区域内跨境运输能力,以便将物资顺利运抵具体救助中心。

第三,除了国家政府官方名义的对外援助外,还可以引入更多元化的社会捐助主体

---

[25] 《2019 中国跨国公司 100 大及跨国指数》,载中国企业联合会与中国企业家协会网,http://cec1979.org.cn/view_sy.php?id=40761。该榜单以中国企业 500 强、制造业企业 500 强和服务业企业 500 强为基础,由拥有海外资产、海外营业收入、海外员工的非金融企业,依据企业海外资产总额的多少排序产生,跨国指数按照(海外营业收入/营业收入总额 + 海外资产/资产总额 + 海外员工/员工总数)/3 × 100% 计算得出。

[26] 截至 2020 年 2 月 22 日 0 时,复星国际从全球筹措、调配防护服 101 万件、口罩 124 万只、护目镜 7.5 万副、医用手套 11 万副等总计 243.5 万件医疗防护物资并运抵武汉疫情防控一线。

[27] 《中国知名民企复星调动全球资源支援日韩等国抗疫》,载中国新闻网 2020 年 3 月 1 日,http://www.chinanews.com/cj/2020/03-01/9109533.shtml。

与捐助形式,例如,宣传鼓励经济实力较强、社会影响力较大的跨区域、跨国公司、基金会或个人积极参与区域卫生健康的合作,鼓励以捐资、捐物、提供人才教育与技术培训等多种方式的援助合作与交流。

(三)优化卫生健康领域区域合作援助机制,使其向精细化发展

对外医疗团队派出援助应当向精细化转变。首先,在决定对"一带一路"沿线医疗环境、水平较差的国家和地区外派医疗团队人员前,应当事先对目标援助国家或地区当地的医疗水平状况作较为深入的、全面的调查,包括调查该区域特色生活习惯、饮食习惯下特有高发的疾病或不健康现象,从而有针对性地派出精细化专业团队高效治疗与缓解当地高发疾病的严峻现状,针对当地特有疾病诉求研究制订新的治疗方案。

在完善的调查基础上,对于对外援助医疗团队的人员组成与派出方面,可以借鉴西方国家派出专门治疗当地某类疾病的一个完整医疗团队(包括主诊、术中辅助与术后护理人员在内)并使用自己团队的医疗器械的做法,从而更有效、更专业地发挥专业医疗团队救治的最大效用,获得区域对外卫生医疗援助合作"1+1>2"的专业团队救治效果。

(四)明确"一带一路"卫生健康区域合作的国际法依据并增强法律约束力

"一带一路"下现有的卫生健康交流合作文件多为"宣言""谅解备忘录"以及"倡议"等不具有国际法法律约束力的文件。这使得进一步明确合作开展的国际法依据,增强合作依据的法律约束力成为此领域下一步合作的发展方向。

目前来说,前述提到的这种有约束力的法律依据更应该倾向以区域合作协定的形式呈现。除了达成的区域卫生合作多边协议外,建议在各国双边投资协议中增加与环境条款相关的对东道国卫生健康安全保障的规则,使之在正式文本中也成为区域内相关国家与投资者共同关注的重点。

对中国来说,在此领域的合作中应该作为医疗、卫生水平较好的援助国,对东南亚、中亚、西亚与非洲医疗技术较低、卫生环境状况较脆弱的国家与地区开展援助。或许有人会说,在中国相对"单向性"承担援助义务的背景下,提倡制定有约束力的国际法规则,从法律效力依据较高层面接受约束对中国来说是多此一举。然而笔者认为,正是在这种背景下提倡制定、明确有约束力的国际法规则,以此保障卫生健康领域合作的做法,有利于展现中国对整体实质提高"一带一路"卫生健康水平的坚定决心与自信,同时也能更大程度地保证受援助国家不会因为其内部政治、社会或外部原因而轻易背弃该项重要合作。

从长远来看,这些形式的国际协议属于国际法规则中的国际条约,虽然仅是双边或多边的协议,其所涉及与可控范围有限,但也不可否认其蕴含的正式国际法规范作用。同时,也有助于"以点带线、以线带面"的方式循序渐进地加强各区域国家对卫生健康合作的重视与共识,进而推动世界卫生组织顺利制定对全球影响力、约束力较大的国际规则。

(五) 中国对外卫生援助管理机制应当向系统化方向完善

目前,我国对于医院基础设施建设、医疗物资援助与专业人员培训等事项的管理由国家商务部负责,而援外医疗团队的派遣则由国家卫生健康委员会管理。[28] 这样的分工管理模式在目前欠缺较好的跨部门协调、沟通机制的情况下给中国对外卫生援助事业造成了阻碍。

此外,主要负责国内外贸易与国际经济合作发展的国家商务部似乎不太适合作为负责卫生健康对外援助事项的管理部门。因此,建议中国在完善对外卫生援助管理机制的过程中可以对相关决策、管理事项逐步另行设立专门部门,或考虑直接归于国家卫生健康委员会负责,从而形成更为系统化、专业化的卫生健康对外援助机制。

目前,新型冠状病毒的全球传播成为人类卫生健康安全面临的最新挑战。诚然,全球治理模式在应对此类全球性问题的挑战时呈现出更全面、更系统化的特点,属于更长远、宏观的应对方法;然而,区域合作应对模式更具短期实现的可能性,并且其本质上也符合全球治理模式的内在逻辑,因而可以作为全球治理模式最终实现的过渡与准备阶段。

借此次疫情暴露出"一带一路"部分参与国国内医疗卫生健康能力的缺陷,率先在区域内寻求卫生健康方面机制化合作的机会,有助于直接分享中国抗疫经验,推动"人类卫生健康共同体"的实现。与此同时,这亦将有利于展现中国对"一带一路"参与国"岁寒知松柏,患难见真情"的合作诚意,营造参与国对"一带一路"合作项目良好善意的社会民意基础,为日后其他领域的机制化合作奠定基础与积累经验。

---

[28] 刘培龙、王昱:《中国对外卫生援助决策和管理机制的演变》,载《国际政治研究》2015 年第 2 期。

Research on Establishing "a Community of Shared Healthy Future for Mankind" in the "Belt and Road" Regional Cooperation

Shi Hua, Wang Huaqian

Abstract: Novel coronavirus has become the latest challenge to human health in 2020. In the short term, regional cooperation is likely to be a more realistic way than global governance in combating with the COVID-19 pandemic. The cooperation in health care based on 138 participating countries in the "Belt and Road" region complies with the human right to protect life and health. Admittedly, regional cooperation will involve substantial obstacles, such as the security of sensitive data sharing, differences of decision-making and policy enforcement systems within these states. Nevertheless, these obstacles are not enough to stymie the improvement of health care in those regions. Encouraging multinational corporations to contribute to trans-regional emergency medical supplies deployment, refining foreign health assistance mechanisms, diversifying aiding forms, and clarifying international law for regional health cooperation will benefit further Belt and Road cooperation in field after field. Also, it is a significant opportunity to share China's successful experience in health care development and pandemic prevention.

Keywords: The "Belt and Road", "a Community of Shared Healthy Future for Mankind", Regional Cooperation

构建更加紧密上海合作组织利益共同体之国际法思考

王丽华　袁　星[*]

摘　要：上海合作组织建立以来,其合作范围从安全领域不断外溢向经济领域。在"携手构建更加紧密的上海合作组织命运共同体"倡议下,打造更加紧密上海合作组织利益共同体有其必要性和可行性。针对打造更加紧密上海合作组织利益共同体存在的法律障碍,应从国际法角度考虑构建更加紧密上海合作组织利益共同体。中国作为主要倡导国要把人类命运共同体理论同"上海精神"结合起来,承担为"一带一路"等国家供给公共产品的大国责任,以国际法方式将中国利益与上海合作组织国家利益相结合,积极推动上海合作组织机制的完善和改革。

关键词：上海合作组织；利益共同体；上海精神；公共产品

上海合作组织由原先的"上海五国"会晤机制发展而来,2017年阿斯塔纳会议做出了给予印度和巴基斯坦两国成员国地位的决议。至此,上海合作组织已成为世界上人口最多、领土覆盖面最广的区域性国际组织。2019年6月14日,习近平主席在上海合作组织比什凯克峰会上发表讲话指出,要把握世界多极化和经济全球化的趋势,构建更加紧密的上海合作组织命运共同体,要把上海合作组织打造成互利共赢的典范。[①] 上海合作组织内部蕴藏着巨大的经济潜能,组织的工作范围也不断从地区安全向经济

---

[*] 作者简介：王丽华,上海政法学院国际法学院教授；袁星,上海政法学院国际法学院2019级国际法专业研究生。

[①] 习近平：《凝心聚力　务实笃行　共创上海合作组织美好明天》,载《人民日报》2019年6月15日,第2版。

领域外溢,更加紧密利益共同体的构建是打造上海合作组织更加紧密人类命运共同体的重要基础。因此,探讨上海合作组织利益共同体的国际法构建具有重要的理论和现实意义。

一、构建更加紧密上海合作组织利益共同体的必要性和可行性

(一)构建更加紧密上海合作组织利益共同体的必要性

1. 加强上海合作组织成员国凝聚力

在区域共同体建设过程中,只有共同体成员具备了充分的认同感,不断加强凝聚力,才能真正使共同体成为统一的整体。综观欧盟的发展历程,可以发现其区域认同感也非一蹴而就的,而是以经济为开端通过渐进方式进行,这既避免了对主权的过度挑战,也切实提高了区域凝聚力。上海合作组织成员国所覆盖地区内的政治、文化等背景存在着巨大的差异,相互之间的认同感基础相对薄弱。而与此同时,各国现阶段都期待实现地区社会稳定和经济发展,不断提高经济竞争力并改善人民生活水平和质量。中国"一带一路"合作倡议、俄罗斯欧亚经济联盟计划、印度"季风计划"、哈萨克斯坦"光明之路"战略等倡议、计划、战略均致力于促进成员国内部及其对外经济经贸的发展。通过打造更加紧密上海合作组织利益共同体将成员国间经济发展战略相连接,有利于提高上海合作组织成员国总体经济水平和国家实力,提升成员国相互间的认同感,从而加强上海合作组织凝聚力,推动命运共同体建设。

2. 进一步提升上海合作组织安全合作、文化交流功能

随着上海合作组织安全合作、文化交流功能的加强,打造更加紧密的利益共同体势在必行。根据新自由制度主义的理论,某一领域的合作成效具有"外溢效益",能够带动另一领域的新合作。许多学者认为,发展与和平是同一枚硬币的两面。[②] 对于一个区域性国际组织来说也是如此。随着上海合作组织经济合作的不断深入,其成效将进一步反向"外溢"至安全领域,从而形成经济与安全互动的良性循环。上海合作组织安全合作发展至今仍面临着诸多挑战,其中经济掣肘已成为其主要"瓶颈"。中亚成员国经济发展有限,社会贫富差距致使极端事件频发,区域冲突不断。同时,中亚

---

② [西]埃斯特瓦多道尔、[美]弗朗兹、[美]阮:《区域性公共产品:从理论到实践》,张建新、黄河、杨国庆等译,上海人民出版社2010年版,第433页。

成员国综合国力不强,普遍奉行大国平衡的外交政策,其受制于欧美的立场是上海合作组织进一步深化安全合作的主要绊脚石。此外,上海合作组织文化交流功能的拓展得力于经济合作的深入。中亚各国历史悠久,俄罗斯文明地区影响力大,但上海合作组织成员国人文市场化水平较低。经济合作所形成的企业交流、人才互通以及市场化导向对上海合作组织文化交流功能具有重要意义。近年来,上海合作组织利益共同体建设更加紧密,切实提高了成员国经济水平和国家实力,而其所形成的经济互利成果,也将进一步加深政治安全互信,推动文化交流。

3. 推动上海合作组织成为当代国际关系体系中有影响力的参与者

上海合作组织不仅是成员国关系自身命运的公共产品,更是具有广阔国际视野的区域组织。青岛峰会上各国元首通过联合宣言确认上海合作组织已成为当代国际关系体系中极具影响力的参与者,成员国始终遵循《上海合作组织宪章》所提出的"推动建立民主、公正、合理的国际政治经济新秩序"要求,已就包括全球经济治理、维护多边贸易规则和体制、反对贸易保护主义在内的众多国际性重大问题表明了主张及立场。当前,新兴市场国家和发展中国家群体性崛起,正成为国际关系中的主要变革力量。在上海合作组织中,中、俄、印是举足轻重的新兴经济体,而中亚各国地处亚欧大陆交通枢纽,"冷战"结束后成为重要的战略缓冲地带,其地缘政治意义明显。作为当今世界幅员最广、人口最多的区域性国际组织,上海合作组织凭借其显著的地缘优势正在成为当代国际关系体系中不可或缺的积极力量。1984 年,罗伯森指出,国际经济一体化是一种手段而非目的。[③] 更加紧密上海合作组织利益共同体的建设不仅能够形成合力帮助成员国对抗霸权机制带来的各种限制和障碍,同时也是构建人类命运共同体、建设新型国际关系体系的重要环节。

(二)构建更加紧密上海合作组织利益共同体的可行性

1. 加强经济合作已成为世界各地区域组织的发展趋势

第二次世界大战结束以来,区域性国际组织不断发展壮大,在世界走向多极化的过程中区域经济合作不断加深,经济一体化成为区域组织发展的重要标志。其中,较为典型的有欧盟、东盟以及北美自由贸易区。以欧盟为例,经济合作始终贯穿欧盟发展的整

[③] Robson, Peter, *The Economics of International Intergration*, London: George Allen&Unwin (Publishers) Ltd., 1980. p. 2. 转引自华晓红:《国际区域经济合作——理论与实践》,对外经济贸易大学出版社2007年版,第6页。

个过程,并通过国际贸易以及一系列货币、金融政策保障成员国具有统一的对外经济政策,区域贸易不断增长。而东盟以及北美自由贸易区同样如此,致力于不断提高区域贸易投资便利化程度,持续积极推动区域内经济合作。世界上几乎所有的国家都在某种程度上参与了区域经济组织或是签订了区域经济协定,加强区域内经济合作已成为全球趋势。

2. 上海合作组织成员国都有发展的需求和动力

当前,上海合作组织成员国皆不同程度地面临发展问题。中国、俄罗斯、印度作为目前上海合作组织的三个经济大国(见图1),同属于新兴的经济发展大国,经济结构存在不同程度的变化,内需持续增长,加强经济伙伴合作将成为国家发展战略的重要环节,对加强上海合作组织内经济合作的意愿不断提升。此外,中亚各国经济发展水平较低,产业结构单一,基础设施水平较差,其中吉尔吉斯斯坦和塔吉克斯坦两国属于最低收入国家,即最不发达国家,迫切需要加强对外经济合作。上海合作组织各成员国虽经济水平、发展愿景各不相同,但均将经济建设作为国家发展第一要务,对区域经济合作意愿迫切,为构建上海合作组织利益共同体提供了内在动力。

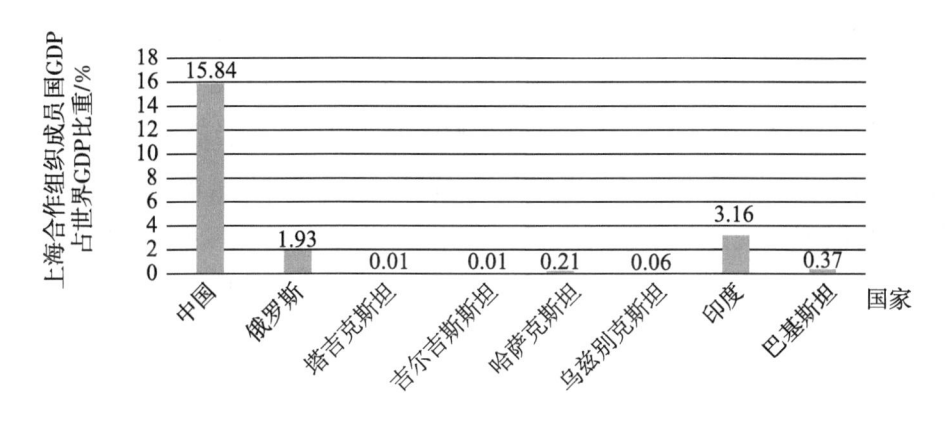

图1 2018年上海合作组织成员国GDP占世界GDP的比重

资料来源:世界银行数据库。

3. 目前上海合作组织具备经济发展的条件和时机

近年来,中亚地区相对稳定,边境问题谈判和军事互信机制演进相对良好,为上海合作组织更加紧密利益共同体建设提供了良好的外部环境。中亚地区"三股势力"得到有效控制,区域安全领域合作前景看好。随着时任美国总统特朗普确立了优先处理国内问题的原则,美国暂时无暇对中亚地区实施干涉与渗透④,这为上海合作组织利益共同体的建设提供了一个相对安定的政治、社会环境,保障了成员国之间的经济合作。

上海合作组织成立至今,相互依赖度的不断攀升,成为更加紧密利益共同体建设的天然推动力。成员国经济大幅增长,经济实力进一步增强。⑤ 区域内贸易、投资规模不断扩大,各成员国之间贸易联系日益增强、投资合作稳步推进。⑥ 成员国内贸易投资不断深入,便利化建设取得明显进展,经济合作依赖度日益加深,为更加紧密上海合作组织利益共同体建设夯实基础,提供动力支持。

4. 上海合作组织现有的组织机制和法律文件提供了制度和机制支持

上海合作组织目前已在经贸合作领域设立6个工作小组,分别由不同成员国牵头负责。此外,上海合作组织论坛是成员国建立的多边学术机构和非政府专家咨询机构,实业家委员会是为调动民间力量参与组织经济活动的机构,分别为上海合作组织利益共同体建设提供专家智力和民间力量支持。2005年成立的上海合作组织银行联合体是成员国政府授权成立的金融机构,2018年青岛峰会上习近平主席宣布在银联体框架内设立300亿元人民币等值专项贷款,为利益共同体建设提供重要的投资融资合作平台。现有法律文件中包括综合性法律文件,如《上海合作组织成员国间关于区域经济合作的基本目标和方向及启动贸易投资便利化进程的备忘录》《上海合作组织成员国多边经贸合作纲要》和《上海合作组织至2025年发展战略》等,具有较强的指导性和引领性。此外,一系列专门性的法律文件是在相关领域中具有针对性的详尽规范,如《上海合作组织成员国政府间国际道路运输便利化协定》及其附件以及一系列海关合作文件等。

---

④ 胡贝贝、吴笛、李新:《上海合作组织自贸区建设及其经济效应分析》,载《国际展望》2018年第3期。

⑤ 2019年上海合作组织6个成员国(中国、俄罗斯、哈萨克斯坦、乌兹别克斯坦、吉尔吉斯斯坦和塔吉克斯坦)GDP总额约为16.3万亿美元,比2001年的1.68万亿美元增长了9.7倍。数据来源:世界银行公开数据,https://data.worldbank.org.cn/,2021年2月7日访问。

⑥ 中国为吉尔吉斯斯坦、乌兹别克斯坦、巴基斯坦最大贸易伙伴国、最大投资来源国,哈萨克斯坦第二大贸易伙伴国,连续十年保持俄罗斯第一大贸易伙伴国地位。参见中国商务部网站:《对外投资合作国别(地区)指南》,http://fec.mofcom.gov.cn/article/gbdqzn/#,2021年2月7日访问。

二、构建更加紧密上海合作组织利益共同体存在的主要法律障碍

(一)上海合作组织经济合作现状

自"上海五国"提出经贸合作以来,上海合作组织始终坚持经济合作。自2001年以来,上海合作组织成员国经济发展迅速,贸易投资不断扩大,组织内部形成了相对稳定的合作机制并取得了一系列令人瞩目的成就。

1. 上海合作组织经济合作文件不断完善

《上海合作组织宪章》和《上海合作组织成员国多边经贸合作纲要》是上海合作组织经贸合作的纲领性文件,起指导性作用。近年来,随着经济合作的不断加深,组织根据区域内经济合作的发展状况,制定了阶段性合作规划文件,如《上海合作组织至2025年发展战略》和《2017—2021年进一步推动项目合作的措施清单》。另外,经济领域不同方向的合作文件不断增多,如基础设施方向的《上海合作组织成员国政府间国际道路运输便利化协定》,海关方向的《上海合作组织成员国海关执法领域合作议定书》《上海合作组织成员国海关关于发展应用风险管理系统合作的备忘录》。

2. 经济合作重点突出

上海合作组织以能源合作和基础设施建设为突破口,不断带动区域经济合作。上海合作组织成员国共确立了多个能源合作项目,并建设了中亚地区规模最大的天然气输送设施。与此同时,哈萨克斯坦通往中国的"阿塔苏-阿拉山口"石油管线、中哈天然气管线、中国-中亚天然气管线工程、中俄原油管道等工程陆续竣工,上海合作组织能源合作取得重大进展。在基础设施建设方面,一系列道路交通项目在成员国国内顺利完成,如中欧班列、双西公路、安格连-帕普铁路卡姆奇克隧道、艾尼-朋吉肯特高速公路等。

3. 经济合作领域不断深入拓展

2006年通过的《上海合作组织实业家委员会决议》和《上海合作组织银行联合体成员行关于支持区域经济合作的行动纲要》表明,上海合作组织经济合作中心主要是能源、信息和交通运输领域。2018年青岛峰会各国元首通过了《关于贸易便利化的联合声明》及多份涉及除上述领域以外的其他不同经济领域的务实合作文件。上海合作组织经济合作领域已不断拓展,逐渐延伸至农业、电信、金融、海关、支付、检疫、税收等领域。

4. 合作方式不断发展创新

上海合作组织自成立以来始终坚持经济合作方式的创新,积极采取不同方式加强双边和多边合作,推动利益共同体建设。"上海合作组织经济智库联盟""中国－上海合作组织法律服务委员会"通过提供智力和法律支持的方式加强了组织内的经济合作。青岛峰会上,各成员国签署了促进中小微企业合作的谅解备忘录,采用展览论坛、组织研讨、培训的合作方式推动区域经济发展。

(二)构建更加紧密上海合作组织经济利益共同体存在的法律障碍

区域经济一体化根据其合作程度可分为优先贸易安排、自由贸易区、关税同盟、共同市场、经济同盟和完全的经济一体化6个主要形态。⑦ 上海合作组织现处在由优先贸易安排转向积极探索建立上海合作组织自由贸易区的阶段。目前中国已与巴基斯坦建立了中巴自由贸易区,并与印度磋商建立自贸区,但与俄罗斯等其他上海合作组织成员国尚未达成相关安排。自由贸易区相较于完全经济一体化和经济同盟等形态仍是一种较为松散的区域经济一体化组织,上海合作组织现阶段的区域经济一体化状态距离形成真正的利益共同体尚有很长的路要走。事实上,上海合作组织内部及各成员国均存在一系列法律障碍,阻碍着利益共同体的推进建设。

1. 成员国国内法治水平低,法律制度不健全

上海合作组织成员国国内法律制度存在局限性,成员国贸易投资便利化程度有待提升。为了进一步引进外资、发展经济,各成员都陆续出台了鼓励经贸投资的相关法律或政策文件,以求与上海合作组织协同发展。但是成员国各国法律环境本身存在明显不足,法律实施环境不稳,执法过程中存在随意性,政府决策改变也会影响法律环境⑧,如中国一些企业的投资项目已经面临政策变动而被废止的风险。世界经济论坛发布的《2018年全球竞争力报告》显示上海合作组织成员国的制度支柱方面存在不同程度的问题,包括预算透明度、司法独立、法律框架解决争端效率等方面。在制度支柱因素上,除印度排名47(47/140)以外,其他成员国排名都在60名之后。其中,俄罗斯在透明度领域的分数表现较弱,排名113(113/140),印度虽然有世界第三大市场的潜

---

⑦ 华晓红:《国际区域经济合作——理论与实践》,对外经济贸易大学出版社2007年版,第11页。
⑧ 胡晓红:《中外双边投资协定争端解决机制模式选择——以中国与上合组织成员国间BIT为视角》,载《甘肃政法学院学报》2009年第3期。

力,但其贸易开放程度仍有待提高,其排名为136(136/140)。[⑨] 成员国不同程度地存在着市场经济法治体系不健全、政府职能部门执法效率较低、企业法律意识淡薄等问题,导致了区域内贸易、投资出现各种障碍,一系列合作项目无法有效落地,背离利益共同体建设的需求。

2. 上海合作组织决策机制存在局限性

目前,上海合作组织的常设机构有秘书处和反恐怖机构。现阶段的上海合作组织仍然没有专门的促进经济合作的常设机构,仅仅是以经贸部长会议作为区域经济合作主要协调机制,在经贸合作领域设立的6个合作小组,由不同国家分别牵头负责。欧盟的共同体机制相对来说较为成熟,欧盟委员会作为其常设机构,设立了包括贸易、经济专员、内部市场专员、金融专员在内的28名委员,这样的专门性委员设置有利于组织的经济合作持续发展。上海合作组织采取的是总理事会、部门领导人会议模式,采取年度会晤机制,其运作效率较低,而专业小组由各国牵头的模式虽然有利于成员国发挥其各自优势领域力量,但其效率也受到牵头国国家实力、政府工作能力的制约。印度和巴基斯坦加入上海合作组织之后,对组织内制度运行带来了新的挑战。上海合作组织目前机制为"多层次会议+协商一致"的形式,其运行效率容易受成员国单一利益影响。在决策机制方面,"协商一致"机制在实际运行中容易产生效率低下的问题,近年来WTO正式决策机制的核心——协商一致原则同样也面临着成员利益分歧与成员数目增多所带来的困扰。

3. 上海合作组织务实性经济合作文件较少

乌兹别克斯坦对于上海合作组织的态度一直比较务实,认为"不能将摊子铺得过大,要实事求是地解决一些问题"。[⑩] 而事实上,在经贸合作领域,上海合作组织的现状是综合性、指导性的法律文件比较多,而专业性、务实性的合作文件较少,主要有《上海合作组织银行间合作(联合体)协议》《上合组织成员国政府关于海关合作与互助协定》《上合组织成员国政府间农业合作协定》《上合组织成员国政府间国际道路运输便利化

[⑨] 《2018年全球竞争力报告》,载世界经济论坛网站,http://www3.weforum.org/docs/WEF_TheGlobalCompetitivenessReport2019.pdf。

[⑩] 中国上海合作组织研究中心:《上海合作组织:回眸与前瞻(2001—2018)》,世界知识出版社2018年版,第121页。

协定》(及其三个附件)、《上合组织成员国旅游合作发展纲要》以及部分公报、声明等。[11]诸如《上海合作组织成员国多边经贸合作纲要》《上海合作组织成员国政府首脑关于区域经济合作的联合声明》《2017—2021年进一步推动项目合作的措施清单》等多为纲领性文件,缺乏实践操作性,对于推进组织区域内投资贸易便利化,建设成员国利益共同体的实质性促进作用有限。而只有不断增加务实性合作文件,将经贸合作落到实处,才能建设上海合作组织利益共同体,避免其沦为清谈馆或是俱乐部。

4. 上海合作组织缺乏落实经济合作的实施机制

在国际组织建设过程中,不少多边条约都赋予了国际组织和机构实施监督功能和履约能力建设功能,以保障缔约国履约能力,促进落实多边条约实施,如《国际货币基金组织协定》第4条第3节规定了该组织对各会员国的汇率政策进行监督的功能,并且可以在汇率政策上进行指导,而各会员国应当向组织提供进行监督所必要的资料。国际货币基金组织同时也规定了为实施经济政策提供技术援助和培训的职能,如提供法律框架课程帮助各国实现本国法律和治理框架与国际标准的统一。[12]目前,上海合作组织经济合作项目的确定和实施主要由经贸高官会议和专业工作组分领域推进。2002—2006年上海合作组织经济合作机制化建设基本完成,在历经国际性金融危机、"一带一路"合作和扩员这几个关键性阶段后,其运行模式已无法高效率推进更加紧密利益共同体建设,其最突出的表现即为缺乏落实经济合作的实施机制,缺少有效的监督机制,成员国履约能力建设机制较为薄弱,导致经济合作途径不畅。

三、推动上海合作组织更加紧密利益共同体构建的国际法路径

(一)构建上海合作组织利益共同体的价值理念

推动上海合作组织更加紧密利益共同体构建,必须坚持"上海精神"和"人类命运共同体"理念。根据构建主义的理论,国际关系在互动的过程中会产生观念层面的价值交换,形成"共有知识"[13]。若以丛林法则作为共有知识,则会产生矛盾与冲突,但若以积极合作作为共有知识,则有利于形成"集体身份认同",促进国家关系发展。"上海

---

[11] 秦鹏、彭坤:《上海合作组织条约制度评析》,载《新疆大学学报(哲学·人文社会科学版)》2019年第4期。

[12] 《国际货币基金组织的能力建设》,载国际货币基金组织网站,https://www.imf.org/zh/About/Factsheets/imf-capacity-development。

[13] 李京桦:《国内构建主义研究综述》,载《云南财经大学学报(社会科学版)》2012年第4期。

精神"和"人类命运共同体"理念作为上海合作组织成员国确认的"共有知识",对利益共同体的构建和发展具有重要意义。上海合作组织是人类命运共同体理念的实践产物,自开展经济合作以来,无论是区域整体贸易,还是成员国之间的贸易额均实现高速增长。[14]"上海精神"和"人类命运共同体"理念,不仅能够作为各成员国共有知识形成上海合作组织利益共同体的集体身份认同,从而支持更加紧密利益共同体的建设,同时也能够作为"上海合作组织智慧"和"上海合作组织方案",为其他地区和全球治理提供新思路,支持完善全球经济治理体系,帮助解决全球经济周期性危机的顽疾。

(二)签订协议,逐步由自由贸易区向关税同盟转变

关税同盟是指两个或两个以上国家通过条约协定建立统一关境,在关境内缔约国相互减让、取消关税,对统一关境以外的国家或地区商品实行共同关税税率和外贸政策。与自由贸易区相比,关税同盟具有以下优点:首先,它不需要以原产地原则作为补充,而是建起共同的"对外壁垒",因而关税同盟比自由贸易区的排他性更强一些,其抵御外来风险的能力也更强;其次,关税同盟有利于吸引同盟外企业将生产点转移至关税同盟内,从而吸引大量外国直接投资;最后,关税同盟内各成员国产品自由流动,可以降低各国的管理成本。上海合作组织目前在海关估价、产品技术标准、环境保护方面已达成相关合作意向,中国与巴基斯坦已建立自由贸易区,与其他几个成员国达成建立自由贸易区的意向,成为关税同盟建立的良好基础。构建上海合作组织关税同盟,首先应当建立一个相对完善的组织机构以协调关税同盟内的制度运行,这是关税同盟赖以生存的基础。其次,应当建立成员国统一关税制度和其他对外法律制度,如海关、检疫、数量限制、技术标准等法律制度、规则。事实上,关税同盟的建立比自由贸易区更为困难,上海合作组织建立关税同盟应当签订协议,在关税与贸易总协定规定的不超过10年的合理期限内通过循序渐进的方式构建。

(三)推动上海合作组织机制改革,提供经济合作的制度保障

上海合作组织扩员后,为进一步建设利益共同体,势必要对现有机制进行改革。中国应在确保尊重"上海精神"和"人类命运共同体"理念的基础上,积极推动上海合作组织机制改革。首先,应当积极转变秘书处职能。上海合作组织秘书处应该从以统计、记

---

[14] 刘华芹:《深化上海合作组织区域经济合作构想》,载《俄罗斯东欧中亚研究》2014年第1期。

录为主要职能的机构向中枢协调职能转变。⑮ 组织扩员之后,秘书处将面临更大的挑战,其职能改革不仅对构建上海合作组织利益共同体大有裨益,也能够为打造命运共同体提供保障和支持。其次,应设立经济领域的常设机构以落实经济合作,推动设立监督机制,强化成员国履约能力建设机制。此举不仅有助于协调一系列经济合作协议的具体落实,更对上海合作组织持续性经济合作具有重要意义。最后,应当改革决策机制,以适应扩员后的组织。随着上海合作组织成员国的增加,在保留"协商一致"机制为原则的基础上,增加"多数通过"的机制或许可以解决一味坚持协商一致机制所带来的效率低下问题。对于区域经济合作而言,其主权敏感性较之于政治、安全领域较低,将"多数通过"机制引入利益共同体建设能够在主权平等的基础上更为灵活地在经济领域达成一致意见。总而言之,扩员后上海合作组织原有机制需要进行有效改革才能更好地实现其功能,为打造更加紧密利益共同体助力。

(四)签订专门性条约,拓展上海合作组织经济合作途径

上海合作组织除成员国外还有观察员国和对话伙伴国,主要是通过参加会议的方式加入到上合组织中来。在对外合作方面,目前上合组织与对外合作的国家、组织所签订的经贸合作条约多为声明、备忘录形式,可提供框架性的法律依据,但缺少落实上述指导性条约的专门性条约,从而导致上海合作组织对外交流合作水平有限。上海合作组织应当重视与观察员国、合作伙伴国和其他国际组织的交流,通过积极推动签订专门性条约方式将对外合作规范化、体系化。条约作为合作的基本手段和常用方法,承担拓宽合作领域和规范合作行为的作用。⑯ 上海合作组织利用观察员国、对话伙伴国以及与会客人机制,积极签订专门性经济合作条约,能够为对外合作提供法律依据并协调国际关系,切实提高对外合作的质量和效率,加强利益共同体建设。《上海合作组织宪章》第1条规定了上海合作组织应保持和发展与其他国家和国际组织的关系,可以说对外合作始终是组织发展过程中的重要环节。目前,上海合作组织内部合作机制已在不断完善的过程中,而通过规范性、体系性的条约进一步深化对外合作是加强利益共同体建设的重要推动力。

---

⑮ [俄]沃罗比约夫:《需要担心中国在中亚影响上升吗?》,王明昌译,载《现代国际关系》2013年第2期。

⑯ 秦鹏、彭坤:《上海合作组织条约制度评析》,载《新疆大学学报(哲学·人文社会科学版)》2019年第4期。

四、中国推动上海合作组织更加紧密利益共同体构建的对策

(一)系统阐释人类命运共同体理论

国务院新闻办公室2011年9月6日发表《中国的和平发展》白皮书提出,要以"命运共同体"的新视角,寻求人类共同利益和共同价值的新内涵。2016年,习近平主席在G20峰会上提出,世界各国应共建合作共赢的全球伙伴关系,携手构建人类命运共同体,共同完善全球经济治理。[17] 从提出新视角到向世界传达,中国始终是"人类命运共同体"理念的倡导者和践行者,而如今全球新冠肺炎疫情发展也表明,世界各国命运与共,只有守望相助才能共克时艰。自新冠肺炎全球传播开始,中国始终通过实际行动践行、阐释着"人类命运共同体"理念[18],这也得到了世界的回应。[19] 事实证明,中国通过实际行动系统阐释"人类命运共同体"理念比宣言、讲话等形式受到了更多的关注。同样地,中国在提出"人类命运共同体"理念的基础上对其进行系统阐释,能够在推动更加紧密利益共同体构建过程中得到更多积极回应。

(二)以"一带一路"为平台,提供公共产品推动上海合作组织深化经济合作

公共产品是共同受益的一种产品、服务或者资源,其突出特征是非排他性和非竞争性。特朗普执政时期,美国供给国际公共产品的意愿和能力都在下降。此时,如果没有一个国家愿意接替美国,承担起生产国际公共产品的责任,就会造成国际公共产品的短缺,从而导致国际经济治理失序,最终跌入所谓的"金德尔伯格陷阱"。[20] 中国作为最大的发展中国家勇于担此重任,但是在提供国际公共产品时必然存在如何平衡国内国际发展的实际问题。一方面,公共产品的出现是为了解决集体行动的困境,在"逆全球化"话题持续热门的情形下,中国需要通过提供有效的公共产品以促进世界经济持续稳定发展;另一方面,中国始终面对着自身存在的发展问题,需要避免在公共产品供给过程中产生过度的内耗。

---

[17] 习近平:《中国发展新起点全球增长新蓝图——在二十国集团工商峰会开幕式上的主旨演讲》,载《人民日报》2016年9月1日,第3版。

[18] 2020年3月31日中国外交部例行记者会上,华春莹表示,中国政府已向120个国家和4个国际组织提供了抗疫物资援助。同时,中国也向意大利、柬埔寨、巴基斯坦、委内瑞拉等多个国家派遣抗疫医疗专家组。

[19] 俄罗斯联邦共产党中央委员会主席久加诺夫、德国联邦议院社民党党团主席米策尼希、尼泊尔共产党(马列)总书记梅纳利等多国政党政要致电致函中共中央对外联络部,提到了人类命运共同体的重要性。

[20] 徐崇利:《变数与前景:中美对国际经济治理模式选择之分殊》,载《现代法学》2019年第5期。

中国作为上海合作组织的发起国和主要倡导国,一直高度重视区域性公共产品的提供,这不仅能够弥补现今全球性国际公共产品的不足,同时也是为改变全球性公共产品机制所进行的尝试与探索。早在2014年,习近平主席就作出中国愿意提供国际公共产品的公开表态。2018年,中央外事工作领导小组改组建立了国家国际发展合作署,为生产包括"一带一路"在内的国际公共产品提供了保障。作为中国为世界提供的最为重要的公共产品,"一带一路"为上海合作组织成员国提供了更多双边、小多边的合作机会,有效推动了利益共同体的构建。在上海合作组织区域内部现已存在的公共产品中,以论坛、计划等形式存在的较多,其本身支持利益共同体建设的力量不够,未来需要中国凭借"一带一路"的平台,构建并提供更为有效的、影响力更大的公共产品,以满足组织内成员国合作需要。

(三)利用国际法方式将中国利益和上海合作组织国家利益结合起来

上海合作组织利益共同体的繁荣将极大地促进中国的发展,中国的发展也将为上海合作组织国家带来更好的机遇。上海合作组织具有巨大的经济潜力,欧亚地区国家在地理上的相互毗连具有优势,将中国利益与上海合作组织国家利益相互结合,能够迸发出更多的经济活力,将蛋糕做大,实现"共赢"。

不断坚持并深化对外开放,必须充实国际法治以保障全面开放。依法治国和改革开放是鸟之双翼、车之双轮,保障中国引进来、走出去,完成上海合作组织新一轮利益融合,要坚持将国际法治理念,国际法原则、规则切实融入"一带一路"等公共产品,推动贸易投资便利化建设,并将成功经验总结创新上升为法律规则,形成良性循环。不采用国际法而试图达到自身开放发展的目标,会形成自我认同和公众认同的缺失,这种观念上的风险所可能导致的损失是无法弥补的,是极为严重的。[21] 要积极借助国际法的方式,用国际法的机制来维护中国利益与上海合作组织的利益,避免过度使用政治交涉或经济利益交换进行合作,才能实现组织成员互信,利益共同体持续发展。要在利用规范的国际法维护自身利益的同时推动国际法制度创新,提升中国国际法话语权与国家威望,实现上海合作组织国家互信。要积极培养锻炼国际法队伍,进一步提升国际法理论队伍与实践队伍,切实使用好"中国-上海合作组织法律服务委员会"的平台和资源,为上海合作组织经贸合作提供法律支持。

---

[21] 何志鹏:《开放发展与国际法:风险及应对》,载《政法论坛》2017年第3期。

上海合作组织发展至今始终坚持经济合作,建设上海合作组织利益共同体是各成员国自身经济社会发展和组织深入合作的需求,也是人类命运共同体的重要典范。上海合作组织内部成员国的发展趋势和相对稳定的地区安全形势以及组织内部机制的保障使得建设更加紧密的利益共同体成为可能。但不能否认的是,上海合作组织及各成员国均不同程度地存在着法律障碍,阻碍着利益共同体建设的推进。在此基础上,我们应客观考察上海合作组织的优势与不足,在"人类命运共同体"理论的指导下,通过组织内部机制改革为利益共同体的建设打好基础,利用"一带一路"平台承担起提供国际公共产品的大国责任,更多使用国际法方式将中国利益与上海合作组织国家利益紧密联系起来,通过签订更多专门性条约加强对外合作,以强化利益共同体的建设。

Reflections of International Law on Building the Shanghai Cooperation Organization into a Closer Community with Shared Interests

Wang Lihua, Yuan Xing

Abstract: Since the establishment of the Shanghai Cooperation Organization (SCO), its cooperation has continuously expanded from security issues to economic issues. Under the initiative of "Building a Closer SCO Community with shared interests Together", strengthening the economic cooperation in SCO has its necessity and feasibility. Aiming at the legal barriers in building the SCO into a closer community with shared interests, we must take international laws into consideration. This can be done by upgrading the forms of economic cooperation, reforming the organizational and operational mechanisms, promoting the construction of a implementation mechanism and so on. As a major advocate, China should integrate the philosophy of "building a community with a shared future for mankind" and "Shanghai Spirit" and take the responsibility of offering public projects such as the "Belt and Road". We should vigorously reform and improve the SCO mechanism by combining interests of China with interests of other SCO partners under the framework of the international law.

Keywords: the Shanghai Cooperation Organization (SCO), Community with Shared Interests, Shanghai Spirit, Public Project

国际投资法制研究
Research on International Investment Law

拉美国家投资中的"社会许可"与中拉绿色投资规范构建

张丽英　李　可[*]

摘　要：拉美国家是"一带一路"倡议的积极支持者。中拉经贸关系素来以互利共赢为基础。然而中国在拉美的投资（特别是矿业投资）中，由"资源诅咒"所产生的环境、劳工权益等社会问题给投资回报带来极大不确定性因素。本文以在"社会认同"理论基础上发展的"社会许可"理念为中心，从企业合规的角度出发，讨论企业的"社会许可"经营义务，并在分析国际投资条约晚近发展趋势的基础上，梳理中国与拉美国家签署的双边投资经贸条约，探讨以保持中拉经贸关系可持续发展为目的的绿色投资规范的构建。

关键词："一带一路"；资源诅咒；社会许可；国际投资协定；可持续发展

中拉经贸关系源远流长，最早可追溯至16世纪后期，中国商人通过"海上丝绸之路"将中国的丝绸、瓷器等工艺品运往墨西哥、秘鲁等拉美国家，并将拉美的马铃薯、玉米等农作物带回中国，书写了中拉早期经济与文化交流的篇章。在经济全球化程度不断加深和国际政治多极化趋势日益加强的今天，中国与拉美国家始终保持积极稳定的外交关系，特别是在近几年，中拉外交关系和国家间整体合作都取得重要进展。2018

---

[*] 作者简介：张丽英，中国政法大学国际法学院教授、博士研究生导师，中国政法大学"一带一路"人才培养与法律研究院执行院长；李可，澳门大学国际经济法博士，广东敬海律师事务所律师，澳门大学法学院宪法与基本法研究中心研究员。

基金项目：国家社会科学基金专项课题项目"一带一路"国际合作框架机制设计（18VSJ050）研究成果。

年 5 月和 8 月，中国先后与多米尼加、萨尔瓦多正式建立外交关系，至此共有 24 个拉丁美洲国家与中国建立外交关系①，是进一步深化中拉经贸领域合作的重要基础。自 2013 年中国提出"一带一路"倡议以来，得到来自拉丁美洲国家的热烈响应和积极支持。拉美地区是"21 世纪海上丝绸之路"的自然延伸。加入"一带一路"倡议的拉丁美洲国家已有 19 个，占全部拉丁美洲国家的 56%。② 2018 年 1 月，中国 - 拉美和加勒比国家共同体论坛第二届部长级会议在智利召开，与会国通过并发表了《"一带一路"特别声明》③，"一带一路"倡议为实现中拉互利共赢提供新平台。在良好多边关系的基础上，中拉经贸领域合作也向纵深发展。根据商务部公布数据，截至 2019 年 11 月，中国对拉美地区直接投资存量超过 4100 亿美元，拉美在中国的累计实际投资超过 2200 亿美元。④ 中国已经成为拉美第二大贸易伙伴国，拉美是中国海外投资的第二大目的地，仅次于亚洲。

同为发展中国家及全球新兴经济体的重要组成部分，中国与拉美的经济关系互补性超过竞争性，中国对拉美国家的投资也逐渐从单一的自然资源领域向基础设施建设、能源矿产以及制造业等领域扩展，其中不乏巴西美丽山输电线路Ⅰ期工程等互利双赢的成功投资范例。然而，中国在拉美地区的投资风险仍不容忽视。环境、劳工、社会公共利益方面的问题困扰着中国企业在拉美的投资，特别是在矿业和基础设施领域的投资。由于长期积累的社会矛盾爆发，2019 年多个拉美国家如厄瓜多尔、墨西哥、智利、尼加拉瓜等国政局更迭⑤，社会不安定因素增加，加上中美贸易摩擦加剧，全球贸易保护主义抬头的外部环境，中国企业投资拉美国家的政治、社会风险上升。

从企业风险管理的角度分析，对投资企业的"企业正当性"内涵的全面理解尤为重要。特别是在拉美政治风险较高、社会因素复杂的环境下，投资企业在东道国的经营，

---

① 《中华人民共和国与各国建立外交关系日期简表》，载中国外交部网站，https://www.fmprc.gov.cn/web/ziliao_674904/2193_674977/。
② 赵忆宁：《"一带一路"与拉美十国调研报告》，载 21 世纪经济报道网站，http://www.21jingji.com/2019/10-19/2MMDEzNzlfMTUxMjk2MA.html。
③ 《中国 - 拉共体论坛第二届部长级会议关于"一带一路"倡议的特别声明》，载中国外交部网站，https://www.fmprc.gov.cn/web/gjhdq_676201/gjhdqzz_681964/zglgtlt_685877/zywj_685889/t1531470.shtml。
④ 《商务部召开例行发布会(2019 年 12 月 26 日)》，载中国外交部网站：http://www.mofcom.gov.cn/article/ae/ah/diaocd/201912/20191202925888.shtml。
⑤ 袁东振：《拉美政治生态的新变化与基本趋势分析》，载《国际论坛》2019 年第 3 期。

不仅需要获得传统意义上的法律执照,更要获得企业社会责任视角下的"社会执照",即"社会许可",满足当地各利益相关者的合理诉求和对投资的总体预期。同时,基于对东道国公共利益的保护,管理学的"社会许可经营"理念也开始在以保护海外投资者利益为初衷的国际投资协定中得到反映。

一、投资拉美的"社会许可"

(一)"资源诅咒"的挤出效应与"社会许可"

巴西、秘鲁等拉美国家资源丰富,但在经济发展、社会治理以及政治稳定方面却表现得不如某些资源欠丰富的国家,这种现象又被称为"资源诅咒"。"资源诅咒"也成了描述资源型国家发展陷入困境的用语。[6] 由多位国际货币基金组织专家所著的《大宗商品价格波动与低收入国家的包容性增长》,概括了"资源诅咒"的成因:一是结构单一;二是对制造业发展的挤出效应;三是制度原因。[7] 自然资源丰富的国家对制造业发展的挤出效应,表现为如一国经济单纯依赖自然资源的生产和出口,在资源价格上升期间,会引致生产要素从制造业流向资源开采与出口业。与资源开采和初级产品出口业相比,制造业承担着一国技术创新和培育企业家的使命,因为制造业具有学习、积累和传承效应,制造业衰败会使一国经济失去活力。[8]

有学者观察到:资源依赖度高的地区,人力资本水平低,行业竞争的机会少,不利于创新创业活动的发展,企业家精神受到一定程度的抑制;相反,资源依赖度低的地区更易于形成企业家群体,区域内的创新创业活动更为活跃。[9] 国际货币基金组织专家认为"包容性增长"是打破"资源诅咒"的破解之道。包容性增长主要涉及制度、政策、权利三个方面。逐步跨越中等收入陷阱是包容性增长在制度方面的目标;增加公共政策制定和执行的公正和透明是包容性增长在政策方面的任务;全民参与,包括企业和企业家参与,共享成果是包容性增长对权利平等、以人为本的价值追求。[10]

---

[6] 刘玮:《破解"资源诅咒"之难》,载《环球》2017年第15期。
[7] 朱民:《大宗商品周期下,包容性增长助低收入国家打破"自然资源诅咒"》,载搜狐第一财经研究院,https://www.sohu.com/a/120498286_463913。
[8] 王宇:《"资源诅咒"的制度经济学分析》,载搜狐第一财经研究院,https://www.sohu.com/a/207428898_188245。
[9] 朱盼、孙斌栋:《中国城市的企业家精神——时空分布与影响因素》,载《人文地理》2017年第5期。
[10] 朱民:《大宗商品周期下,包容性增长助低收入国家打破"自然资源诅咒"》,载搜狐第一财经研究院,https://www.sohu.com/a/120498286_463913。

如前所述,资源开放的挤出效应会对当地经济稳定性产生一定的破坏作用,也会给当地文化带来一定的冲击,因此,一种涉及社会同意的"社会许可"应运而生。企业开发项目不仅需要从政府部门取得管制许可证,也需要取得当地居民的同意,即"社会许可"。[11] 这使得资源开放的企业运行许可的概念得到了延伸,扩大到征得社会同意的范畴。正确处理资源开发企业与当地社区的关系,已成了资源开发企业能否顺利实施的关键因素之一。对此,中国走出去的企业深有感触。

(二)"社会许可"的产生与理念

"社会许可"概念的提出,源于 20 世纪 90 年代开始的由矿业开发导致的当地社会冲突。当个体采矿项目产生的环境污染和负面社会影响加剧时,包括当地居民在内的利益相关者对项目的认同感和接纳程度降低,导致矿产勘探、开采过程受阻。当自然资源丰富的国家过度依赖资源开采的单一经济结构而产生工业化程度低、土地过度开发、寡头政治腐败等社会问题时,当地社会对采掘业的社会信任很难建立。根据 Delhey 和 Newton(2003)[12]对国家整体信任水平的调查,巴西、秘鲁、阿根廷、哥伦比亚等拉美国家的整体信任水平要远低于挪威、加拿大、德国等发达国家。在拉美国家获得"社会许可"的难度很高,这正是"资源诅咒"带来的负面效应之一。

"社会许可"根植于包括当地民众在内的利益相关者对采矿项目的信念、感受和观点里。利益相关者对矿业项目的合法性和可靠性的感知是逐渐积累的过程。因此,从管理学的角度来说,获得"社会许可"也是通过主动与当地社区沟通,尊重当地规范和礼节,理解企业与社区不同的文化差异,聆听社区意愿,从而逐步提高社区对企业的信任和项目的接纳水平的过程。根据"社会认同理论"[13],当社区对公司完全信任时,将产生社区与公司的"边界解散",社区与公司的利益完全一致,社区将主动维护公司利益,达到"社会许可"的最高水平。与企业社会责任(CSR)类似,获得"社会许可"的过程往往和"透明度""环境""腐败"等问题相关,但与 CSR 不同的是,获得"社会许可"不仅要避免负面的社会、环境影响,还要创造与社区共有的经济利益联系,以环境友好的方式进行组织管理,以获取当地社区对企业运营的长期许可。

---

[11] 王建、黄熙、崔周全等:《矿业领域社会许可的产生与意义》,载《中国矿业》2016 年第 6 期。

[12] J. Delhey & K. Newton, *Who Trusts? The Origins of Social Trust in Seven Societies*, 5 European Sociology, 93 – 137(2003).

[13] M. Ellemers, R. Spears & B. Doosje, *Self and social identity*, 53 Annual Review of Psychology 159, 161 – 186(2002).

(三)"社会许可"的法律化

企业获取"法律许可"和"社会许可"本是并行不悖的,是否可获取某一地区的"社会许可"往往与当地的社会、文化、政治等综合因素有关,无法形成普遍适用性的操作规范。尽管如此,许多国际组织仍然为企业获取"社会许可"制定出基本的原则和指引,以供企业自查。例如,国际采矿和金属委员会(ICMM)的可持续发展十项原则[14],社会和伦理责任研究所建立的针对可持续发展审验的《AA1000原则标准》[15],帮助企业了解自己永续绩效的《GRI可持续发展报告标准》等。[16] 这些标准和行为准则旨在帮助企业获得"社会许可",并无法律上的强制约束效力。但有些原则由于被广泛适用,而逐渐成为一种行业惯例。其中最著名的是世界银行国际金融公司(IFC)提出的赤道原则。[17] 目前这一原则已经运用于世界绝大多数的大中型项目中。由于其接受程度高,所以许多国家在制定国际项目融资相关法律法规时,也会与"赤道原则"相统一,例如,我国出台《中华人民共和国环境影响评价法》《建设项目环境保护管理条例》《关于加强国际金融组织贷款建设项目环境影响评价管理工作的通知》时,即采用赤道原则标准作为参考。[18]

此外,国际组织直接制定公约,以约束投资企业行为。例如,国际劳动组织(ILO)颁布的《土著和部落人民公约》(第169号公约)规定自然资源开发需得到当地土著的同意。[19] 许多拉美国家已批准该公约,该公约成为这些拉美国家的正式国际法渊源,约束这些国家的政府以及在这些国家进行投资的企业行为。"社会许可"不再仅是企业可持续经营的要求,而是获得投资正当性的法律责任。

---

[14] International Council on Mining & Metals, Mining Principles, https://www.icmm.com/mining-principles.

[15] AccountAbility:AA1000 AcountAbility Principles, https://www.accountability.org/standards/aa1000-accountability-principles.

[16] Global Reporting Initiative (GRI), the global standards for sustainability reporting, https://www.globalreporting.org/standards/.

[17] 何丹:《赤道原则的演进、影响及中国因应》,载《理论月刊》2020年第3期。

[18] 黎照:《海外投资的环境法律风险及防范》,载《阳光时代》2016年第2期。

[19] International Labour Organization, C169-Indigenous and Tribal Peoples Convention, 1989 (No. 169), https://www.ilo.org/dyn/normlex/en/f? p = NORMLEXPUB:12100:0::NO::P12100_INSTRUMENT_ID:312314.

二、"社会许可"在国际投资法中的体现

回顾国际直接投资规则的发展历程,其经历了自20世纪50—70年代以鼓励跨国投资为主的初期阶段,1980—2008年以强调投资自由化、侧重投资者利益保护为主的规则拓展阶段,以及2008年以后随着发展中国家崛起、新兴投资领域兴起而进入的规范深化调整阶段。[20] 新阶段国际投资法的发展中,"社会许可"被赋予重要的法律意义。

(一)"社会许可"成为传统投资者保护条款例外

早期的国际投资规范以保护投资者利益为主,在条款设计方面,规定了投资者在东道国的一系列待遇,包括国民待遇、公平公正待遇、最惠国待遇,并约定东道国在投资促进、禁止非法征收方面的义务。但单方面强调对投资者利益的保护,在客观上限制了东道国基于维护社会公共利益而采取规制措施的权力。阿根廷的国际投资仲裁危机是很好的印证。阿根廷在2001年至2002年遭遇经济危机后,为帮助经济复苏采取一系列救市措施,却损害部分外国投资者而被推向国际仲裁庭,面临巨额赔偿。[21] 随着东道国对本国公共利益的关注加强,晚近的国际投资规则制定向更平衡的方向发展:在维持对海外投资者利益保护的同时,也允许东道国对海外投资的"社会许可"进行规范。东道国出于对环境权、生命健康权、劳动权的保护以及对社会公共利益的维护而采取的规制措施,即使影响海外投资者的利益,也不构成国际投资条约项下对海外投资者保护义务的违反。例如,2017年《欧盟-加拿大全面经济贸易协定》(CETA)的投资专章中细化传统的投资待遇条款,详细规定东道国仅仅行使规制权不构成对投资待遇条款的违反,另外,在征收条款中,明确规定国家为维护公共健康、安全和环境而采取的非歧视性措施不构成间接征收。[22]《美国-墨西哥-加拿大自由贸易协议》(USMCA)也规定,在判断东道国是否违反在"相似情形"下的"国民待遇"义务时,应综合考虑东道国是否基于

---

[20] 单文华:《卡尔沃主义的"死亡"与"再生"——晚近拉美国家对国际投资立法的态度转变及其对我国的启示》,载《国际经济法学刊》2006年第13期。

[21] 韩秀丽:《再论卡尔沃主义的复活——投资者-国家争端解决视角》,载《现代法学》2014年第1期。

[22] Comprehensive Economic and Trade Agreement(CETA), Chapter 8: Investment, https://ec.europa.eu/trade/policy/in-focus/ceta/; CETA. Annex 8-A, Expropriation, 2.

维护"合法的公共福祉"而采取的相关措施。[23]

(二)东道国的"社会许可"规范

获得"社会许可"所需要关注的当地环境、安全、劳工问题,在晚近国际投资条约中亦有所体现。对环境、安全、劳工标准和企业社会责任的规定成为国际投资条约的重要内容。在美国2012年双边投资条约(BIT)范本中[24],增加了处理劳工和环境问题的协商程序,强调缔约方在保护投资者利益的同时需要履行国际劳工组织承诺。CETA强调缔约方在公共卫生、安全、环境、公共道德及文化多样性领域的规制自由。2018年缔结的《全面与进步跨太平洋伙伴关系协定》(CPTPP)和USMCA也都并入环境保护、动植物检疫标准、劳工权、集体谈判权等社会责任条款,实际上是赋予东道国对投资者取得"社会许可"制定规范和标准的空间,也体现了未来国际投资规则制定的趋势。

(三)投资仲裁中的"社会许可"义务

传统国际投资法的一大特色,是设置投资者－东道国仲裁机制,提供投资者除国内救济以外的维权途径。东道国允许国际投资仲裁一度成为增强国际投资者信心、吸引国际投资的重要手段。然而,随着国家行政管理权和规制权被外国投资者频繁挑战,拉美国家首先提出"卡尔沃主义"[25],强调东道国主权,反对给予外国投资者超过本国投资者更高的投资待遇。玻利维亚、厄瓜多尔、委内瑞拉等拉丁美洲国家更是退出投资争端解决机制(ICSID),坚持处理国际投资争议由国内法院管辖。因应"卡尔沃主义"的复苏,国际投资法也作出相应调整。例如,CETA增加上诉环节,改革一裁终局的仲裁机制。《巴西－阿联酋投资合作与便利协定》(CFIA)[26]设多元化纠纷解决机制,成立联合

---

[23] "For greater certainty, whether treatment is accorded in 'like circumstances' under this Article depends on the totality of the circumstances, including whether the relevant treatment distinguishes between investors or investments on the basis of legitimate public welfare objectives." Article 14.4(4), Agreement between the United States of America, the United Mexican States, and Canada 7/1/20 Text. https://ustr.gov/trade-agreements/free-trade-agreements/united-states-mexico-canada-agreement/agreement-between.

[24] 参见美国商务部官网,https://ustr.gov/sites/default/files/BIT%20text%20for%20ACIEP%20Meeting.pdf,2020年7月1日访问。

[25] "卡尔沃主义"由国际法学家卡尔沃(Carlo Calvo)提出,他主张一国领域内的外国人应享有与该国国民同等保护的权利,不应享有本国国民不享有的超国民待遇。

[26] Cooperation and Facilitation Investment Agreement Between the Federative Republic of Brazil and the United Arab Emirates, https://investmentpolicy.unctad.org/international-investment-agreements/treaty-files/5855/download.

委员会以预防争端产生,改善投资者与东道国的沟通。法庭之友[27]参与投资仲裁,也提高了投资纠纷仲裁程序的透明度和公众参与程度。另外,晚近国际投资仲裁实践也反映出仲裁庭对投资者"社会许可"义务的强调。在2016年Urbaser[28]一案中,仲裁庭首次允许东道国对投资者的反诉,并主动援引除投资协定以外的法律渊源,包括联合国1948年《世界人权宣言》[29]与1966年《经济、社会及文化权利国际公约》[30],认定投资者除享有被投资仲裁条约保护的权利外,亦有"不妨碍个人用水权"的国际法义务。可见,投资者在投资时除遵守本地法律外,还负有对人权、环境保护等国际义务的履行。将来投资者如果未获"社会许可",不仅有丧失投资条约保护的可能,还将面临东道国的反诉。

三、中国海外投资规范与中拉双边投资协定

(一)中国对海外投资行为的规范

自中国实施"走出去"战略以来,中国的对外投资规模日益扩大,客观上为东道国经济的发展做出了很大贡献,如促进亚太、非洲、拉美等地区自然资源的有效利用、基础设施的建设、居民就业率的提高等。在此过程中,中国政府开始认识到海外业务对环境政策的需求并有所行动。商务部于2005年发布《境外投资开办企业核准工作细则》[31]中环境条款的规定,体现出了对东道国环境问题的关注,敦促本国投资者在海外注意环境资源的保护和维持当地社会和人民的生计。2007年,国家林业局、商务部发布了《中

---

[27] "法庭之友"是指"对案件实质问题有重大利害关系的非诉讼当事方,主动申请或因法庭要求,向法庭提交书面意见的人"。在国际投资仲裁中引入法庭之友的目的,是方便仲裁庭获得更多客观和实质性的证据材料以便对涉及公共利益问题做出更合理的裁决,同时法庭之友的加入也可以在一定程度上扩大仲裁的透明度和公众参与度。参见周园,《国际投资仲裁中法庭之友制度的新发展》,载于《东方法学》2015年第4期。

[28] Urbaser S. A. and Consorcio de Aguas Bilbao Bizkaia, Bilbao Biskaia Ur Partzuergoa v. The Argentine Republic, ICSID Case No. ARB/07/26(Urbaser), Dec 2016, https://www.italaw.com/cases/1144, 2020年7月1日访问。

[29] 《世界人权宣言》,1948年12月10日联合国大会第217A(Ⅲ)号决议通过。参见联合国网站, https://www.un.org/zh/universal-declaration-human-rights/, 2020年7月1日访问。

[30] 《经济、社会及文化权利国际公约》,1966年12月16日联合国大会第2200(XXI)号决议通过。参见联合国网站, https://www.un.org/zh/documents/treaty/files/A-RES-2200-XXI.shtml, 2020年7月1日访问。

[31] 参见中国商务部网站, http://www.mofcom.gov.cn/aarticle/bh/200511/20051100755495.html, 2020年7月1日访问。

国企业境外可持续森林培育指南》[32],这是世界上第一个针对本国企业境外从事森林培育活动的行业指导性规范和自律依据,此举开创了我国海外森林采伐的新模式,积极指导和规范中国企业在海外的可持续林业活动,促进这些国家林业的可持续发展。2012年中国银监会发布《绿色信贷指引》[33],2013年商务部、环境保护部印发《对外投资合作环境保护指南》[34],确保所有中国投资者有动力履行企业的社会和环境责任。对于与贸易和投资相关的国际"软规则"标准,如"采掘业透明度行动计划""森林管理委员会"以及"多种纤维协议论坛"等,中国也正在给予积极的关注或参与。2014年,商务部颁布《境外投资管理办法》[35],进一步强调企业对外投资中的社会责任,包括对当地法律、民生、环境、劳工、文化等方面的尊重和遵守。2017年国家发展改革委、商务部发布《民营企业境外投资经营行为规范》[36],在完善管理体系、合规审查、履行社会责任、注重环境保护、防范投资风险方面提出规范性意见。在国家层面出台的法律法规的指引下,地方政府、行业协会、社会组织也对企业海外投资中的社会责任逐渐重视,并在总结过往经验的基础上出台行业标准、行为指引等。例如,2017年由中国外商投资企业社会责任工作委员会发布的《中国外商投资企业社会责任报告编写指南(CEFI－CSR1.0)》[37],提出符合社会责任履行重点和特征的40个核心指标,涵盖责任治理、本地贡献、环境、员工等8个议题,颇具针对性和实用性。2017年4月,上海市商务委员会委托上海交通大学编制《海外投资企业社会责任指引》[38],针对全球6个地区、48个重点国家和6个重点行业提出对接国际规则、推动产业升级、防范社会责任风险的全面指引。另外,中国五

---

[32] 参见中国商务部网站,http://www.mofcom.gov.cn/aarticle/b/g/200712/20071205265858.html,2020年7月1日访问。

[33] 《银监会关于印发绿色信贷指引的通知》(银监发〔2012〕4号),载中国政府网,http://www.gov.cn/gongbao/content/2012/content_2163593.htm,2020年7月1日访问。

[34] 《商务部 环境保护部关于印发〈对外投资合作环境保护指南〉的通知》(商合函〔2013〕74号),载中国商务部网站,http://www.mofcom.gov.cn/article/b/bf/201302/20130200039930.shtml,2020年7月1日访问。

[35] 《境外投资管理办法》(商务部令2014年第3号),载中国商务部网站,http://www.mofcom.gov.cn/article/b/c/201409/20140900723361.shtml,2020年7月1日访问。

[36] 《关于发布〈民营企业境外投资经营行为规范〉的通知》(发改外资〔2017〕2050号),载中国商务部网站,http://www.mofcom.gov.cn/article/i/jyjl/k/201712/20171202686698.shtml,2020年7月1日访问。

[37] 《中国外商投资企业社会责任报告编写指南(CEFI-CSR1.0)》,载中国商务部网站,http://caefi.mofcom.gov.cn/article/qyshzr/201801/20180102695838.shtml,2020年7月1日访问。

[38] 刘宝成、张梦莎:《中国企业"走出去"社会责任研究报告》,载对外经贸大学国际经济伦理研究中心,https://www.globethics.net/documents/4289936/17452664/GE_China_Ethics_8_cn_isbn9782889312481.pdf,2020年7月1日访问。

矿化工进出口商会发布《中国对外矿业投资社会责任指引(2017版)》,重点关注国有企业对外矿业投资中的公平运营、人权、劳工实践、环境、社区参与等8个社会责任议题。[39] 随着中国企业海外投资中社会责任理念的逐渐深入,已逐渐形成"政府引导、行业推动、企业实践、社会参与、国际合作五位一体、多元共促"的社会责任框架,有助于帮助中国企业在海外投资中获得当地社会许可,有利于投资人在当地可持续经营的展开。

(二) 中拉双边投资协定及包含的"社会许可"条款

作为规范国际投资关系的主要法律渊源,双边投资协定或双边经贸协定扮演平衡投资人和东道国利益的重要角色。中国与拉美国家经贸关系建立较早,最早的双边投资协定于1992年签署(见表1)。与国际投资条约的整体发展一致,中拉双边投资协定也呈阶段性的发展。

如表1所示,中拉双边投资协定有以下特点。其一,由于签署时间较早,协议规定的内容基本与中国第一代BIT条款一致,只是对投资待遇作了简单的规范,允许基于公共利益的征收,但需要补偿。对征收的范围、补偿的标准,并无进一步的约定,容易产生适用上的争议。其二,2007年之前签署的中拉双边投资协定,虽然允许投资者东道国仲裁,但仲裁范围仅限于征收补偿争议,其他争议不允许仲裁。自2007年后,投资者东道国仲裁范围扩大到一切投资争议。但实践中,中国和拉美国家之间的投资纠纷更多的是通过协商或者外交途径解决。鉴于拉美国家在投资人东道国仲裁中的劣势地位(见表2)以及由此产生的对该纠纷解决机制的抵制,此机制在今后解决中拉投资纠纷的作用有限。其三,对于早期签署的双边协定,中国的协定范本是以投资东道国的立场草拟的。目前中国的这一立场已经发生根本性变化,中国已由投资东道国转变为拉美国家海外投资的主要来源国,但双边投资条款一直未更新,主要内容已不能满足目前中国在国际投资关系中角色的转变以及中拉投资发展的需要。对目前晚近国际投资条约所关注的企业社会责任方面的规范更是鲜有涉及,不利于中国投资者在拉美投资利益的保护。其四,随着中国与拉美国家投资经贸往来的逐渐深入,中国与拉美国家开始签署新的经贸协定。新的国际协定与中拉已签署的投

---

[39] 刘宝成、张梦莎:《中国企业"走出去"社会责任研究报告》,载对外经贸大学国际经济伦理研究中心,https://www.globethics.net/documents/4289936/17452664/GE_China_Ethics_8_cn_isbn9782889312481.pdf,2020年7月1日访问。

资条约重叠,内容的冲突造成适用上的争议。例如,中国与秘鲁两国在1994年签署双边投资协定后,又于2009年签署自由贸易协定[40],自由贸易协定中包含投资专章,所调整和涵盖的范围与1994年签署的双边投资协定重叠。虽然可适用"后法优于前法"的一般原则,但为了更好地保护投资者与东道国双方利益,为投资行为提供更清晰准确的规范,中拉投资协定仍然需要重新梳理与更新。

表1 中国与拉美国家签署双边投资协定一览[41]

签署国家	签署时间	涉及"社会许可"条款	投资者东道国仲裁条款
阿根廷	1992年11月5日	允许基于公共利益的征收;因紧急状态采取必要措施,补偿待遇不低于第三国投资者	征收补偿争议可国际仲裁
玻利维亚	1992年5月8日	允许基于公共利益的征收;因紧急状态采取必要措施,补偿待遇不低于第三国投资者	征收补偿争议可国际仲裁
厄瓜多尔	1994年3月21日	允许基于公共利益的征收;因紧急状态采取必要措施,补偿待遇不低于第三国投资者	征收补偿争议可国际仲裁
智利	1994年3月23日	允许基于公共利益的征收;因紧急状态采取必要措施,补偿待遇不低于第三国投资者	征收补偿争议可国际仲裁
秘鲁	1994年6月9日	允许基于公共利益的征收;因紧急状态采取必要措施,补偿待遇不低于第三国投资者	征收补偿争议可国际仲裁
牙买加	1994年10月26日	允许基于公共利益的征收;因紧急状态采取必要措施,补偿待遇不低于第三国投资者	征收补偿争议可国际仲裁

---

[40] 《中国-秘鲁自由贸易协定》于2009年4月28日于北京签署,包含投资专章,允许投资人东道国仲裁。仲裁范围不限于征收。《中国-秘鲁自由贸易协定》,参见中国商务部网站,http://fta.mofcom.gov.cn/article/chinabilu/bilunews/201508/28031_1.html,2020年7月1日访问。

[41] 参见中国商务部网站,http://tfs.mofcom.gov.cn/article/Nocategory/201111/20111107819474.shtml,2020年7月1日访问。

续表

签署国家	签署时间	涉及"社会许可"条款	投资者东道国仲裁条款
乌拉圭	2003年12月2日	允许基于公共利益的征收;因紧急状态采取必要措施,补偿待遇不低于第三国投资者	征收补偿争议可国际仲裁
古巴	2007年4月20日	允许基于公共利益的征收;因紧急状态采取必要措施,补偿待遇不低于第三国投资者	允许一切投资争议提交国际仲裁
哥斯达黎加	2007年10月24日	允许基于公共利益的征收;因紧急状态采取必要措施,补偿待遇不低于第三国投资者	允许一切投资争议提交国际仲裁
墨西哥	2008年7月11日	允许基于公共利益的征收;因紧急状态采取必要措施,补偿待遇不低于第三国投资者	允许一切投资争议提交国际仲裁
哥伦比亚	2008年11月22日	缔约一方为公共目的或社会利益或为保护公共健康、安全和环境采取的非歧视措施不构成间接征收	允许一切投资争议提交国际仲裁

表2 以拉美国家为被告的ICSID仲裁案统计[42]

被告(国家)	ICSID案件总数/件	已结案数/件	未结案数/件	仲裁请求最晚提起时间
阿根廷	56	48	8	2019年9月11日
秘鲁[43]	28	16	12	2020年6月10日
墨西哥	27	17	10	2019年4月5日
哥伦比亚	15	0	15	2020年5月20日
厄瓜多尔	13	12	1	2009年12月30日
哥斯达黎加	11	9	2	2019年5月1日

---

[42] 选取已与中国存在双边投资协定的拉美国家为对象,按案件总数由高至低排列。参见ICSID网站,https://icsid.worldbank.org/cases/case-database,2020年7月1日访问。

[43] 仅有一案原告为中国当事方,即 Tza Yap Shum v Republic of Peru(ICSID Case No. ARB/07/6):原告 Tza Yap Shum 针对秘鲁财税当局对其鱼粉出口采取的补缴税款以及禁止秘鲁当地银行向原告提供正常贸易往来款转账服务的临时措施违反中国与秘鲁投资协定,以构成不正当间接征收为由,要求被告赔偿损失。ICSID仲裁庭认定被告的临时措施构成间接征收,并裁决由原告支付786306.24美元的赔偿。参见ICSID网站,https://icsid.worldbank.org/cases/case-database,2020年7月1日访问。

续表

被告(国家)	ICSID 案件总数/件	已结案数/件	未结案数/件	仲裁请求最晚提起时间
玻利维亚	5	4	1	2018 年 8 月 20 日
智利	4	3	1	2017 年 6 月 13 日
牙买加[44]	3	3	0	1974 年 6 月 21 日
乌拉圭	3	2	1	2019 年 5 月 23 日
古巴	0	0	0	—

四、中拉绿色投资规范构建

"一带一路"倡议受到拉美国家的积极响应。截至2020年共有19个拉美国家参加"一带一路"倡议[45],超半数的拉美国家与中国保持长期友好的经贸关系。其中巴西、智利、秘鲁和乌拉圭是中国最大的贸易伙伴。中国主要从拉美进口矿石、石油、大豆、铜等自然资源,并向拉美国家出口机械设备及各种工业产品和消费品。

尽管"一带一路"倡议在拉美国家反响热烈,但中国企业在拉美国家的投资风险仍不容忽视。根据2017年大西洋理事会(Atlantic Council)的报告显示,中国在拉丁美洲的投资主要集中在采掘业。[46]四大会计师事务所之一的安永会计师事务所在2019年的最新报告中显示,"社会许可风险"已经成为目前首位需要关注的投资风险。正如全球风险和战略咨询公司Verisk Maplecroft的拉丁美洲研究主管布兰科所指出的:"随着全球化的拓展,矿业利益相关者的格局正在发生变化,更多地认识到这是一个战略问题。这不仅仅是关于制订一些企业社会责任计划和投资当地社区的问题,这还可能影响到商业的底线。"[47]

虽然中国在对拉投资中一直努力朝着多元化、可持续化的方向发展,但在过去的一段时间,由于中国海外投资法律的不够健全以及管理相对薄弱,一些中国的跨国公司在

---

[44] 牙买加的三起仲裁均在1974年6月21日,由不同原告针对牙买加铝土矿征税行为提起。参见ICSID网站,https://icsid.worldbank.org/cases/case-database,2020年7月1日访问。

[45] 赵忆宁:《"一带一路"与拉美十国调研报告》,载21世纪经济报道网站,http://www.21jingji.com/2019/10-19/2MMDEzNzlfMTUxMjk2MA.html,2020年7月1日访问。

[46] 张栋、许燕、张舒媛:《"一带一路"沿线主要国家投资风险识别与对策研究》,载《东北亚论坛》2019年第3期。

[47] 孙晓军:《"一带一路"框架下的拉美机遇与挑战》,载人民画报网站,http://www.rmhb.com.cn/zt/ydyl/201912/t20191205_800186922.html,2020年7月1日访问。

其海外业务中被批评损害当地社会和环境的利益,西方某些媒体借此以"中国环境威胁论"影响中国对拉美国家投资的扩大和中拉关系的深入发展,并试图影响中拉等新兴经济体的发展。同为发展中国家和地区,中拉之间有诸多共同利益点。在全球经济复苏、反对贸易保护主义、改革国际金融体制与货币体系以及联合国气候变化谈判等诸多新的多边政策领域,中拉立场基本一致,有共同利益诉求。这些因素都决定了中国对拉美的投资必然是以确保社会许可为前提、谋求双赢为目的、具有可持续发展的绿色投资。中拉双边投资规范的构建应以规范企业投资行为、增强企业投资社会许可程度、降低投资的社会风险为重点。

首先,完善绿色信贷制度和设立绿色经济合作专项资金。绿色信贷的宗旨是将环境保护的责任纳入对企业发放贷款的条件中,从外部推动企业更好地履行环境保护的义务。自2007年以来,原国家环保总局和原中国银监会、中国人民银行逐步出台了一系列完善绿色信贷的政策性文件,取得了明显成效。通过绿色信贷向拉美国家的环保项目提供贷款支持能进一步促进当地绿色项目的发展。通过与拉美国家政府沟通和合作,在拉美国家建立环境示范工程或者社区友好工程,并在现有机制内,设立绿色专项资金。鼓励中国对外投资企业共同开展环境合作项目,帮助投资东道国改善生活环境,降低污染风险。利用专项资金平台,加强与拉美国家建立更紧密的经济、科技和文化联系,为实现生态文明和世界和谐提供着力点。

其次,完善国内配套机制,鼓励投资企业利用海外投资保险机制降低投资社会风险。2011年中国出口信用保险公司经国务院授权开展海外投资保险业务。[48] 2017年国家发展改革委与中国出口信用保险公司签署合作协议,为"一带一路"重大产能项目提供保险支持。[49] 另外,中国也是《多边投资担保机构公约》(MIGA)的创始会员国。MIGA提供的政治险涵盖征收险、政府违约险等大多数非商业风险。在受理保险申请过程中,MIGA会对投资者进行详细的尽职调查,对投资项目的政治风险、经济及财务可行性、环境及社会影响等方面进行分析评价,因此投保MIGA也能促进投保人对项目投资的前期风险评估。

---

[48] 《商务部、中国出口信用保险公司关于发挥出口信用保险政策性优势加快转变外贸发展方式的通知》(商财发〔2011〕70号),载中国商务部网站,http://www.mofcom.gov.cn/aarticle/b/g/201108/20110807697361.html,2020年7月1日访问。

[49] 《中国信保与国家发展改革委签署〈关于协同推进"一带一路"产能合作的框架协议〉》,载中国信保网站,http://www.sinosure.com.cn/xwzx/xbdt/173327.html,2020年7月1日访问。

再次，中国在与拉美等国签订双边投资协定时主动纳入环保、劳工条款，促进双方经济的可持续发展。目前，中拉 BIT 大多没有涉及环境利益规范，也没有明确规定适用环境标准的原则，仍然停留在过分强调投资者经济利益保护的"过去形态"，对于东道国环境的保护限于道德层面的"倡导"和"呼吁"。因此，中国政府应在更新有关 BIT 时主动纳入环境保护条款，明确双方环境标准的使用规则，如规定"当东道国的环境标准低于中国的环境标准时严格适用中国的环境标准"，以更好地体现负责任大国的风范。另外，在社会主义制度背景下成长起来的中国企业在海外投资时，尤其要注意对资本主义制度下劳资关系的理解和适应。在拉美国家，劳动者权益保障受当地劳动法保护，并且存在工会集体谈判权制度，对劳工的福利、劳动合同关系的解除有严格的条件规定，如不注重劳工法合规问题，可能会给投资项目带来不可预期的风险，特别是在非当地人就业比较集中的项目中，工会的反弹大。根据这些特殊条件，中拉双边投资协定中纳入详细的劳工条款，有助于明确企业在当地经营时具体的权利和责任。

最后，设计灵活的多元化投资纠纷解决机制。鉴于拉美国家对投资者东道国仲裁的接受程度低，设计符合中拉双方利益的灵活纠纷解决机制，除进一步细化"外交途径"纠纷解决渠道的适用条件和法律程序外，发展磋商、谈判、调解等多元化纠纷解决机制。除了政治层面的磋商和沟通，中国政府还应引导和加强中国企业与拉美国家企业的民间交流，促进中拉联合纠纷投资协调机构的建立。同时，在投资纠纷解决的过程中，适当允许当地非政府组织、社会团体组织的参与，提高公众参与度与纠纷解决的透明度，通过公开、透明的对话方式解决投资争端。完善中拉投资争端解决机制，也将在"一带一路"投资争端解决中起到示范作用。

"Social License" in Latin American Investment and the Construction of Sino-Latin America Green Investment Regulation

Zhang Liying, Li Ke

Abstract: Latin American countries are active supporters of the "Belt and Road" initiative. China-Latin America economic and trade relations have always been based on mutual benefit and win-win results. However, in China's investment in Latin America (especially mining investment), social issues such as the environment protection and labor rights protection generated by the "resource curse" bring great uncertainty to investmentreturns. This paper focuses on the "social license" developed on the basis of the "social identity" theory. From the perspective of corporate compliance, it discusses the business obligations of "social license" and analyzes the recent development trend of international investment treaties. It reviews the bilateral trade and investment treaties signed between China and Latin American countries, and discusses the construction of green investment norms aimed at maintaining the sustainable development of Sion-Latin American trade and investment relations.

Keywords: the "Belt and Road", Resource Curse, Social License, International Investment Treaty, Sustainable Development

我国与"一带一路"沿线国家BIT间接征收实体条款的结构性分析

韩秀丽 荣 婷[*]

摘 要:本文试图对我国与"一带一路"沿线国家BIT中的间接征收实体条款进行结构性分析,从定义、认定与补偿三个角度挖掘现有条款的缺漏与不足,并提出进行完善的政策与法律建议,以增强间接征收条款适用的确定性和可预见性,使"一带一路"建设得到更好的国际投资法治保障。

关键词:"一带一路";BIT;间接征收

在"一带一路"倡议实施过程中,双边投资条约(BIT)是保护和促进外资的重要国际投资法治工具。BIT授予外国投资者及其投资各种实体待遇、限制东道国直接和间接征收外国投资,并通过程序条款保障外国投资者实体权利的实现和东道国义务的履行。虽然间接征收是我国投资者与"一带一路"沿线国家投资争端中最为突出的问题,但是我国目前与"一带一路"沿线国家生效的BIT中大多缺乏对于征收尤其是间接征收的明确界定,对于征收认定与补偿的规定也比较笼统,从而无法为间接征收争端的解决提供规范性较强的法律依据。

一、问题的提出

众所周知,习近平主席于2013年提出了"一带一路"倡议这一具有历史意义的重大倡议,受到了国际社会的高度关注,得到了国际社会的积极响应。"一带一路"倡议

---

[*] 作者简介:韩秀丽,厦门大学法学院教授、博士研究生导师;荣婷,厦门大学法学院2020级硕士研究生。
基金项目:"中央高校基本科研业务费专项资金资助""'去新殖民主义'话语体系下加强中非合作的国际法理论与实践"项目(20720191063)阶段成果。

极大地促进了中国投资者对"一带一路"沿线国家的直接投资,也相应推动了"一带一路"沿线国家对中国的直接投资。①

"一带一路"倡议的推进为我国与沿线国家的投资活动带来了良好契机和迅速发展,但"一带一路"沿线国家多为发展中国家和不发达国家,法治环境不够完善,政府治理能力有待提高,从而使我国投资者跨境投资面临包括间接征收在内的各种投资风险。同时,我国政府也将面临更多投资仲裁申请。截至2020年7月5日,国际投资仲裁中涉及我国投资者与"一带一路"沿线国家的案件有北京首钢等诉蒙古国案②、北京城建集团诉也门案③、中建材浚鑫与T赫兹诉希腊案④,涉及"一带一路"沿线国家投资者诉我国政府的仲裁案只有马来西亚伊佳兰公司诉中国案。⑤ 综观我国(未包括我国港澳台地区)与"一带一路"沿线国家的这些投资仲裁案例,无不涉及间接征收。北京首钢等诉蒙古国案中,中国投资者主张蒙古国政府取消其矿业许可证构成间接征收;北京城建集团诉也门案中,中国投资者主张也门政府及其雇用的武装力量对其雇员的袭击、扣押及对其施工的骚扰、恐吓致使其无法完成合同的行为构成间接征收;中建材浚鑫与T赫兹诉希腊案中,投资者认为希腊政府承诺的战略项目迟迟不能启动构成间接征收;马来西亚伊佳兰公司诉中国案中,外国投资者主张海南省万宁市政府收回原先出让的土地开发权而不予合理补偿的行为构成间接征收。

北京首钢等诉蒙古国案由常设仲裁法院(Permanent Court of Arbitration, PCA)管理,仲裁依据的是1991年8月26日签订的《中国-蒙古国BIT》。作为临时仲裁,该案的仲裁地是纽约。2017年6月30日,仲裁庭作出最终裁决,由于最终裁决中仲裁庭对

---

① 本文所考查的"一带一路"沿线国家和地区主要依据《"一带一路"沿线65个国家和地区名单及概况》一文,共包括65个:其中东亚1个(蒙古国);东盟10个(新加坡、马来西亚、印度尼西亚、缅甸、泰国、老挝、柬埔寨、越南、文莱和菲律宾);西亚18个(伊朗、伊拉克、土耳其、叙利亚、约旦、黎巴嫩、以色列、巴勒斯坦、沙特阿拉伯、也门、阿曼、阿联酋、卡塔尔、科威特、巴林、希腊、塞浦路斯和埃及的西奈半岛);南亚8个(印度、巴基斯坦、孟加拉国、阿富汗、斯里兰卡、马尔代夫、尼泊尔和不丹);中亚5个(哈萨克斯坦、乌兹别克斯坦、土库曼斯坦、塔吉克斯坦和吉尔吉斯斯坦);独联体7个(俄罗斯、乌克兰、白俄罗斯、格鲁吉亚、阿塞拜疆、亚美尼亚和摩尔多瓦);中东欧16个(波兰、立陶宛、爱沙尼亚、拉脱维亚、捷克、斯洛伐克、匈牙利、斯洛文尼亚、克罗地亚、波黑、黑山、塞尔维亚、阿尔巴尼亚、罗马尼亚、保加利亚和马其顿)。参见《"一带一路"沿线65个国家和地区名单及概况》,载CHINAGOABROAD网站,http://www.chinagoabroad.com/zh/article/23525,2021年2月7日访问。

② Beijing Shougang Mining Investment Company Ltd., China Heilongjiang International Economic & Technical Cooperative Corp., and Qinhuangdaoshi Qinlong International Industrial Co. Ltd. v. Mongolia(PCA Case 2010-20).

③ Beijing Urban Construction Group Co. Ltd. v. Republic of Yemen(ICSID Case No. ARB/14/30).

④ Jetion Solar Co. Ltd and Wuxi T-Hertz Co. Ltd. v. Hellenic Republic, UNCITRAL ad hoc arbitration, 2019. 鉴于现实情况,该案投资者在提出仲裁申请不久后又撤回了仲裁。

⑤ Ekran Berhad v. People's Republic of China(ICSID Case No. ARB/11/15).

《中国-蒙古国BIT》中的限制性同意仲裁条款进行了狭义解释,从而裁定仲裁庭对本案无管辖权。⑥ 虽然中国投资者向仲裁地法院申请撤销该仲裁裁决,但被该法院裁定驳回。相反,北京城建集团诉也门案中仲裁庭对限制性同意仲裁条款采取了广义解释,在仲裁庭裁定自己拥有管辖权之后,争端双方达成了和解。⑦ 马来西亚伊佳兰公司诉中国案作为外国投资者以国际投资仲裁方式诉中国政府第一案以和解告终。从前文提到的仲裁案来看,关于间接征收的主要争议问题仍纠缠于程序问题,主要是对BIT中"征收补偿额"的解释问题,并据此判断仲裁庭是否具有管辖权,对实体问题,主要是间接征收的认定与补偿问题还未有深入涉及。但是,鉴于笔者已经在另一篇文章讨论了程序问题⑧,而且,在程序问题之后必然触及实体问题,因此,本文将继续探讨我国与"一带一路"沿线国家BIT中间接征收的实体问题。

据笔者考察,截至2021年2月,我国与"一带一路"沿线国家已经签订并生效的BIT有55个⑨,其中大都缺乏对间接征收概念的界定,有36个BIT采用了"与征收或

---

⑥ Beijing Shougang Mining Investment Company Ltd., China Heilongjiang International Economic & Technical Cooperative Corp., and Qinhuangdaoshi Qinlong International Industrial Co. Ltd. v. Mongolia (PCA Case 2010-20), Award, 30 June 2017, para. 427.

⑦ Beijing Urban Construction Group Co. Ltd. v. Republic of Yemen (ICSID Case No. ARB/14/30), Decision on Jurisdiction, 31 May 2017, para. 68-77.

⑧ 韩秀丽,翟雨萌:《论"一带一路"倡议下中外投资协定中的投资者-国家仲裁机制》,载《国际法研究》2017年第5期。

⑨ 55个BIT按照签订年代顺序排列分别是:1985年《中国-泰国BIT》、1985年《中国-新加坡BIT》、1985年《中国-科威特BIT》、1986年《中国-斯里兰卡BIT》、1988年《中国-波兰BIT》、1988年《中国-马来西亚BIT》、1989年《中国-保加利亚BIT》、1989年《中国-巴基斯坦BIT》、1990年《中国-土耳其BIT》、1991年《中国-捷克和斯洛伐克BIT》、1991年《中国-蒙古国BIT》、1991年《中国-匈牙利BIT》、1992年《中国-摩尔多瓦BIT》、1992年《中国-土库曼斯坦BIT》、1992年《中国-乌克兰BIT》、1992年《中国-菲律宾BIT》、1992年《中国-亚美尼亚BIT》、1992年《中国-希腊BIT》、1992年《中国-越南BIT》、1992年《中国-哈萨克斯坦BIT》、1992年《中国-吉尔吉斯斯坦BIT》、1993年《中国-格鲁吉亚BIT》、1993年《中国-斯洛文尼亚BIT》、1993年《中国-塔吉克斯坦BIT》、1993年《中国-克罗地亚BIT》、1993年《中国-老挝BIT》、1993年《中国-阿尔巴尼亚BIT》、1993年《中国-阿联酋BIT》、1993年《中国-爱沙尼亚BIT》、1993年《中国-白俄罗斯BIT》、1993年《中国-立陶宛BIT》、1994年《中国-罗马尼亚BIT》、1994年《中国-阿塞拜疆BIT》、1994年《中国-印度尼西亚BIT》、1994年《中国-埃及BIT》、1995年《中国-以色列BIT》、1995年《中国-阿曼BIT》、1995年《中国-南斯拉夫BIT》(塞尔维亚承接了南斯拉夫的国际协定)、1996年《中国-柬埔寨BIT》、1996年《中国-黎巴嫩BIT》、1996年《中国-叙利亚BIT》、1996年《中国-沙特阿拉伯BIT》、1997年《中国-马其顿BIT》、1998年《中国-也门BIT》、1999年《中国-巴林BIT》、1999年《中国-卡塔尔BIT》、2000年《中国-伊朗BIT》、2001年《中国-缅甸BIT》、2001年《中国-塞浦路斯BIT》、2005年《中国-斯洛伐克BIT议定书》、2006年《中国-俄罗斯BIT》、2006年《中国-印度BIT》、2007年《中国-保加利亚BIT议定书》、2007年《中国-罗马尼亚BIT议定书》、2011年《中国-乌兹别克斯坦BIT》。参见商务部条法司网站公开的"双边投资保护协定一览表",载中国商务部网站,http://tfs.mofcom.gov.cn/aarticle/Nocategory/201111/20111107819474.html。
中国与捷克没有单独签订BIT,1991年《中国-捷克和斯洛伐克BIT》对捷克目前仍有效。1993年捷克斯洛伐克分裂后,仅斯洛伐克与中国于2005年签订了议定书。

国有化类似的措施"这类措辞来表明间接征收情形的存在。在认定方面,普遍缺乏具体认定标准及操作方法。在补偿方面,缺乏对补偿标准的明确规定和统一、完整的估价规则。鉴于此,本文将对间接征收实体条款进行结构性分析,即从定义、认定与补偿三个方面展开,梳理我国与"一带一路"沿线国家 BIT 中的间接征收实体条款,分析现有条款存在的问题,并提出相应的完善建议。

二、我国与"一带一路"沿线国家 BIT 中间接征收实体条款结构现状

BIT 中间接征收的实体条款在逻辑结构上可以包括:间接征收的概念及界定、间接征收的构成要件、间接征收的认定标准、规制措施例外、一般例外及国家安全例外等。其中,规制措施例外是间接征收措施本身的例外,而一般例外及国家安全例外可以构成违反 BIT 所有投资规制措施的例外。

(一)作为间接征收基础的"投资"界定

"投资"的界定并不是间接征收条款本身逻辑结构的组成部分,但是,间接征收的对象是外国投资者在东道国境内的投资,故认定间接征收的前提是审查外国投资者在东道国境内是否存在合法、有效、适格的投资,BIT 中对投资的界定也便成为"先决问题"。

BIT 中对于投资的定义主要有三种模式:一是以资产为基础的定义模式,此种模式对于保护投资者利益最为有利,此种定义模式最为宽泛;二是以企业为基础的定义模式,此种定义模式下投资范围较为狭窄,对于保护投资者利益最为不利,但目前采取这种模式的 BIT 并不多见;三是以企业和资产为基础的混合定义模式,这种定义模式实际上是一种折中定义模式。

据笔者统计,我国与"一带一路"沿线国家 BIT 均采用以资产为基础的定义模式,即通过非穷尽式列举将投资者在东道国境内的财产,包括有形资产和无形资产均纳入"投资"的范围。[10] 此种宽泛的定义方式虽然有利于保护投资者,但在实践中也容易过

---

[10] 例如,2001 年《中国 - 缅甸 BIT》第 1 条规定:"一、'投资'一词系指缔约一方投资者依照缔约另一方的法律和法规在缔约另一方领土内所投入的各种财产,包括但不限于:(一)动产、不动产及抵押、质押等其他财产权利;(二)公司的股份、债券、股票或其他形式的参股;(三)金钱请求权或其他具有经济价值的行为请求权;(四)知识产权,特别是著作权、专利、商标、商名、工艺流程、专有技术和商誉;(五)法律或法律允许依合同授予的商业特许权,包括勘探、耕作、提炼或开发自然资源的特许权。作为投资的财产发生任何形式上的变化,不影响其作为投资的性质。"参见商务部条法司网站"双边投资保护协定一览表"中《中华人民共和国政府和缅甸联邦政府关于促进和相互保护投资的协定》,载中国商务部网站,http://tfs.mofcom.gov.cn/aarticle/h/at/201002/20100206778937.html。

分降低构成"投资"的门槛,不利于保护东道国的利益。虽然投资仲裁实践中发展出了认定投资的办法,但此类以财产为基础的投资界定仍会增加我国被控实行间接征收的可能性[11],也不利于保护"一带一路"沿线东道国的利益。

(二)间接征收的界定

征收分为直接征收和间接征收,但随着时代的进步,征收的主要实践也从直接征收转变为间接征收,东道国政府赤裸裸地剥夺外资所有权的行为已经让位于采取干预投资者行使财产权的各类规制措施,具体的规制措施如撤销许可证、撤销项目合同、干预投资者投资的企业之正常经营管理等。与直接征收相比,间接征收更具复杂性和隐蔽性,我国与"一带一路"沿线国家已生效的 BIT 中普遍缺乏对间接征收概念的明确界定。

根据一般理解,BIT 中所述"采取与征收或国有化类似的措施"即是指间接征收。[12]在中国与"一带一路"沿线国家的 55 个 BIT 中,2006 年《中国-印度 BIT》的议定书部分使用了"间接征收"这一概念,并规定除了直接征收和国有化外,征收措施还包括"一缔约方故意采取的使投资者在没有正式转移所有权或没有直接没收财产的情况下,使投资者的投资可能实质上丧失生产能力、无法产生回报的一项或一系列措施"[13],即间接征收。这是我国与"一带一路"沿线国家 BIT 中首次明确使用"间接征收"这一概念,并试图界定间接征收,虽然并不完善,但无疑是一个良好的开端。2011 年《中国-乌兹别克斯坦 BIT》明确了"效果等同于国有化或征收的措施是指间接征收"。[14] 但除此之

---

[11] 据悉,目前已经有非"一带一路"沿线国家英国的投资者主张其在中国的房产被中国政府征收而诉诸国际投资仲裁。Jason Yu Song(United Kingdom) v. People's Republic of China(PCA Case 2019-39), https://pca-cpa.org/ru/cases/241/.

[12] 蔡从燕、李尊然:《国际投资法上的间接征收问题》,法律出版社 2015 年版,第 213 页。

[13] 2006 年《中国-印度 BIT》(2006 年 11 月 21 日签订,2007 年 8 月 1 日生效)议定书部分第 3 条的英文原文:"Ad Article 5 :With regard to the interpretation of expropriation under Article 5, the Contracting Parties confirm their shared understanding that :1. A measure of expropriation includes, apart from direct expropriation or nationalization through formal transfer of title or outright seizure, a measure or series of measures taken intentionally by a Party to create a situation whereby the investment of an investor may be rendered substantially unproductive and incapable of yielding a return without a formal transfer of title or outright seizure."参见商务部条法司网站"双边投资保护协定一览表"中《AGREEMENT BETWEEN THE GOVERNMENT OF THE REPUBLIC OF INDIA AND THE GOVERNMENT OF THE PEOPLE'S REPUBLIC OF CHINA FOR THE PROMOTION AND PROTECTIONOF INVESTMENTS》,载中国商务部网站,http://tfs.mofcom.gov.cn/aarticle/h/at/201002/20100206778944.html。

[14] 2011 年《中国-乌兹别克斯坦 BIT》(2011 年 4 月 19 日签订,2011 年 9 月 1 日生效)第 6 条,参见商务部条法司网站"双边投资保护协定一览表"中《中华人民共和国政府和乌兹别克斯坦共和国政府关于促进和保护投资的协定》,载中国商务部网站,http://tfs.mofcom.gov.cn/article/h/au/201111/20111107819500.shtml。

外,该 BIT 并没有进一步对间接征收给予界定。

(三)合法间接征收的构成要件

我国与"一带一路"沿线国家 BIT 征收条款极少区分直接征收和间接征收,在征收的构成要件规定上基本采取传统的四要件模式,符合这四要件则构成合法的间接征收。

1. 目的要件

目的要件即征收应符合公共利益或公共目的,虽然措辞不同,但这两个用语并无实质差别。据笔者统计,我国与绝大多数"一带一路"沿线国家 BIT 中均规定了目的要件且措辞基本是"公共利益"或"公共目的",如 1991 年《中国 – 蒙古国 BIT》、1992 年《中国 – 希腊 BIT》、1998 年《中国 – 也门 BIT》、2011 年《中国 – 乌兹别克斯坦 BIT》均使用了"公共利益"的用语。其中,更准确地说,1991 年《中国 – 蒙古国 BIT》采用的是"社会公共利益"用语。1988 年《中国 – 马来西亚 BIT》和 2006 年《中国 – 印度 BIT》均使用的是"公共目的"用语。但是,1985 年《中国 – 新加坡 BIT》和 1986 年《中国 – 斯里兰卡 BIT》中使用的是"法律所准许的目的"而没有采用"公共目的"这一措辞。[15]

2. 程序要件

程序要件即征收应符合正当程序。我国与"一带一路"沿线国家已生效的 BIT 中大都规定了程序方面的要件,但也有 BIT 没有提及程序要求,如 1985 年《中国 – 泰国 BIT》、1994 年《中国 – 印度尼西亚 BIT》、1995 年《中国 – 阿曼 BIT》、1995 年《中国 – 以色列 BIT》。在规定了程序要件的 BIT 中,具体措辞虽不完全一致,但基本上使用"依照国内法律程序"的说法。

3. 征收要遵守非歧视的要件

我国与"一带一路"沿线国家 BIT 大都规定了非歧视,但也有少数 BIT 未规定非歧视,如 1985 年《中国 – 泰国 BIT》、1994 年《中国 – 印度尼西亚 BIT》、1995 年《中国 – 南斯拉夫 BIT》、1995 年《中国 – 阿曼 BIT》、1997 年《中国 – 马其顿 BIT》对此均没有规定。

---

[15] 参见《中国 – 斯里兰卡 BIT》(1986 年 3 月 13 日签订,1987 年 3 月 25 日生效),第 6.1 条;《中国 – 新加坡 BIT》(1985 年 11 月 21 日签订,1986 年 2 月 7 日生效),第 6.1 条。参见商务部条法司网站"双边投资保护协定一览表"中《中华人民共和国政府和斯里兰卡民主社会主义共和国政府关于相互促进和保护投资协定》《中华人民共和国政府和新加坡共和国政府关于促进和保护投资协定》,载中国商务部网站,http://tfs.mofcom.gov.cn/aarticle/h/at/200212/20021200058408.html、http://tfs.mofcom.gov.cn/aarticle/h/at/200212/20021200058420.html。

4.补偿要件

除1990年《中国－土耳其BIT》没有将补偿作为要件之一而单独规定补偿规则外，其他BIT均将补偿作为征收要件之一。当然，这并不影响补偿作为征收的要件。

(四)间接征收的补偿

补偿是合法间接征收的构成要件之一，但鉴于其在间接征收中的重要性，而且，补偿还涉及不合法征收及不构成征收情况下的补偿问题，此处再单独予以进一步阐述。征收补偿传统上存在三种标准，即充分补偿、适当补偿和不予补偿。充分补偿标准也称赫尔原则[16]，即美国国务卿赫尔提出的充分、及时、有效补偿原则，以美国为首的发达国家通常主张充分补偿标准。[17] 赫尔原则对投资者利益的保护标准较高，发展中国家恐难负担，故其通常坚持适当补偿原则。适当补偿原则以国际经济活动中的公平互利原则为基础。适当补偿不等于部分补偿，所谓"适当"是指综合考虑各种因素、进行利益平衡之后的补偿。[18] 不予补偿标准根源于国家自然资源永久主权原则与国家主权原则，但其显然已无法满足国际投资活动发展的趋势，如今基本没有国家适用不予补偿标准。只有对于东道国非征收的规制措施，才不予补偿。

我国与"一带一路"沿线国家BIT中对于征收补偿的措辞十分简略，且不同BIT对补偿的表述也不尽相同。在补偿标准上，我国对于采用充分补偿标准还是适当补偿标准没有统一规定。

在估价日期的选择上，我国与"一带一路"沿线国家BIT中主流的表述是"宣布征收前一刻"和"宣布征收时"，其他BIT的表述则不统一。[19] 在估价方法上，2011年《中国－

---

[16] 赫尔原则是指针对征收美国国务卿科德尔·赫尔在1938年提出的"充分、及时、有效"的补偿标准。参见陈安主编：《国际经济法学专论》（下编分论），高等教育出版社，2002年版，第684页。

[17] 陈安主编：《国际经济法学专论》（下编分论），高等教育出版社2002年版，第684页。

[18] 同[17]，第688、689页。

[19] 采用"宣布征收前一刻"为估价日期的BIT有：1993年《中国－阿尔巴尼亚BIT》、1994年《中国－埃及BIT》、1993年《中国－爱沙尼亚BIT》、1993年《中国－格鲁吉亚BIT》、1996年《中国－柬埔寨BIT》、1993年《中国－克罗地亚BIT》、1994年《中国－罗马尼亚BIT》、2001年《中国－塞浦路斯BIT》、1996年《中国－沙特阿拉伯BIT》、1991年《中国－匈牙利BIT》、2006年《中国－印度尼西亚BIT》、1992年《中国－越南BIT》。采用"宣布征收时"为估价日期的BIT有：1994年《中国－阿塞拜疆BIT》、1999年《中国－巴林BIT》、1989年《中国－保加利亚BIT》、1988年《中国－波兰BIT》、1992年《中国－菲律宾BIT》、1999年《中国－卡塔尔BIT》、1996年《中国－叙利亚BIT》、1991年《中国－蒙古国BIT》。

乌兹别克斯坦 BIT》规定了"公平市场价值"标准,但是没有规定具体的确定方法。[20] 此前中国与"一带一路"沿线国家 BIT 中主流的表述为"市场价值"和"实际价值"[21],其中有 5 个 BIT 还规定了当市场价值不易确定时,可以根据"公认的估价原则和公平的原则",考虑"资本""折旧""更新价值"等因素来确定补偿额。[22] 补偿中的利息支付问题也很少被重视。我国与"一带一路"沿线国家已生效的 BIT 中,仅有 18 个 BIT 规定了征收补偿中的利息支付问题。[23] 征收过程中的其他因素也是影响补偿额的要素之一,但我国与"一带一路"沿线国家 BIT 中仅前述 5 个 BIT 规定了在"市场价值"不易确定的情况下考虑"资本""折旧""更新价值"等因素来确定具体补偿额,其他 BIT 对征收过程中的其他因素均未提及。

(五)间接征收的认定标准

根据认定间接征收涉及的要素,传统上衍生出三种认定标准。

一是纯粹效果标准,主要考察东道国政府行为对外国投资的干预程度。此标准仅通过衡量东道国政府行为对外资的影响程度来判断是否构成间接征收,衡量影响程度的一个重要因素是持续时间,对行为目的、性质等暂且不考虑。Metalclad v. Mexico 案被视为适用纯粹效果标准的典型案例,仲裁庭忽略墨西哥政府保护自然资源的目的,疏

---

[20] 2011 年《中国－乌兹别克斯坦 BIT》第 6 条第 4 款规定:"本条第 1 款所述的补偿额应等于采取征收前或征收为公众所知时(以较早者为准)被征收投资的公平市场价值,并应包括补偿支付前按合理商业利率计算的利息。补偿的支付不应不合理地迟延,并应可以有效实现和自由转移。"参见商务部条法司网站"双边投资保护协定一览表"中《中华人民共和国政府和乌兹别克斯坦共和国政府关于促进和保护投资的协定》,载中国商务部网站,http://tfs.mofcom.gov.cn/article/h/au/201111/20111107819500.shtml。

[21] 采用"市场价值"的 BIT 有:1985 年《中国－科威特 BIT》、1988 年《中国－马来西亚 BIT》、1993 年《中国－阿联酋 BIT》、1993 年《中国－斯洛文尼亚 BIT》、1994 年《中国－罗马尼亚 BIT》、1995 年《中国－阿曼 BIT》、1995 年《中国－以色列 BIT》、1996 年《中国－黎巴嫩 BIT》、1997 年《中国－马其顿 BIT》、1998 年《中国－也门 BIT》、1999 年《中国－巴林 BIT》、2006 年《中国－俄罗斯 BIT》。采用"实际价值"的 BIT 有:1992 年《中国－哈萨克斯坦 BIT》、1992 年《中国－吉尔吉斯斯坦 BIT》、1992 年《中国－摩尔瓦多 BIT》、1992 年《中国－土库曼斯坦 BIT》、1992 年《中国－乌克兰 BIT》、1992 年《中国－亚美尼亚 BIT》、1993 年《中国－白俄罗斯 BIT》、1993 年《中国－塔吉克斯坦 BIT》。

[22] 这 5 个 BIT 是:1985 年《中国－科威特 BIT》、1988 年《中国－马来西亚 BIT》、1993 年《中国－阿联酋 BIT》、1993 年《中国－斯洛文尼亚 BIT》、1995 年《中国－阿曼 BIT》。

[23] 这 18 个 BIT 是:1985 年《中国－科威特 BIT》、1990 年《中国－土耳其 BIT》、1991 年《中国－捷克和斯洛伐克 BIT》、1992 年《中国－希腊 BIT》、1993 年《中国－阿联酋 BIT》、1993 年《中国－立陶宛 BIT》、1993 年《中国－斯洛文尼亚 BIT》、1994 年《中国－埃及 BIT》、1995 年《中国－南斯拉夫 BIT》、1995 年《中国－以色列 BIT》、1995 年《中国－阿曼 BIT》、1996 年《中国－黎巴嫩 BIT》、1997 年《中国－马其顿 BIT》、2001 年《中国－塞浦路斯 BIT》、2001 年《中国－缅甸 BIT》、2006 年《中国－俄罗斯 BIT》、2006 年《中国－印度 BIT》、2011 年《中国－乌兹别克斯坦 BIT》。

于审查政府措施的动机,完全依据政府行为的效果认定其构成间接征收。[24] 可见,该标准难免会由于过分关注东道国政府行为效果而忽略其合理的规制权,增加投资规制措施被认定为间接征收的机会,过分保护投资者私人利益。

二是纯粹目的标准,也被称为警察权标准,主要考察东道国政府的行为目的和性质,即东道国政府行为对于维护或促进公共福利的意义有多大,若政府行为具备正当目的则足以排除其行为构成间接征收的可能。[25] 北美自由贸易协定(North American Free Trade Agreement,NAFTA)体制下的 Methanex v. USA 案是适用纯粹目的标准的典型案例。该案中,加利福尼亚州政府为了保护公共健康而颁布了禁止使用或销售含 MTBE 燃料添加剂汽油的禁令,虽然投资者证明了该项禁令对投资生产造成了实质影响和经济损失,仲裁庭仍然驳回了投资者的全部主张。[26] 可见,在纯粹目的标准下,东道国政府行为的目的被放在第一位,即使东道国政府过度干预、限制了外国投资者的投资,但只要存在需要保护的公共目的,该行为就不会被认定为间接征收,此标准偏向于保护东道国利益。由于目的认定具有较强的主观性,容易增加仲裁实践的不确定性,故此标准至今未成为普遍的裁判标准。

三是效果与目的兼顾标准,该标准目前占据主导地位。国际投资仲裁实践中通常会运用比例原则与合理期待原则对效果和目的进行平衡。欧洲人权法院 ECHR 在裁决中经常运用比例原则分析争议措施是否构成间接征收[27],这一做法也被 ICSID 仲裁庭借鉴适用。Tecmed v. Mexico 案是 ICSID 运用比例原则进行裁决的里程碑案件[28],在该案

---

[24] Metalclad Corporation v. United Mexican States(ICSID Case No. ARB(AF)/97/1),Award,30 August 2000.

[25] 徐崇利:《利益平衡与对外资间接征收的认定及补偿》,载《环球法律评论》2008 年第 6 期。

[26] Methanex Corporaion. v. United States of American,Final Award(NAFTA/UNCITRAL),3 August 2005.

[27] ECHR 认为东道国在确定什么是正当国家利益或公共事务方面享有"广泛的自由裁量权",但是"广泛的自由裁量权"还应受到"公正的平衡"标准的约束,ECHR 有权据此审查东道国的自由裁量权。"公正的平衡"标准旨在东道国的管制行为与投资者的财产权益之间以及东道国的补偿负担与投资者的财产价值之间寻求合理的比例,这正是 ECHR 适用比例原则解决纠纷的体现。参见蔡从燕、李尊然:《国际投资法上的间接征收问题》,法律出版社 2015 年版,第 163 – 170 页。

[28] Tecmed(西班牙公司)在墨西哥注册了一个子公司 Cytrar,从事危险废物处理。1996 年,墨西哥当局为该公司签发了许可证,但该公司 1998 年要求续签时遭到拒绝,遂以墨西哥当局行为构成征收为由向 ICSID 申请仲裁。仲裁庭根据比例原则认为墨西哥当局拒绝续签许可证的行为完全出乎投资者的预期,不当限制了该公司对其财产权的行使,该公司的危险废物处理厂被关停后不能用于别的目的,墨西哥当局行为构成间接征收。See Técnicas Medioambientales Tecmed,S. A. v. United Mexican States,Award,para. 95 – 151.

之后,越来越多的 ICSID 仲裁运用比例原则方法分析间接征收的构成。典型案例是在菲利普·莫里斯公司诉乌拉圭案中,仲裁庭裁决乌拉圭为保护公共健康而采取的限制烟草包装的措施不构成间接征收,不需要对投资者商标权受到的损害进行补偿。㉙

上述三种标准基本上是仲裁庭在仲裁实践中发展而来的,但是第三种标准由于有利于平衡投资者和东道国利益而得到许多晚近 BIT 的明确采纳。就我国与"一带一路"沿线国家 BIT 中的认定标准而言,以 2006 年《中国－印度 BIT》为分界线,此前我国与"一带一路"沿线国家 BIT 对于间接征收的认定标准没有明确规定,2006 年《中国－印度 BIT》议定书部分首次明确规定了"特征"和"意图",并提及投资者"合理期待"原则,有试图采用兼顾效果与目的标准之意。㉚ 此后,2011 年《中国－乌兹别克斯坦 BIT》基本承袭了 2006 年《中国－印度 BIT》中规定的认定标准,2011 年《中国－乌兹别克斯坦 BIT》第 6 条体现的即是效果与目的兼顾标准。㉛ 当然,2006 年《中国－印度 BIT》的"合理的联系"与 2011 年《中国－乌兹别克斯坦 BIT》中的"是否成比例"还是存在很大区别的。2011 年以后,我国与"一带一路"沿线国家没有签订新 BIT,2015 年 7 月 29 日更新的《中国－土耳其 BIT》文本尚未公开,亦无从得知其对间接征收的认定标

㉙ Philip Morris Brands Sàrl, Philip Morris Products S. A. and Abal Hermanos S. A. v. Oriental Republic of Uruguay, ICSID Case No. ARB/10/7 (ICSID Case No. ARB/10/7), Award, 8 July 2016.

㉚ 2006 年《中国－印度 BIT》议定书部分第 3 条第 2 款规定:"确定一缔约方的一项措施或一系列措施是否构成上文第 1 款所述的措施时,要以事实为依据进行逐案调查,需要考察的因素有:(1)措施的经济影响,尽管仅凭一缔约方采取的一项或一系列措施对投资的经济价值产生不利影响这一事实并不能构成征收或国有化;(2)措施对当事人、投资者或企业的歧视程度;(3)措施对明确的、合理的投资期待的妨碍程度;(4)措施特征和意图,是否出于善意的公共目的及其与征收目的之间是否存在合理的联系。"原文参见商务部条法司网站"双边投资保护协定一览表"中的 AGREEMENT BETWEEN THE GOVERNMENT OF THE REPUBLIC OF INDIA AND THE GOVERNMENT OF THE PEOPLE'S REPUBLIC OF CHINA FOR THE PROMOTION AND PROTECTIONOF INVESTMENTS,载中国商务部网站,http://images. mofcom. gov. cn/tfs/201804/20180410164154317. pdf。

㉛ 2011 年《中国－乌兹别克斯坦 BIT》第 6 条第 2 款规定:"在某一特定情形下确定缔约一方的一项或一系列措施是否构成第一款所指间接征收时,应当以事实为依据,进行逐案审查,并考虑包括以下在内的各种因素:(一)该措施或该一系列措施的经济影响,但仅有缔约一方的一项或一系列措施对投资的经济价值有负面影响这一事实不足以推断已经发生了间接征收;(二)该措施或该一系列措施在范围或适用上对缔约另一方投资者及其投资的歧视程度;(三)该措施或该一系列措施对缔约另一方投资者明显、合理的投资期待的损害程度,这种投资期待是依据缔约一方对缔约另一方投资者作出的具体承诺产生的;(四)该措施或该一系列措施的性质和目的,是否为了善意的公共利益目标而采取,以及前述措施和征收目的之间是否成比例。"参见商务部条法司网站"双边投资保护协定一览表"中《中华人民共和国政府和乌兹别克斯坦共和国政府关于促进和保护投资的协定》,载中国商务部网站,http://tfs. mofcom. gov. cn/article/h/au/201111/20111107819500. shtml。

准。因此,我国与"一带一路"沿线国家的 BIT 中绝大多数都没有对间接征收的认定标准作出规定。

(六)间接征收的例外

例外条款本应涵盖间接征收的具体例外条款和适用于 BIT 所有条款的一般例外及根本安全例外条款。一般例外条款五花八门,但共同点在于表明为了维护环境、健康等公共政策目的采取措施构成例外,因为对于间接征收来说,其与具体例外条款很大程度上是重叠的,因此本文未将其列入间接征收的例外。

关于间接征收的具体例外条款,只有 2006 年《中国-印度 BIT》议定书部分以及 2011 年《中国-乌兹别克斯坦 BIT》有规定,我国与"一带一路"沿线国家的其他 BIT 中没有发展出此类规定。2006 年《中国-印度 BIT》议定书部分第 5 条规定,"除非极罕见的情况,一缔约方为追求公共利益而采取的非歧视性规制措施,包括依照司法机关普遍适用判决之措施,不构成间接征收或国有化"。2011 年《中国-乌兹别克斯坦 BIT》第 6.3 条的间接征收例外规定,"除非在例外情形下,例如,所采取的措施严重超过维护相应正当公共福利的必要时,缔约一方采取的旨在保护公共健康、安全及环境等在内的正当公共福利的非歧视的管制措施,不构成间接征收"。相比之下,后者对于规制措施不构成间接征收的要求规定得更加明确,可操作性更强。

关于国家安全例外,在我国与"一带一路"沿线国家的 BIT 中极少提及,2006 年《中国-印度 BIT》第 14 条罕见地规定"本协定不妨碍东道国缔约方根据其正常、合理和非歧视地适用的法律,采取保护其基本安全利益的措施或极端紧急状况下的措施"。显然,这种国家安全例外条款对国家安全例外措施施加了很多限制,亦不属于自裁决条款。

三、我国与"一带一路"沿线国家 BIT 间接征收实体条款结构中的主要问题

(一)"投资"定义宽泛且缺乏针对性

在新自由主义思想的影响下,国际仲裁实践中普遍存在对投资条约进行扩张性解释的趋势,这一方面扩大了对投资者私人利益的保护,另一方面限制乃至过度干预了东道国行使合法规制经济活动的权力。

尽管近年来的投资仲裁实践显示了对东道国规制权的尊重,但东道国与外国投资

者权益失衡的问题将长期存在。我国与"一带一路"沿线国家 BIT 采用以资产为基础的定义模式来界定"投资"可能会加剧这种失衡。近年来,我国愈加重视可持续发展,对环境保护、公共健康等非经济价值的重视程度日益提高。我国采取保护这些非经济价值的措施可能因"投资"定义的宽泛化而增加外国投资者主张我国实施间接征收的可能,进而增加我国的"讼累"和经济负担,故我国在升级或新签 BIT 时有必要对投资的定义模式进行审慎考虑。

此外,我国与"一带一路"沿线国家 BIT 对"投资"的定义缺乏针对性。以对外工程承包领域为例,中国在境外投资的企业中,工程承包企业居多。2019 年,我国企业在沿线的 62 个国家新签对外承包工程项目合同 6944 份,新签合同额 1548.9 亿美元,占同期我国对外承包工程新签合同额的 59.5%;2020 年 1—4 月,我国企业在沿线的 56 个国家新签对外承包工程项目合同 1455 份,新签合同额 2324.2 亿元人民币,占同期我国对外承包工程新签合同额的 50.7%。[32] 但是,我国与"一带一路"沿线国家 BIT 并未明确将符合投资特征的对外工程承包纳入投资范围进行保护。在北京城建集团诉也门案中,双方争议焦点之一即是北京城建集团的投入是否属于"投资",由于《华盛顿公约》未对投资进行定义,故仲裁庭只能通过考察判例来认定北京城建集团的投入是否属于适格的投资,从而使对外工程承包是否投资具有很大程度的不确定性。[33] 实际上,投入一定的设备、原材料和人力的承包工程项目也属于国际投资法上的投资,尤其是,由于发包方给付的预付款往往不够,承包方需要前期融资,而在项目完工后,政府拖欠债务,迟迟不能支付工程款的现象时有发生,所以,承包工程是有风险的。而且,一般一个工程的完成需要 3~5 年,符合投资要求的期限。

---

[32] 参见商务部网站,《2019 年我对"一带一路"沿线国家投资合作情况》《2020 年 1—4 月我对"一带一路"沿线国家投资合作情况》,http://hzs.mofcom.gov.cn/article/date/202001/20200102932445.shtml、http://www.mofcom.gov.cn/article/i/jyjl/j/202008/20200802988726.shtml。

[33] 仲裁庭运用了 Salini Construttori S. p. A. and Italstrade S. p. A. v. Kingdom of Morocco(ICSID Case No. ARB/00/4)中确立的"Salini test"判断北京城建集团的投入是否构成"投资","Salini test"认为判断是否构成"投资"的四个标准是:"(a) a contribution;(b) a certain duration of the economic operation;(c) the existence of a risk of sovereign intervention assumed by the investor;and (d) a contribution to the host State's economic development."[(1)出资;(2)经济运营持续一定期间;(c)投资者承担东道国主权干预的风险;(d)对东道国经济发展的贡献。]仲裁庭最终据此认定北京城建集团的投入构成"投资"。See Beijing Urban Construction Group Co. Ltd. V. Republic of Yemen(ICSID Case No. ARB/14/30),Decision on Jurisdiction,31 May 2017,para. 122 – 138.

(二)间接征收缺乏明确界定

如前文所述,除 2006 年《中国－印度 BIT》规定了间接征收的定义外,我国与"一带一路"沿线国家其他 BIT 普遍缺乏对间接征收的明确定义,且在表述中多使用"其他类似(similar)措施"[34]这种措辞,而较少使用"相同""等同于""相当于""同样""同等"这类表述。"类似"在语义上与"相同""等同于""相当于""同样""同等"这类表述还是存在一定差别,非"类似"的措施也可能具有"等同"征收的效果。[35]"类似"这种模棱两可的表述会增加仲裁庭裁判的难度,也为其滥用自由裁量权埋下隐患。缺乏间接征收的明确定义极易使投资争端解决陷入困境。

(三)构成要件及认定标准模糊

如前所述,在间接征收的认定方面,我国与"一带一路"沿线国家 BIT 中基本坚持合法间接征收的四要件构成模式,但对于四个要件的规定整体上缺乏系统性,表述各异,具体措辞也缺乏一致性和规范性。而且,除 2006 年《中国－印度 BIT》和 2011 年《中国－乌兹别克斯坦 BIT》外,大多数 BIT 并没有反映出具体的认定标准。

相比之下,我国现行有效的国际投资协定中最新的协定都规定了合法间接征收的标准化构成四要件,尤其是详细规定了补偿要件,认定间接征收需要考虑的要素,并规定运用比例原则来平衡这些要素之间的关系,既能限制东道国权力的滥用,又能维护东

---

[34] 据笔者考察,我国与"一带一路"沿线国家签订并现行有效的 BIT 中有 36 个使用了"类似"这种措辞:1985 年《中国－泰国 BIT》、1985 年《中国－科威特 BIT》、1988 年《中国－波兰 BIT》、1989 年《中国－巴基斯坦 BIT》、1990 年《中国－土耳其 BIT》、1991 年《中国－匈牙利 BIT》、1992 年《中国－越南 BIT》、1992 年《中国－土库曼斯坦 BIT》、1992 年《中国－亚美尼亚 BIT》、1992 年《中国－乌克兰 BIT》、1992 年《中国－摩尔多瓦 BIT》、1992 年《中国－菲律宾 BIT》、1992 年《中国－哈萨克斯坦 BIT》、1992 年《中国－吉尔吉斯斯坦 BIT》、1993 年《中国－阿尔巴尼亚 BIT》、1993 年《中国－爱沙尼亚 BIT》、1993 年《中国－老挝 BIT》、1993 年《中国－斯洛文尼亚 BIT》、1993 年《中国－塔吉克斯坦 BIT》、1993 年《中国－克罗地亚 BIT》、1993 年《中国－白俄罗斯 BIT》、1993 年《中国－格鲁吉亚 BIT》、1993 年《中国－立陶宛 BIT》、1994 年《中国－罗马尼亚 BIT》、1994 年《中国－阿塞拜疆 BIT》、1994 年《中国－埃及 BIT》、1996 年《中国－叙利亚 BIT》、1996 年《中国－柬埔寨 BIT》、1996 年《中国－黎巴嫩 BIT》、1996 年《中国－沙特阿拉伯 BIT》、1999 年《中国－巴林 BIT》、1999 年《中国－卡塔尔 BIT》、2000 年《中国－伊朗 BIT》、2001 年《中国－缅甸 BIT》、2001 年《中国－塞浦路斯 BIT》、2006 年《中国－俄罗斯 BIT》。

[35] 据笔者考察,我国与"一带一路"沿线国家签订并已生效的 BIT 中,使用"相同""等同于""相当于""同样""同等"措辞的 15 个 BIT 分别是:1985 年《中国－新加坡 BIT》、1986 年《中国－斯里兰卡 BIT》、1988 年《中国－马来西亚 BIT》、1991 年《中国－捷克和斯洛伐克 BIT》、1991 年《中国－蒙古国 BIT》、1992 年《中国－希腊 BIT》、1993 年《中国－阿联酋 BIT》、1994 年《中国－印度尼西亚 BIT》、1995 年《中国－以色列 BIT》、1995 年《中国－阿曼 BIT》、1995 年《中国－南斯拉夫 BIT》、1997 年《中国－马其顿 BIT》、1998 年《中国－也门 BIT》、2006 年《中国－印度 BIT》、2011 年《中国－乌比别克斯坦 BIT》。

道国保护公共政策的规制目标。例如,2012年《中日韩投资协定》不仅在征收条款中明确规定了合法间接征收构成四要件,还规定了有关补偿的各方面问题;该协定的议定书部分规定,征收的认定应遵循个案审查原则,并将"经济影响""措施的特征和目的""合理预期"列为考虑要素,并进一步规定适用比例原则衡量"措施的手段是否与目的成比例"。㊱

在间接征收认定标准及构成要件方面没有规定或规定不系统、过于简陋、缺乏可操作性,则无法很好地为投资仲裁实践提供指引,也可能导致降低对投资的保护水平,或者是赋予仲裁庭过多的解释空间。构成要件尤其是补偿要件的模糊规定将使仲裁庭在补偿标准和补偿额的具体计算上无所适从,使投资仲裁的裁决金额缺乏可预期性。构成要件中规定的"依照国内法律程序"也不等于公认的"正当程序",因为"国内法律程序"仍然可能是"专横的",缺乏救济途径的、存在严重缺陷的,所以,仅仅"依照国内法律程序"并不能保证满足间接征收合法性的程序要求。

(四)补偿规则不完善

我国与"一带一路"沿线国家BIT对间接征收的补偿问题缺乏系统性规定,对于选择充分补偿标准还是适当补偿标准没有明确立场,对估价日期、估价方法、利息支付及征收过程中的其他因素也没有形成统一的规定。从现实和未来趋势来看,采用"公平市场价值"应是主流做法。2011年《中国-乌兹别克斯坦BIT》虽然试图采用"公平市场价值"㊲,但没有规定具体的操作方法,这容易使"公平市场价值"的确定具有不确定性。

㊱ 2012年《中日韩投资协定》(2012年5月13日签订,2014年5月17日生效)议定书部分第2条第2款规定:"(二)关于缔约一方的一项或一系列措施在具体的事实情况下是否构成间接征收的认定,需以事实为依据进行个案调查,调查应考虑以下因素及其他因素:1.该措施或系列措施的经济影响,尽管仅凭该措施或系列措施对投资经济价值具有不良影响的事实本身并不能证明间接征收已经发生;2.该措施或系列措施对于投资的确定合理预期的干扰程度;以及3.该措施或系列措施的特征和目的,包括该措施的手段是否与目的成比例。"参见商务部条法司网站"双边投资保护协定一览表"中《中华人民共和国政府、日本国政府及大韩民国政府关于促进、便利及保护投资的协定》,载中国商务部网站,http://tfs.mofcom.gov.cn/article/h/at/201405/20140500584816.shtml。

㊲ 2011年《中国-乌兹别克斯坦BIT》第6条第4款规定:"四、本条第一款所述的补偿额应等于采取征收前或征收为公众所知时(以较早者为准)被征收投资的公平市场价值,并应包括补偿支付前按合理商业利率计算的利息。补偿的支付不应不合理地迟延,并应可以有效实现和自由转移。"参见商务部条法司网站"双边投资保护协定一览表"中的《中华人民共和国政府和乌兹别克斯坦共和国政府关于促进和保护投资的协定》,载中国商务部网站,http://tfs.mofcom.gov.cn/article/h/au/201111/20111107819500.shtml。

相比之下,《2012年美国BIT范本》规定了"公平市场价值"标准,并明确了该标准要考虑的要素。㊳"公平市场价值"以公平市场环境的存在为前提,虽然这种公平的市场环境在实践中并不好确定,但美国司法实践为公平市场价值的确定提供了市场价格法等多种方法。《2015年印度BIT范本》中公平市场价值的计算考虑了投资者提前知道投资财产要被征收而改动投资价值的情况,认为此种价值变动不应被计算在公平市场价值中,还列出了可供参考的评估公平市场价值的几种方式。㊴

此外,我国与"一带一路"沿线国家BIT未区分合法的间接征收与非法的间接征收,这也为针对两种情况适用不同的补偿标准带来了认识上的模糊。

(五)例外条款缺位

我国与"一带一路"沿线国家签订的BIT中极少有关于间接征收例外的规定,这与国际投资法治结构中尊重东道国规制权的趋势不符。我国与"一带一路"沿线国家的BIT应当在一定程度上尊重东道国为了保护非经济价值目标而对投资进行合理规制的权力。

无论对于投资者还是东道国,未规定间接征收的例外、未明确例外情况的范围均不利于确定合法的征收与国家行使正当的规制权的界限,而没有国家安全例外条款更是缺乏覆盖整个BIT条款的安全阀。

在"投资者友好型"仲裁机制的催化下,基于公共福利目标的例外条款的缺位使得东道国行为被诉及被认定为间接征收的可能性增大,这极易对东道国的规制热情和能

㊳ 《2012年美国BIT范本》第6条第3款和第4款规定:"3.如果公平市场价值以可自由使用货币计算,第1款(c)项规定的补偿应当不低于征收之日的公平市场价值加上以该货币计算的从征收之日起至付款之日止的按合理商业利率计算的利息。4.如果公平市场价值以不可自由使用货币计算,第1款(c)项规定的补偿——按照付款之日通行的市场汇率兑换为支付货币——应当不低于:(a)按征收之日市场汇率兑换为可自由使用货币计算的公平市场价值,加上(b)从征收之日至付款之日期间对可自由使用的货币按合理商业利率计算的利息。"英文原文参见 *United States Model BIT* 2012,UNCTAD,Investment Policy Hub 网站,https://investmentpolicy.unctad.org/international-investment-agreements/treaty-files/2870/download。

㊴ 《2015年印度BIT范本》第5.1条规定:"补偿应当充分,至少等于征收发生('征收日期')前一天,被征收投资的公平市场价值,且不应反映由于征收被投资者提前知道而使投资产生的任何价值变化。评估方式应包括持续经营价值,资产价值,包括有形财产的申报税值,以及其他合适的、可以确定公平市场价值的方式。",英文原文参见 *India Model BIT* 2015,载联合国贸易与发展会议网站,https://investmentpolicy.unctad.org/international-investment-agreements/treaty-files/3560/download。

力造成"寒蝉效应"。㊵ 而且,即使从我国作为东道国的角度来看,也存在保留规制权的必要性。进一步说,对于为公共福利目标而采取规制措施的例外情况范围缺乏明确的界定,也可能导致东道国以保护公共福利为借口,轻率甚至肆意地对外国投资者的财产进行过分干预、限制。面对投资者的申诉,东道国大可以存在所谓的需要保护的"公共福利"为由进行抗辩,如果仲裁庭据此裁定东道国行为符合例外情形而不构成间接征收,投资者将面临巨大的损失。

此外,在当前国际风险社会下,国家利益得到前所未有的强调,国家根本安全利益的外延不断扩大,根本上,国家还应将这一安全阀掌握在自己手中。

四、我国与"一带一路"沿线国家 BIT 间接征收实体条款的完善建议

(一) 中性定义"投资"

我国在"投资"定义上应特别注意东道国与投资者利益的平衡以及将重点合作领域纳入投资范围,以使此类投资在遭受间接征收时能够通过国际投资仲裁获得救济。

一方面,我国以资产为基础的宽泛式定义使得各种财产极易被纳入 BIT 保护范围,虽然仲裁实践中仲裁庭会考虑投资特征,但这种过于宽泛的规定还是相对有利于保护投资者。另一方面,我国政府面对的被诉投资仲裁案件也将增多,将投资界定过宽也不利于保护我国政府的利益。故基于利益平衡原则,建议我国审慎对待以资产为基础的定义模式,采取"资产(含企业)列举加投资特征限定"的界定模式,更加中性地定义投资,既不能如《2015 年印度 BIT 范本》那样过于严苛地限制适格投资,也不能毫无限制地将各种资产都列入投资范围。

此外,我国应关注北京城建集团诉也门案的启发。自"一带一路"倡议实施以来,我国有相当多资本输出集中在承包沿线国家基础设施建设方面,对外工程承包有人力、物力、财力的投入,且投资者需对这种投入承担风险,对外工程承包应当属于适格的投资。故建议将此类重点合作领域明确纳入投资范围以更好地通过 BIT 来保护我国投资者利益。

㊵ 英文为"chilling effect",在宪法上指一项法律或实践产生严重阻碍行使宪法权利的结果。广义地说,其指阻碍任何实践时所产生的结果。See Bryan A. Garner ed. , *Black's Law Dictionary*, West Group, 1999, p. 233.

(二) 严谨界定间接征收

在我国与"一带一路"沿线国家的 BIT 中对间接征收给出明确定义,这既有利于表明我国对待间接征收的立场,也有利于使投资缔约实践跟上时代潮流,更好地服务于"一带一路"倡议的实施,并增强我国在国际投资规则制定中的话语权。

我国可推广已有的投资条约范本及缔约实践中对间接征收的界定,同时要借鉴其他国家的相关实践,如2010年《中国投资保护协定范本》(草案)第6条中对间接征收的规定是"效果等同于国有化或征收的措施"是指间接征收[41];如《中日韩投资协定》议定书部分将间接征收定义为"缔约一方采取的一项或一系列措施,未实施正式的所有权转移或直接没收,但效果等同于直接征收"[42]。实际上,《2012年美国BIT范本》附件B中更明确地将间接征收定义为"在未正式转移所有权或直接没收的情况下,一缔约方采取的具有相当于直接征收效果的某一行为或一系列行为"[43],这种具体描述也值得借鉴。

我国与"一带一路"沿线国家 BIT 可以在此基础上进一步明确间接征收的概念、完善间接征收的定义,以体现间接征收的实质是缔约一方在不剥夺外国投资者财产所有权的情况下,通过隐蔽的手段,采取的过分限制、干预投资者财产权并造成等同于直接征收效果的行为。BIT 应当尽可能清晰地定义间接征收,从而增强投资者、东道国的可预期性,以及仲裁实践的确定性和一致性。

(三) 明确认定标准

仅仅描述性的间接征收界定还不足以认定间接征收,在间接征收的认定上,建议详

---

[41] 温先涛:《〈中国投资保护协定范本〉(草案)论稿(二)》,载《国际经济法学刊》2012年第1期。

[42] 2012年《中日韩投资议定书》第2条第1款规定:"(一)缔约各方确认其已达成共识,第十一条第一款针对以下两种情形:1.第一种情形是直接征收,投资被国有化或通过正式的所有权转移或直接没收等其他方式直接征收;且2.第二种情形是间接征收,即缔约一方采取一项或一系列措施,未实施正式的所有权转移或直接没收,但效果等同于直接征收。"参见商务部条法司网站"双边投资保护协定一览表"中《中华人民共和国政府、日本国政府及大韩民国政府关于促进、便利及保护投资的协定》,载中国商务部网站,http://tfs.mofcom.gov.cn/article/h/at/201405/20140500584816.shtml。

[43] 《2012年美国BIT范本》附件B(4)规定:"第6条'征收与补偿'第(1)款规定的第二种情形是间接征收,即在未正式转移所有权或直接没收的情况下,一缔约方采取的具有相当于直接征收效果的某一行为或一系列行为。"英文原文参见 United States Model BIT 2012, UNCTAD, Investment Policy Hub 网站,https://investmentpolicy.unctad.org/international-investment-agreements/treaty-files/2870/download。

细规定认定间接征收需考虑的要素。可综合借鉴2006年《中国-印度BIT》[44]、2011年《中国-乌兹别克斯坦BIT》[45]以及《2012年美国BIT范本》附件B的规定[46],将措施对投资者的影响、投资者合理期待、措施的目的和性质纳入认定间接征收的考虑要素。认定标准上宜采用兼顾效果与目的标准,同时注意合理期待原则与比例原则的适用。

合理期待原则产生的基本依据有二:两国间的BIT约定和政府对投资者的承诺。比例原则通过权衡投资者的合理期待和东道国政府的公共目的来确定更应受保护的利益,兼顾效果与目的标准即是体现了比例原则中最核心的狭义比例原则。笔者认为,具体适用比例原则时,应当严格从比例原则的三层含义把关,按照以下三个步骤进行:一是审查政府措施是否达到了保护公共利益的目的;二是审查是否存在可能的更低程度侵害投资者利益又能达成同样目的的替代性措施;三是审查政府措施为达到公共目而牺牲的私人利益是否使投资者承受过重的负担。

在操作方法上,应采用以事实为依据进行逐案审查的方法。间接征收的认定应当

---

[44] 2006年《中国-印度BIT》议定书部分第3.2条规定:"确定一缔约方的一项措施或一系列措施是否构成上文第1款所述的措施时,要以事实为依据进行逐案调查,需要考察的因素有:(1)措施的经济影响,尽管仅凭一缔约方采取的一项或一系列措施对投资的经济价值产生不利影响这一事实并不能构成征收或国有化;(2)措施对当事人、投资者或企业的歧视程度;(3)措施对明确的、合理的投资期待的妨碍程度;(4)措施特征和意图,是否出于善意的公共目的及其与征收目的之间是否存在合理的联系。"参见商务部条法司网站"双边投资保护协定一览表"中《中华人民共和国政府和印度政府关于促进和相互保护投资协定》,载中国商务部网站,http://images.mofcom.gov.cn/tfs/201804/20180410164154317.pdf。

[45] 2011年《中国-乌兹别克斯坦BIT》第6.2条规定:"在某一特定情形下确定缔约一方的一项或一系列措施是否构成第1款所指间接征收时,应当以事实为依据,进行逐案审查,并考虑包括以下在内的各种因素:(一)该措施或该一系列措施的经济影响,但仅有缔约一方的一项或一系列措施对于投资的经济价值有负面影响这一事实不足以推断已经发生了间接征收;(二)该措施或该一系列措施在范围或适用上对缔约另一方投资者及其投资的歧视程度;(三)该措施或该一系列措施对缔约另一方投资者明显、合理的投资期待的损害程度,这种投资期待是依据缔约一方对缔约另一方投资者作出的具体承诺产生的;(四)该措施或该一系列措施的性质和目的,是否为了善意的公共利益目标而采取,以及前述措施和征收目的之间是否成比例。"参见商务部条法司网站"双边投资保护协定一览表"中《中华人民共和国政府和乌兹别克斯坦共和国政府关于促进和保护投资的协定》,载中国商务部网站,http://tfs.mofcom.gov.cn/article/h/au/201111/20111107819500.shtml。

[46] 《2012年美国BIT范本》附件B(4)规定:"第6条'征收与补偿'第1款规定的第二种情形是间接征收,即在未正式转移所有权或直接没收的情况下,一缔约方采取的具有相当于直接征收效果的某一行为或一系列行为。(1)决定缔约一方的某一行为或一系列行为在某一特定情况下是否构成间接征收,需要以事实为依据,逐案审查:第一,政府行为对经济的影响,尽管仅凭缔约一方的行为或一系列行为对投资的经济价值产生的不利影响无法构成间接征收;第二,政府行为对明确的、合理的投资期待的妨碍程度;第三,政府行为的性质。"原文参见联合国贸易与发展会议网站 United States Model BIT 2012,载联合国贸易与发展会议网站,https://investmentpolicy.unctad.org/international-investment-agreements/treaty-files/2870/download。

遵循"先确定征收是否发生,再审查征收是否合法"的程序[47],即先考察经济效果进行事实认定,以确定征收是否发生,再审查措施性质或目的,并运用比例原则衡量目的与效果,视目的重要性考查是否达到了征收合法化的标准。

(四)完善补偿规则

"一带一路"沿线多数国家为发展中国家,经济负担能力有限,赫尔原则会给这些国家造成过大压力,建议我国在 BIT 中明确规定适用适当补偿原则,但这并不意味着要绝对地降低补偿标准,而是指根据实际情况,综合考虑各种因素来确定补偿金额。[48] 同时,对于政府措施进行分类,征收补偿不可绝对化,应当视征收类型灵活对待,采取"或全有,或部分有,或全无"的做法。[49] 具体而言,就是将东道国的政府管理措施分成不构成间接征收的行为、合法的间接征收行为和非法的间接征收行为。对前者不予补偿,对后面二者视合法与非法分别予以适当的部分和全部补偿。相比其他划分方式,此种划分界限明晰,不存在概念重叠,且为征收补偿提供了具有可操作性的技术方案。

此外,建议我国与"一带一路"沿线国家 BIT 统一估价日期和估价方法,确定利息的支付及计算方式,从而提高征收补偿的确定性与一致性。在估价方法上,可借鉴《2012 年美国 BIT 范本》提出的"公平市场价值"标准,并适当参考美国法实践中提出的市场价格法等具体操作方法。[50]

(五)增加例外条款

我国与"一带一路"沿线国家绝大多数 BIT 中未规定不构成间接征收的规制例外条款,以及适用于 BIT 所有条款的根本安全例外条款。基于国家经济主权原则,基于对国家规制权的尊重,基于重大的公共福利价值应高于投资者私人利益的价值取向,我国有必要跟随国际趋势,制定例外条款以防止征收范围的任意扩大。

---

[47] Christina Knahr, Indirect Expropriation in Recent Investment Arbitration, Austrian Review of International and European Law, Volume 12(1), 85–102(2007).

[48] 朱明新:《国际投资法中间接征收的损害赔偿研究》,载《武大国际法评论》2012 年第 1 期。

[49] 徐崇利:《利益平衡与对外资间接征收的认定及补偿》,载《环球法律评论》2008 年第 6 期。

[50] 《2012 年美国 BIT 范本》第 6 条第 3~4 款规定:"3. 如果公平市场价值以可自由使用货币计算,第 1 款(3)项规定的补偿应当不低于征收之日的公平市场价值加上以该货币计算的从征收之日起至付款之日止的按合理商业利率计算的利息。4. 如果公平市场价值以不可自由使用货币计算,第 1 款(3)项规定的补偿——按照付款之日通行的市场汇率兑换为支付货币——应当不低于:(1)按征收之日市场汇率兑换为可自由使用货币计算的公平市场价值,加上(2)从征收之日至付款之日期间对可自由使用的货币按合理商业利率计算的利息。" 英文原文参见 United States Model BIT 2012, UNCTAD, Investment Policy Hub 网站, https://investmentpolicy.unctad.org/international-investment-agreements/treaty-files/2870/download。

2010年《中国投资保护协定范本》(草案)第6条规定,"缔约一方采取的包括旨在保护公共健康、安全及环境等在内的正当公共福利的非歧视的管制措施,不构成间接征收,但在个别情况下,例如所采取的措施严重超过维护相应正当公共福利的必要时除外"。[51] 据此,符合非歧视和成比例的保护公共福利的规制措施即构成间接征收的例外,东道国无须对此类措施做出补偿。《2004年美国BIT范本》和《2012年美国BIT范本》均规定"除罕见的情况,缔约一方旨在并用于保护正当公共福利目标,诸如公共健康、安全和环境的非歧视性规制措施不构成间接征收"。[52]

此类具体例外条款表明了公共健康、安全和环境是公共利益中更重要的部分,"公共福利"与"公共利益"可以理解为特殊与一般的种属关系[53],为了"公共福利"中这些具体目标所采取的规制措施只有在例外情况下,才构成间接征收。

就间接征收实体条款的逻辑结构来说,除具体的间接征收例外条款外,中国与"一带一路"沿线国家的BIT中还应规定国家安全例外。国家安全例外条款保护国家最重要的公共利益,即根本安全利益。随着国家利益的多元化,根本安全利益有扩大化趋势。[54]《1984年美国BIT范本》就纳入了根本安全例外条款,《2004年美国BIT范本》和《2012年美国BIT范本》更将根本安全例外条款升级为自行裁决条款,即缔约方可以采取其认为必要的维护其国家安全的措施。[55] 此类国家安全例外是国家在紧急状态下维护自身利益的安全阀,我国与"一带一路"沿线国家的BIT应该予以借鉴。

总之,建议我国在完善与"一带一路"沿线国家BIT时,既要规定间接征收的具体例外,也要加入国家安全例外,从而构筑完善的间接征收例外条款体系。

五、结论

本文对我国与"一带一路"沿线国家BIT间接征收条款的现状及问题进行了结构性分析,并针对具体问题提出了更新和缔结新的BIT时对该条款进行与时俱进的"现代化"

---

[51] 温先涛:《〈中国投资保护协定范本〉(草案)论稿(二)》,载《国际经济法学刊》2012年第1期。

[52] 《2004年美国BIT范本》附件B(4)(b)、《2012年美国BIT范本》附件B(4)(b)。英文原文参见 *United States Model BIT* 2004、*United States Model BIT* 2012,UNCTAD,Investment Policy Hub 网站,https://investmentpolicy.unctad.org/international-investment-agreements/treaty-files/2872/download、https://investmentpolicy.unctad.org/international-investment-agreements/treaty-files/2870/download。

[53] 温先涛:《〈中国投资保护协定范本〉(草案)论稿(二)》,载《国际经济法学刊》2012年第1期。

[54] 韩秀丽:《论国际投资协定中的"根本安全利益"与"公共目的"》,载《现代法学》2010年第2期。

[55] 1984 U. S. Model Bilateral Investment Treaty,Article 10;2004 U. S. Model Bilateral Investment Treaty,Article 18;2012 U. S. Model Bilateral Investment Treaty,Article 18.

改革的建议。需要指出的是,本文的研究范围虽然限于商务部曾确定的地理意义上的"一带一路"沿线国家,但本文的研究结论同样适用于其他"一带一路"共建国家,因为"一带一路"倡议是一个开放性的全球合作模式。从实践来看,与我国签署"一带一路"合作文件、承诺与我国共建"一带一路"的国家也已经扩大到欧洲、大洋洲及亚非拉的众多国家。截至2020年1月,中国已经同138个国家签署了"一带一路"合作文件。㊹ 在此情况下,我国与"一带一路"共建国家涉及间接征收的争端也屡见不鲜。例如,2016年3月,肯尼亚机场管理局取消了中国投资者安徽建工集团和中国航空技术国际工程有限公司的肯尼亚乔莫·肯雅塔国际机场航站楼承建合同;㊺再如,2020年4月24日,巴布亚新几内亚政府拒绝了中国投资者紫金矿业延长其投资的金矿许可的申请,不予续发许可证。㊻ 而根据以往政府相关人员的承诺,这可能违反了投资者的合理预期,构成间接征收。然而,《中国-巴布亚新几内亚BIT》关于间接征收的规定不足以充分保护这些投资。㊼ 因此,从目前"一带一路"倡议的实施和投资争端的情况来看,我国应及时与"一带一路"沿线国家和其他"一带一路"共建国家签订和更新BIT,尤其要明确和细化有关间接征收的界定、认定及补偿规定,兼顾投资者和东道国利益,允执厥中,以更好地服务于"一带一路"倡议的实施和投资争端的解决。

㊹ 《已同中国签订共建"一带一路"合作文件的国家一览》,载中国一带一路网,https://www.yidaiyilu.gov.cn/xwzx/roll/77298.htm。

㊺ 《取消中资项目?这个国家相比于马来西亚"略胜一筹"!》,载搜狐网2019年5月17日,https://www.sohu.com/a/314547287_120008090。

㊻ 《续约海外金矿中企遭拒》,载新浪网2020年4月29日,https://finance.sina.com.cn/roll/2020-04-29/doc-iirczymi8956515.shtml。

㊼ 《中国-巴布亚新几内亚BIT》(1991年4月12日签订,1993年2月12日生效)第5条规定:"缔约任何一方不得对缔约另一方国民或公司在其领土内的投资采取征收、国有化措施或其他类似措施,除非符合以下条件:(一)采取措施是为了公共利益并符合法律规定;(二)措施是非歧视性的并给予补偿;(三)补偿是适当的或相当于采取征收、国有化措施或其他类似措施前一刻或为公众所知前一刻的投资价值。补偿应以可自由兑换货币支付,不得无故迟延并应在缔约双方之间自由转移。"参见《中华人民共和国政府和巴布亚新几内亚独立国政府关于促进和保护投资的协定》,载中国商务部条法司网站,http://tfs.mofcom.gov.cn/aarticle/h/av/200212/20021200058395.html。

The Structural Analysis of the Substantive Indirect Expropriation Clauses in BITs Between China and the Countries along the "Belt and Road"

Han Xiuli, Rong Ting

Abstract: This article attempts to conduct a structural analysis of the substantive indirect expropriation clauses in BITs between China and the countries along the "Belt and Road" and explores the loopholes and deficiencies of the existing provisions from the perspectives of definition, determination and compensation, and then puts forward policies and legal suggestions to enhance the certainty and predictability of the application of indirect expropriation clauses and make the construction of the "Belt and Road" better protected by international investment rule of law.

Keywords: the "Belt and Road", BIT, Indirect Expropriation

论俄罗斯营商环境下的农业投资

祝宁波　张　琴[*]

摘　要：营商环境是企业投资环境的重要体现，也是企业农业投资的重要参考。近年来，俄罗斯在营商环境改善方面的努力以及在世界营商环境排名中的迅速提升反映出对俄农业投资环境改善的趋势。这将有助于农业投资企业降低企业运营成本和风险管理成本。不过，俄罗斯营商环境及其排名情况并非对农业投资环境的全面反映，也未能充分体现在俄农业投资的各类风险。由此，企业对俄农业投资时，应客观认识俄罗斯营商环境报告和指标信息，把握营商环境指标对农业投资的未来影响，以便提高对俄农业投资企业的生存和风险应对能力。

关键词：俄罗斯；农业投资；营商环境；法律风险环境

农业是国际社会关注的焦点，是对外资防范最严格的领域之一。[①] 近年来，俄罗斯农业增幅明显，已从农产品进口国逐步转变为农产品出口国，农业越来越成为俄罗斯经济增长的火车头。俄罗斯疆土辽阔，地广人稀，农业资源开发潜力巨大，俄罗斯农业对国际投资的依赖性越来越高，为此，俄罗斯政府对农业引进外资的态度由审慎逐渐转变为欢迎。俄罗斯农业资源和政策的优势日益吸引越来越多的中国企业投资俄罗斯农业产业。近几年中企在俄罗斯农业、林业、牧业、渔业等方面的直接投资额已比10年前增

---

[*] 作者简介：祝宁波，华东理工大学法学院副教授，硕士研究生导师；张琴，华东理工大学2018级经济法硕士，上海兰迪律师事务所律师助理。
基金项目：本文系2016年国家社会科学基金后期资助项目"中国海外投资企业法律风险识别研究"（16FFX032）、2019年农业农村部项目"俄罗斯联邦农业外资政策法律制度梳理"（T100-71907）的部分研究成果。
① 赵立军：《农业国际投资规则演进及中国的应对策略研究》，中国农业科学院2016年博士学位论文，第2-3页。

长近10倍,并保持稳步推进的局面。②

通常,营商环境表现优异的地区对外资的友好度较高,也在一定程度上减少和降低企业投资的法律风险。为吸引更多外资进入俄罗斯,俄罗斯政府多年来一直致力于改善国内营商环境。其不断优化的营商环境为农业投资提供更开放、更富有活力的市场和更优良的投资环境。不过,营商环境是否能够全面反映企业农业投资的法律风险环境,进而更好地识别、评估企业运营可能存在的法律风险尚需进一步探讨。

一、农业投资与营商环境

农业生产受客观的地理环境、自然环境影响较大,具有非常典型的地域性、季节性和周期性等特点。农业企业对投资环境,尤其是自然环境有着绝对的依赖。③ 与其他行业的海外投资项目相比,农业海外投资的环境,特别是企业普遍关心的法律风险环境对于企业投资成功与否往往起着决定性的作用。俄罗斯地广人稀,资源丰富,农业投资市场潜力大,企业赴俄农业投资前景广阔。但是,俄罗斯历来都被外界评价为投资风险高的国家,企业对俄投资,特别是对俄开展农业投资项目,所面临的法律风险重重,法律风险管理任重而道远。通常,投资环境好的国家法律风险环境状况较好,企业发生法律风险事件的概率将大为降低。为此有必要厘清企业法律风险与法律风险环境以及营商环境与农业投资法律风险环境的关系,以正确评价营商环境对农业投资的利弊影响。

(一)法律风险环境对企业农业投资的影响重大

法律风险环境是指法律风险主体所处的足以影响法律风险后果的各类处境和状况。④ 按照我国2011年颁布的国家标准《企业法律风险管理指南》(GB/T 27914—2011)的规定,企业法律风险环境包括企业内部的法律风险环境和外部的法律风险环境。企业内部的法律风险环境是指发生在企业内部的或者是企业可凭借自身力量通过一系列行为加以改变的风险环境。而外部法律风险环境则是与企业法律风险管理相关的政治、经济、文化、法律等各种要素的集合。农业行业的特性决定了农业企业受各类外部法律风险环境的影响较大,其是农业海外投资成功与否的重要影响因素。农业发展进步与社会政治、文化、生态环境等息息相关,一直为各国政府所关注。各国出于对

---

② 郭鸿鹏、吴顿:《"一带一路"视阈下中俄农业合作发展研究》,载《东北亚论坛》2018年第5期。
③ 刘钰辰、张延立、罗敏:《浅析我国农业海外投资风险及应对》,载《财经界(学术版)》2016年第5期。
④ 吴江水:《完美的防范:法律风险管理中的识别、评估与解决方案》,北京大学出版社2010年版,第21页。

农业投资的保护和限制的考虑,对农业引进外资经常持审慎态度,外国投资者若达不到东道国政府的各项要求,很容易使投资项目停摆或遭受各类制裁。由此,企业外部法律风险环境一直是农业企业,特别是其进入一国市场前最为关注的要素。为此,本文所研究的主要是企业外部的法律风险环境,若无特别所指,本文所称法律风险环境仅涉及企业外部的法律风险环境。

对于农业企业而言,其外部法律风险环境需结合农业具体行业和经营管理的需求和特点加以分析,包括但不限于:农业行业的特点和经营模式;国内外与农业投资相关的政治、经济、文化、技术以及自然环境等;国内外与农业相关的法律制度和法律适用情况及其变化;与农业投资企业相关的政府监管体制、机构以及运行状况;与农业相关的市场竞争情况;农业企业的产业价值链的定位及与其他法律主体的关系;与农业企业相关的外部利益相关者及其对法律、合同、道德操守等的遵从情况等。

几乎可以说,企业投资中面临的现实的或潜在的法律风险,都是由于特定的法律风险环境各要素引发而最终产生的。同样,企业从事农业海外投资时,对自然环境、产业条件、基础设施条件、农业投资法律环境等方面的要素必须加以重视,它们往往是诱发某些风险的要素之一。而这些要素的综合作用基本可以反映一个地区的法律风险环境状况。具体到农业海外投资,由于农业本身抗风险能力弱,农业生产极易受到耕地、水、温度等自然环境的影响。由此,自然环境要素直接决定了企业能否在东道国开展正常的农业投资活动。农业产业的特殊性对企业投资同样重要。农业投资以农产品自然生长过程为基础,生长周期决定投资回报周期。相比其他产业,农业投资回报期比较长,在很长一段时间内几乎是负收益,这与资本追求短期收益的倾向恰好相反。农业投资的周期、行业投资的潜力、深加工产业等决定了企业资金的安排等。[5] 农业海外投资的市场变动会造成企业潜在的损失。农产品的国际市场价格、供需及汇率等经常大起大落,汇率风险中的交易风险、换算风险和经济风险等也易使农业海外投资企业预期的现金流量等面临不确定性,影响企业的成本结构、销货价格等。[6] 农业投资中的劳动力问题、农业基础设施问题同样不可小觑,可能加速农业发展或者成为其阻力。此外,农业海外投资需要高度本地化的参与,政治安全稳定是农业海外投资的基础要素。稳定的

---

[5] 智慧农夫:《农业投资的风险在哪里?别打无准备之仗!》,载微信公众号"农业十强微信公号",2015年3月14日。

[6] 肖黎:《我国农业海外投资的六类风险与应对措施》,载《求索》2012年第3期。

政治因素具体又包括东道国政局的稳定性、外交关系状况、政府行政效率及廉洁度、政策透明度等。一个官僚机构臃肿、腐败严重、投资审批手续复杂、执法不规范的投资环境往往会令海外投资举步维艰。这方面的要求可集中到投资东道国的投资便利度的要素考察。便利的投资环境有利于提高企业投资活力。无论是企业农业海外投资从创办到融资还是到破产等一系列商业活动中的便利程度都有助于减少企业农业投资经济成本和时间成本,为企业海外投资增加动力。此外,农业投资关涉一国自然资源,其生产过程中也容易诱发环境和生态问题,由此非常容易被东道国政治冲突中的反对派利用,放大渲染后成为社会关切的中心,诱发社会风险,致使农业项目搁浅或流产。⑦

农业海外投资企业的外部法律风险环境不在企业控制能力范围之内,任何外部法律风险环境的改变对于海外投资企业而言,都几乎相当于企业的"不可抗力"事由,一旦发生法律风险事件,损失往往不可避免。

(二)营商环境部分反映企业农业投资环境状况

企业投资的目的是避免风险、获取利润。企业投资能否成功取决于是否在特定投资环境下抓住机遇、作出合理的投资决策。投资环境是在一定时间内,特定区域或行业所拥有的影响和决定投资运行系统健康成长并取得最优预期效益的各种主客观因素的综合。⑧营商环境来源于"投资环境",是与企业营利活动有关的一切要素综合而成的动态体系,包括开办、贸易、纳税、破产等各方面内容。自2003年起世界银行每年度发布的《全球营商环境报告》(以下简称《报告》)将营商环境的研究推向高潮。《报告》从创制的初衷、指标体系的设计、指标数据的采集、指数等各方面,都尽可能全面反映企业投资所需的经营要素,反映企业投资环境。

《报告》的设计理念就是要通过建立一套可跨国比较的指标体系,客观评估全球各经济体的营商环境现状,为企业投资决策和政府制定政策提供参考依据。从指标体系设计上看,世界银行重点关注各经济体近13万家企业在对外发展和合作经营中面临的风险和问题,构建了具有典型意义的营商环境一级指标。这些指标反复修改和完善后变为10项,将企业营商过程中所涉及的经济、政治、社会等因素统统纳入考量的范围。在指标数据采集和指数方面,世界银行选取各国最具代表性的一级城市作为主要数据

---

⑦ 刘乃郗、韩一军、刘邦凡:《逆全球化背景下中国农业海外投资风险与对策》,载《哈尔滨工业大学学报(社会科学版)》2018年第20期。

⑧ 邓宏兵:《投资环境评价原理与方法》,武汉地质大学出版社2000版,第126–127页。

来源(俄罗斯为莫斯科和圣彼得堡),采用问卷调查方式,邀请专业领域人士如律师、法官、第三方评估机构等填写。问卷是针对营商环境考量指标而设计的。问卷得分的答案,即DTF(Distance To Frontier)指数直接反映各国营商便利度。DTF指数越大,营商便利度排名越靠前,说明经济体建立有助于推动市场交易和保护公众利益的法规就越多,对私营部门的发展设置的障碍就越少,监管系统的交易成本越低并且制度越健全,该国的政策法规环境就越有利于企业经营,在该国从事企业经营的活动条件则越宽松。[9] 由以上分析可见,营商环境在宗旨和众多内容方面都与企业法律风险环境相契合。实践证明,营商环境的好坏直接影响着一国招商引资的多寡和区域内企业的经营状况,最终对经济增长、产业发展、财税收入、社会就业等各方面产生重要影响。[10] 因《报告》具有覆盖范围广、指标全面、数据客观等特点,广受各国投资者的肯定,已成为全球范围内评价一国营商环境的权威报告之一。[11]

营商环境的好坏是企业所处的外部法律风险环境优劣的重要表征。首先,营商环境报告指标中的多项内容与企业投资关注的法律风险环境的内容具有一致性,营商环境的建设会改善一国的法律风险环境。任何相关制度的缺失或者评价指数的高低都在一定程度上暴露出企业法律风险环境的某些问题。其次,营商环境报告中提及的开办企业、融资、跨境贸易、办理破产等投资活动都离不开相应的法律制度要求、适用及执行法律的程序等。营商环境指标中有关执行合同的情况及纠纷解决的状况也是法律风险环境关注的焦点和重点解决的问题。再次,法律风险环境不仅立足于法律制度及其运行等的司法环境,更关注对企业投资产生的影响。这一主观评价标准在营商环境问卷调查中被充分考虑,同样可以作为评价一国法律风险环境状况的参考数据。最后,营商环境指数和竞争性排名反映出各国在经济发展中存在的问题和不足,这有助于提示相关国家,倒逼它们尽快推行高质量、高水平的投资便利化政策,完善和落实投资法规和规章,从而有助于促进该国营造公平、稳定、便利、高效的企业法律风险环境。

营商环境的优劣会对企业农业投资带来直接影响。国际上通常从三个维度来评价

---

[9] 孙玉玲:《金砖国家营商环境对外商直接投资的影响研究》,广东工业大学2016年硕士学位论文,第11-15页。
[10] 《打造公平高效的营商环境》,载河北新闻网2017年3月3日,http://news.eastday.com/eastday/13news/auto/news/china/20170303/u7ai6558339.html。
[11] 潘闻闻:《对标世界银行指标体系改善上海营商环境》,载《科学发展》2018年第4期。

某个经济体的营商环境是否利于海外投资,即营商环境的便利化、国际化和法治化。便利化主要考察该经济体的政务服务和行政效率水平;国际化则注重分析外商投资企业的待遇标准、投资权益保护、国际知识产权保护、跨境贸易等方面;法治化的维度则注重分析产权保护、涉企收费、行政执法、公正司法、信用法治等方面。[12] 以上各维度的视角都与企业农业海外投资密切相关,覆盖农业海外投资成功与否的政治、法律、金融服务、政府服务便利度等各方面。

二、俄罗斯营商环境改善对农业投资的促进

作为法律风险环境的重要表征,营商环境反映了企业由"生"到"死"发展进程中因遵守相关政策法律花费的时间、成本和难易程度等。这一企业投资的"风向标"和"晴雨表"同样适用于考察俄罗斯营商环境。

(一)营商环境排名提升彰显农业投资环境向好

随着营商环境和引进外资的重要性日益凸显,各国和地区均致力于营商环境的改革行动。在这方面,大刀阔斧的改革彰显了俄罗斯努力优化营商环境的决心。在营商环境优化改革前,俄罗斯经济大幅度下滑,不仅营商环境排名连续几年徘徊在120名左右,其世界竞争力排名也并不理想,俄罗斯"投资环境差、投资便利程度低、投资限制多"的标签,一度严重打击了企业赴俄投资的积极性。2012年加入WTO后,俄罗斯逐渐意识到营商环境对吸引外资、提高国家经济地位的重要性,并着手改革。普京总统在《关于国家长期经济政策》命令中指示政府采取措施提升俄罗斯营商便利度排名,目标是从当时全球第120位提升至2015年的第50位、2018年的第20位。虽未达成排名第20位的目标,但近年来俄罗斯的营商环境优化改革取得了显著成效,令人瞩目。俄罗斯营商环境排名从2012年的第120位上升至2020年的第28位,并一度跻身于营商环境改进最大的10个国家之列。2014年到2015年间,俄罗斯凭借优良的表现成为金砖国家中营商便利度最高的国家。

进步飞速的俄罗斯营商环境排名得益于俄罗斯政府对投资领域所采取的各项措施,以及政府的高度重视与实施的广度和深度。自2012年以来,《报告》中记录了俄罗斯的23项改革措施,从为企业设立"一站式"服务、税制改革、减少施工许可证取得时

---

[12] 谢红星:《营商法治环境评价的中国思路与体系——基于法治化视角》,载《湖北社会科学》2019年第3期。

间,到取消监管部门对企业的无益检查、向企业提供咨询帮助等。[13] 由于幅员辽阔,行政区划众多,为了避免区域发展不均,俄罗斯设立政府战略倡议署,自2014年开始实施优化营商环境战略,对俄罗斯境内的80多个联邦行政区中的21个进行投资环境评价,并借鉴营商环境发展前沿国家的先进经验,采用更符合俄罗斯国情的评价指标进行评价。到2016年,参与评价的联邦已经扩展到85个。为激励地方改革,普京总统亲自担任战略倡议署监督委员会主席,自2017年开始把营商环境改进情况纳入地方行政长官年度绩效考核指标,以调动地方政府改善营商环境的积极性。[14] 2018年,俄罗斯进一步降低行政成本,以提高俄罗斯营商环境的竞争力。

俄罗斯营商环境排名的变化为企业赴俄从事农业投资活动注入了强心针。尤其俄罗斯营商环境改革的深入使得俄罗斯经济逐渐摆脱衰退局面并逐步呈现出低速增长态势。投资环境的改善大大增强了俄罗斯的国际投资吸引力。根据世界经济论坛《2017—2018年全球竞争力报告》显示,俄罗斯在全球最具竞争力的137个国家和地区中已排至第38位。这种变化一定意义上说明,俄罗斯投资环境正步步向好,企业担忧的投资成本、政策透明度、政府执政效率等问题正逐步在俄罗斯得到纾解。

(二)营商环境改善有助于降低农业投资风险

营商环境的改善和提升不可能一蹴而就,而是一个全面、系统、渐进的过程,必须持之以恒,与时俱进。它需要各项指标共同提升,并依赖政府高效、透明、廉洁的行政监管和服务。政府在产权保护、市场监管、税赋征收、基础设施提供、金融市场和劳动力市场运行、政府管理(如腐败治理)等营商软环境方面的塑造须发挥关键作用。结合农业产业的特点、营商环境指标内容以及俄罗斯在塑造营商软环境方面的实践,不难发现,俄罗斯营商环境的改善促进了对俄罗斯农业投资的发展,并不断优化农业企业的法律风险环境。

首先,通过对营商硬环境的改造,不断提高农业投资的便利度。俄罗斯境内长期存在着基础设施环境不利、交通运输不便、仓储设施条件差、农业产业配套环境不佳等问题,限制了农业生产物资、农业机械及农产品的仓储和流转。为此,俄罗斯政府不断升级交通铁路、港口建设等基础设施方面的建设力度,提高农产品外运的便利度。通过符拉迪沃斯托克自由港建设,让更多农产品方便地出口他国。扩宽俄罗斯农产品的市场,

---

[13] 李清池:《营商环境评级指标构建与运用研究》,载《行政管理改革》2018年第9期。
[14] 同[13]。

也加强了与各国的农业合作。

其次,营商软环境的改变也在带来农业投资机遇的同时改善农业产业整体法律风险环境。以往,在俄罗斯,外资企业面临项目审批部门多、手续烦琐复杂、投资申请周期长等问题,严重损害了企业在俄投资办厂的积极性。通过营商环境建设,俄罗斯在企业从成立到注销的全过程上已建立了较为健全的法律、政策,行政效率大幅提高。2015—2019年,俄罗斯开办企业程序大幅度减少、许可落地时间进一步缩短,为企业赴俄农业投资节约了时间和成本。在软环境的其他指标方面,俄罗斯不断加大农业项目的招商引资力度,通过政务服务标准化、农业建设项目的报批手续和流程简化、法治政策环境、生产要素市场环境改善等方面的举措提振投资者信心、扩大吸引外资的力度。俄罗斯远东吸引投资和出口支持署曾表示会把100万公顷(约1500万亩)土地用于农业项目投资;《俄中远东地区合作发展规划(2018—2024年)》更是承诺将在农业方面为中国投资者的项目提供土地和优惠融资。[15] 这些努力和举措无疑对于吸引农业投资、降低农业投资风险意义重大。

最后,稳定、长期的法律环境有利于企业投资中长期农业项目,农业投资的深度和广度不断加强。农业投资的长期性和周期性需要长期稳定的政治和法律环境。脱胎于苏联体制下的俄罗斯,一直致力于经济体制的改革,其间出台大量法律、法规且法律制度变动频繁。不断调整的法律不利于构建稳定的法治环境,对农业投资不啻为打击。为此,普京政府已经关注到这一问题引发的一系列负面影响,不断出台各项制度来保障投资者权益。俄罗斯财政部起草《保护和鼓励在俄罗斯联邦投资法》,该法鼓励企业签署保护和鼓励投资的协议。根据该协议,企业将避免法律变更对自身投资的不利影响。尽管该法案的落实性广受外界猜忌,但至少反映了俄罗斯政府积极解决这一法律更迭频繁顽疾的决心,有助于增强外商的投资积极性。

三、俄罗斯营商环境建设的不足为农业投资埋下风险隐患

俄罗斯营商环境的不断改善彰显了其发展经济、优化投资环境的决心,极大地促进了企业赴俄开展农业投资的信心和热情。以中国企业为例,中国对俄农业投资已由过去单纯的种养殖向加工、仓储、物流等多个领域延伸。不过,俄罗斯营商环境状况反映

---

[15] 《加大对华合作力度,俄罗斯农民迎来重大商机》,载微信公众号"新疆中鑫悦",2020年5月23日。

的是投资俄罗斯各行各业的普遍性情况。它并非针对某一产业,也不是俄罗斯各地区营商环境的加权平均。同时,俄罗斯营商环境指标存在不均衡发展的问题,分数较低的指标往往与农业投资项目关系密切,是农业投资法律风险环境中产生风险较大的领域。由此,对于意欲投资俄罗斯农业项目的企业,不能仅凭其营商环境的综合排名就形成俄罗斯农业投资环境较好、投资风险较低的印象,忽视对俄罗斯农业投资法律风险环境的识别,造成重大法律风险遗漏,影响投资效果。

(一)营商环境"名"不符"实"的风险隐患

营商环境排名和分数虽然越来越为各国所重视,但站在对俄农业投资视角,俄罗斯营商环境排名并未全面反映农业投资环境和法律风险环境状况。俄罗斯营商环境报告中的某些指标排名表现突出,实际却暗藏风险,甚至隐患重重,有"名不符实"之嫌。

1. 营商环境数据存在行业局限性

《报告》只是在一些预设条件之上开发的评价指标,其指标设计和数据收集方面存在一定的局限性。因此,《报告》本身并非尽善尽美[16],不可能完全反映某一产业的投资环境。

(1)世界银行营商环境小组调查数据的内容不针对具体行业,从而无法揭示具体行业的特殊风险环境状况。调查问卷注重所有企业共同关心的活动程序、时间和成本投入等内容。这会使那些与指标信息相关性较强的行业营商环境得到反映和持续改善。例如,企业获取建筑许可证的程序便利度指标与实体企业息息相关,因为获取建筑许可证越便利越利于企业快速投入生产;但信息或者电子商务业对该项指标的关切程度不高,从而对该行业营商环境的影响不明显。以农业投资为例,营商环境指标不涉及农业发展的劳动力、耕地、农业保险等要素,从而也不可能显示出任一经济体在这些方面的情况,进而无法对农业投资风险环境的这些状况予以评估。

(2)营商环境数据采集具有地域性。营商环境的考察主要以各经济体的中心城市及经济发展最优的城市作为问卷调研城市。这类城市往往经济开放性强、政府行政效率高、基础设施完善、法律政策落实效果好。由此可见,营商环境指标反映的投资环境状况是该经济体区域内的最优表现,并非经济体全境各处的状况,更不能体现出同一经

---

[16] 杨志勇:《优化营商环境的价值、难点与策略》,载《改革》2018年第10期。

济体内部不同地域的差异和行业状况。[17] 由波士顿咨询公司以及多个俄罗斯和外国商会协助设计的一项调查显示,尽管在俄罗斯某些地区能在60天内让一家工厂通电,但其他地区所需的平均时间是288天。[18] 由于农业发展有地域选择性要求,对耕地、农机具等农业基础设施依赖性较大,尤其是俄罗斯与中企的农业合作区域大多为远离中心城市的远东滨海边疆区、阿穆尔州、犹太自治州和哈巴罗夫斯克边疆区等。相比中心城市莫斯科和圣彼得堡的情况,上述地区的农业投资监管主体众多、企业各类行政许可的申请手续复杂、周期长、申请成本高。此外,这些区域的行政管理及廉政建设困难、农业惠民政策落实度低、企业维权不畅等问题突出。从这个角度来说,俄罗斯营商环境被称为"莫斯科、圣彼得堡营商环境"可能更为准确。

(3)随机调查对象覆盖面狭窄。参与营商环境指标调研的主要是专业人士,如法律人士及相关领域企业管理者等,并未覆盖各行业人员作为调查对象。这意味着那些知悉农业投资问题、较准确感知农业营商环境优劣的农民、农场主等并未获得比其他参与营商环境问卷调查人员更大的可能性参与数据采集。或者即使参与,也未必能通过既定的调查问卷,充分反映或者表达特定经济体的农业营商环境情况。

2. 营商环境指标得分不均衡暴露农业投资多项风险

近年来,俄罗斯营商环境改革取得了显著成效,营商环境便利度指数显著提升,这表明俄罗斯改革实力强劲、投资竞争力逐步增强。不过,这并不意味着其在农业投资方面或者农业投资法律风险环境状况上就有良好表现。表1反映出俄罗斯营商环境十项指标,其DTF指数排名由高到低分别是获得电力、登记财产、执行合同、获得信贷、处理建筑许可证、创业、处理破产、纳税、保护少数投资者、跨境贸易。从各指标得分和同类指标各国排名情况看,俄罗斯营商环境指标得分及排名差距较大、各指标发展不均衡。其中,"获得电力"和"登记财产"两项与世界前沿的距离最接近、营商便利度高,这意味着在这两项上的程序相对便捷、企业能够享受到较好服务。然而,其他指标的得分情况并不理想,一半指标的分数位于平均分以下,严重拉低了俄罗斯营商环境整体排名;且暴露出这些指数事项与别国的差距。

---

[17] 薛峰、罗培新:《关于世界银行全球营商环境评估的几个问题》,载《中国工商报》2018年5月10日,第8版。

[18] 和凤:《俄罗斯力图改善营商环境吸引投资》,载亚太资讯中文网,http://caijing.chinadaily.com.cn/2014-05/30/content_17553967.html。

表1　2020年俄罗斯营商环境指标及排名[19]

主题指标	得分	排名
获得电力	97.5	7
登记财产	88.6	12
执行合同	72.2	21
获得信贷	80.0	25
处理建筑许可证	78.9	26
创业	93.1	40
处理破产	59.1	57
纳税	80.5	58
保护少数投资者	60.0	72
跨境贸易	71.8	99
总体	78.2	28

然而，评估农业法律风险环境状况到底为何，仅从营商环境单项指标的分析并不能得到。需要结合俄罗斯联邦、其他联邦主体的相关法律、规章综合分析，方能得出较为全面的判断。

以俄罗斯得分较高的"登记财产"指标为例。该指标涵盖了各经济体的土地行政管理情况，特别反映了企业将财产使用权登记到自己名下所需的时间和成本。但是，就农业投资而言，土地的使用是投资的基础性保障。俄罗斯土地私有权制度依据的是2001年10月和2003年1月施行的《俄罗斯联邦土地法》[20]和《俄罗斯联邦农用土地流转法》[21]。两部法律的施行为农用土地实现规模化经营奠定了基础。俄罗斯通过土地抵押法、土地评估法、地籍簿法等建立并形成以国家占主导、国有和私有混合型的土地流转市场，对经过国家地籍统计的土地可通过招标进行流转。租赁和买卖是土地流转的两种主要形式，其中租赁占主导。尽管俄罗斯禁止外国公民和公司以及外资股份超

---

[19]　表中数据来源于2020年世界银行《全球营商环境报告》（俄罗斯专题）。参见世界银行官网，https://chinese.doingbusiness.org/zh/data/exploretopics/registering-property，2020年7月1日访问。

[20]　《俄罗斯联邦土地法》，https://legalacts.ru/kodeks/ZK-RF/6。

[21]　《俄罗斯联邦农用土地流转法》，http://ivo.garant.ru/#/document/12127542/paragraph/20262:1。

过50%的俄罗斯公司拥有俄罗斯农业用地[22],但外国企业可在招标中获得租赁土地的权利,且租期最长可达49年。[23] 实践中,将公民的土地份额出租给农业企业的租赁多为口头协议,没有备案。以上法律规定和实践并非全面反映在"登记财产"指标内,即使俄罗斯在该指标上的表现较好,也仅证明在财产登记效率上较高的状况,并不表明其他。

再以"获得信贷"指标为例。该指标反映了企业获得融资信贷支持的便利程度。俄罗斯在这一指标上的进步较大,反映出其在提高企业融资信贷便利度上的努力。不过,结合农业投资,情况可能会有不同。由于金融机构大多不相信农业产出具有营利性,接纳农业资产作为抵押物的意愿不强烈。农业加工企业可以抵押工业用地和厂房获得融资,而养殖、种植类企业获得金融支持则相对困难。此外,农业金融产品的期限更多是短期,这是因为农业盈利能力和长期价值不易评估或被认可,故而长期项目融资困难。[24]

(二)营商环境指标外的农业投资风险隐患

赴俄农业投资首先需要俄罗斯秉持开放包容的态度、构建更高水平的对外开放格局,提高对外经济开放度与包容度。不过,在农业引进外资方面,俄罗斯的态度是欢迎和慎重的。一方面颁布一系列法律和吸引外资的政策欢迎外资进入,另一方面又对外资可能产生的不利方面顾虑重重,政策忽左忽右、摇摆不定。以远东农业投资为例,远东凭借地缘优势一直是中俄两国农业合作的重要区域。俄罗斯政府一方面迫切希望引进中资发展远东,另一方面又担心俄罗斯国家安全。由此,在对外国投资远东地区时,俄罗斯中央和地方政府存在政策不统一、审批程序烦琐、审批部门多等问题[25],给企业农业投资带来诸多不确定性因素。企业投资俄罗斯农业项目需要识别和评估的法律风险环境庞杂。这些风险或者隐藏于那些营商环境改革不充分、建设不均衡的指标领域;或者可能存在于营商环境尚未提及或者关注不够的领域。若企业只关注营商环境指标及其维度所反映的投资环境状况,而忽视了对俄农业投资可能涉及的其他法律风险环境隐患的识别,将引发重大法律风险事件,给企业造成无法挽回的损失。以下风险隐患

---

[22] 《俄罗斯联邦农用土地流转法》第3条规定:"外国公民、无国籍人、外国法人以及外国人、无国籍人、外国法人所占注册资本超过50%的法人只能以租赁的方式使用农用地,不能取得农用土地所有权。"http://ivo.garant.ru/#/document/12127542/paragraph/20262:1.

[23] 《俄罗斯联邦农用土地流转法》第9条第3款规定:"从国家或市政拥有的农业用地租赁土地的合同期限为3至49年,但本联邦法律规定的除外。"http://ivo.garant.ru/#/document/12127542/paragraph/20262:1.

[24] 《实务解析:如何准确认识农业投资风险》,载微信公众号"中国资本联盟",2020年6月2日。

[25] 丁宝根:《中国对俄远东地区农业投资动力、风险及策略》,载《对外经贸实务》2018年第12期。

尤其需要引起农业投资企业的关注。

第一,法律适用与执行风险。在营商环境优化的过程中,若缺乏公正透明的法治环境建设,仅注重法律法规的制定,而忽视其执行和实施效果,最后再好的制度也会沦为"一纸空文"而难以得到保障、落实。虽然俄罗斯近年来法治营商环境有所改善,但公正、透明的执法、司法环境在俄罗斯尚需时日。俄罗斯政府腐败风险严重,在2018年全球清廉指数排名中,俄罗斯位于参与统计的180个国家中的第138位,仅获得28分(满分为100分)。行政执法中有法不依、过程不透明、程序不规范的现象较为常见。由此导致的行政机关办事效率低、行政审批时限长、选择性执法、吃拿卡要、故意刁难、以权谋私问题依然严重。[26] 尤其在远东地区等远离经济和政治中心的区域,灰色势力蔓延,地方政府执法随意性更大。企业在俄罗斯农业投资面临融资困难、工作签证申请困难等问题;投资盲目、同质化投资致使内部恶意竞争现象频发。[27] 一旦出现纠纷需要借助法律手段解决时,投资者不仅要面对漫长的诉讼周期,也要承担巨额的诉讼费用和时间成本。而农业投资的区域往往是那些营商环境较差、司法腐败较为严重的地区。这些法律适用风险随时可能使企业面临血本无归的窘境。

第二,劳动法律风险。农业项目往往需要大量劳动力,然而俄罗斯农业劳动力严重紧缺。以俄罗斯远东地区为例,远东地区人口稀少,现有劳动力仅适合简单农业生产。而为保障本地劳动力的就业权利,减少外来人口的就业竞争,俄罗斯政府一直实施较为严格的劳动力限制入境政策——不但提高劳务大卡的办理费用、削减办理劳务大卡的数量,而且延长了申请时间;同时申请人必须懂俄语、具备中等学历且学历可查[28];此外,工作签证的时间较短也是摆在企业面前的现实障碍。另外,俄罗斯有较为严格的劳动者权利保护制度,且多项制度不同于我国劳动法,如企业不能轻易辞退员工、工龄半年以上员工享受28天带薪休假等[29]。这些限制性规定加大了企业在俄罗斯农业投资的阻力和风险,其在营商环境指标中并未反映,但却是企业农业投资中必不可少的重要考虑因素。中国企业赴俄农业投资前若未充分了解俄罗斯劳工劳保等方面的法律规定,往往在本地劳工管理、应对行政处罚方面非常无助,导致企业运营成本高、效率低,

---

[26] 阚春丽:《新时代营商环境法治化建设问题的分析与思考》,载《法制与社会》2019年第2期。
[27] 龙盾、陈瑞剑、杨光:《"一带一路"建设下中国企业赴俄罗斯农业投资现状及分析》,载《世界农业》2019年第9期。
[28] 丁宝根:《中国对俄远东地区农业投资动力、风险及策略》,载《对外经贸实务》2018年第12期。
[29] 范婧昭:《俄罗斯投资法律制度和投资风险防范研究》,载《上海政法学院学报》2019年第2期。

一旦陷入法律纠纷特别是劳务纠纷,便没有有效的应对举措。[30]

第三,环境保护法律风险。企业农业投资离不开对农业生产环境的保护和重视。尤其在农业领域,耕地、水、森林等自然环境的保护有利于促进农业投资的可持续发展。为此,俄罗斯重视对环境的保护,将《2025年前俄罗斯联邦生态安全战略》《俄罗斯联邦2012—2020年国家环境保护规划》等作为指导俄罗斯环境保护工作的国家战略、国家规划,对企业农业投资的环保要求严苛。因其环境保护要求总体严于我国,我国企业已有多起农业投资项目因环境风险事件导致项目暂停甚至搁浅。以水质标准为例,在饮用水方面,俄罗斯对1387种化学物质建立了标准值,现有的水质标准在监测指标和指标限制上都比我国严格。在环保监督方面,俄罗斯不仅规定了国家、社会、企业三大环保监督主体,并且出台《俄罗斯联邦环境保护法》对各主体的权利和义务进行详细规定,各主体的监督职责不同,监督效力各异。此外,俄罗斯还在土地的使用和维护、化学农药产品的使用、转基因动植物的培育[31]等多方面予以规定或者设定各项限制要求,以保障农业环境。企业农业投资中若忽视上述法律规定和义务性要求,很容易陷入环境保护法律风险,导致损失。

四、总结

企业的生存能力和风险承担能力直接决定了企业能否利用营商环境的优势,同时充分认识其不足之处,并采用合理措施确保在俄罗斯进行长期、良性的农业投资。俄罗斯营商环境优化的实践,为农业对俄长期投资提供了更好的环境并带来商机。但是,营商环境指标的局限性和俄罗斯营商环境建设上的不足与偏颇足以诱发各类农业投资风险。通过以上分析,对俄农业投资的我国企业应注重观测俄罗斯农业投资的法律风险环境,充分参考其营商环境报告排名和指标变化情况;分析营商环境指标具体内容,评估营商环境指标对农业投资的影响并采取相应对策。

---

[30] 商务部:《对外投资合作国别(地区)指南——俄罗斯)》(2020年版),http://www.mofcom.gov.cn/dl/gbdqzn/wploud/eluosi.pdf,2020年12月1日访问。

[31] 《俄罗斯联邦环境保护法》第50条第1款规定:"如果未制定有效的措施防止其不可控制的繁殖,未获得国家生态评估的正面结论,没有得到国家环境保护管理领域的联邦执行权力机关和其他联邦执行权力机关根据其职权和俄罗斯联邦立法发放的许可,则禁止生产、培育和利用不属于自然生态系统的,以及人造的植物、动物和其他生物体。禁止培育种植通过基因工程方法基因序列被改变的动植物,以及所包含的基因材料并非自然(天然)过程所得的动植物,为开展评估和科研而培育和种植上述动植物的情况除外。"参见https://legalacts.ru/doc/FZ-ob-ohrane-okruzhajuwej-sredy/。

第一，客观认识《报告》排名。面对陌生的投资环境，企业要避免"跟风"思维和盲目投资。就俄罗斯营商环境整体而言，其营商环境优化速度快并不意味着其农业投资环境改善快、农业法律风险状况好；营商环境建设成果显著也不代表所有投资领域不存在风险。企业在赴俄农业投资过程中要注重观察农业领域的具体环境以及地域差异，利用俄罗斯营商环境整体优化的便利，制定针对性发展战略。例如，俄罗斯农产品产量高、生产规模大，但农业技术创新水平低下，长久以来一直成为制约俄罗斯农业发展的重要因素。尤其在农机方面，目前俄罗斯及远东地区急需更新农业机械、农机具和建立新的维修体系，而中国中小型农业机械设备在价格方面具有优势，可以满足俄罗斯的需求。俄罗斯现有的食品机械生产企业也难以满足食品加工企业与日俱增的需求，有些包装机械产品不得不从意大利、德国等欧洲国家高价进口。[32] 近年来，为优化营商环境，俄罗斯加强了在农业领域的基础设施建设，企业应当把握这个机遇，积极利用办厂、资源获取方面的便利政策，加强在俄罗斯营商环境情况较好的区域内开展形式多样的食品加工和农业技术方面的投资合作。企业应当综合利用营商环境地域性差异特征，主动规避风险，在对俄农业投资尤其在俄投资办厂时，可以选在营商环境整体便利度较高的莫斯科及圣彼得堡等城市进行登记和注册，充分利用其申请程序简便和时间短、注册成本低等优势，或者前往经济特区、超前发展区等区域投资。

第二，注重研判俄罗斯营商环境对农业投资的影响。世界银行的方法论虽有欠缺和不够完善的地方，但采用统一的标准样本企业、在全球范围内广泛开展问卷调查以及与各国政府和业界专家开展讨论和沟通，都在一定程度上提高了报告的客观性。[33] 营商环境指标在一定程度上可为企业农业投资提供投资环境及法律风险上的相关信息，其营商环境指标的优劣发展程度也侧面反映出企业投资过程中的优势和困境。因此企业首先要对俄罗斯营商环境指标予以重视和关注，其次，面对俄罗斯的10个营商环境一级指标，农业投资企业应当有所侧重和取舍，将重点放在"纳税""跨境贸易"等重点指标上进行分析，在对俄进行农业投资前对俄罗斯农业政策、法律法规以及农业投资环境做系统调研，尽量减少营商环境指标分数含义与俄罗斯农业投资法律环境信息的不

---

[32] 王永春、徐明、宋雨星等：《中国对俄罗斯远东农业投资潜力制约因素及对策》，载《农业经济问题》2015年第10期。

[33] 国家税务总局苏州工业园区税务局课题组：《我国税收营商环境现状及对策研究》，载《国际税收》2018年第9期。

对称,以立足俄罗斯营商环境实践树立正确的投资目标。同时,企业不应将目光锁定在营商环境的一级和二级指标中的"硬指标"上,而要灵活考虑法治、政策等"软指标",对营商环境进行客观的评估。面对营商环境优化中不可避免的政策变动风险和法律制度差异,企业应对此进行深入了解和研判,并针对预期投资目标,提高自身在资源、技术上的核心竞争力,针对重点指标下的机遇和风险制定符合企业发展前景的法律风险管理规划和策略,提高企业投资生存能力和风险承担能力。

Analysis of Agricultural Investment in Russian Doing-Business Environment

Zhu Ningbo, Zhang Qin

Abstract: The doing-business is an important embodiment of the investment environment of enterprises, and also an important reference for enterprise stake in agriculture. In recent years, Russia's efforts to improve the doing-business and the rapid improvement in the world doing-business reflect the trend towards improved investment in Russian agricultural investment environment. This will help agricultural investment companies to reduce operating costs and risk management costs. However, the Russian doing-business and its ranking situation is not a comprehensive reflection of the investment environment in agriculture, but also does not fully reflect the various risks of investment in Russian agriculture. Therefore, when enterprises invest in Russian agriculture, they should objectively understand the Russian doing-business report and indicator information, grasp the future impact of the doing-business indicators on agricultural investment, in order to improve the survival and risk response capacity of Russian agricultural investment enterprises.

Keywords: Russia, Agricultural Investment, Doing-business, Legal Risk Environment

"一带一路"背景下投资法国的法律风险防范研究

李晓珊　鲁　丹[*]

摘　要：法国积极参与"一带一路"建设。自新冠肺炎疫情以来，一方面欧盟将对外商投资的审查范围扩大至医疗卫生、生物技术和敏感信息等行业，以保护欧盟战略性资产，并呼吁欧盟各国高度重视将欧盟作为单一市场进行考虑；另一方面欧盟加强了对外资的审查，即成员国可采取措施防止外资的收购对成员国的安全或公共秩序造成威胁，东道国以外的成员国和欧盟委员会有权发表意见，但该举措泛化了审查因素。法国在遵循上述框架性规定的基础上，为了进一步保护法国国家利益，进一步划定了投资的敏感领域，界定了需要事先审批的收购。另外，投资法国还需考虑收购法国破产企业的资产时，要把握交易的时限性、标的资产的商业风险。在劳动法方面，雇主解雇权界定了雇主解雇理由的标准是需要有一个"真实且严肃的理由"，但《劳动法典》未能作出详细规定。

关键词："一带一路"；投资法国；外资审查；并购；劳工

法国对外国投资进行规制的法律主要有《民法》《商法》《公司法》《劳动法》《合同法》《税法》等，政令主要包括1966年12月28日《66-1008法令》、1996年2月14日《96-117号行政令》以及2000年12月14日《2000-1223号法令》。对外资并购国内企业的审查依照1986年《公平交易法》和2004年《外国投资法》展开。2005年12月30日，法国通过了《审查法令》，该法令致力于对外国投资者在法国开展的战略性投资进

---

[*] 作者简介：李晓珊，上海对外经贸大学法学院讲师，法国巴黎第二大学私法博士；鲁丹，上海对外经贸大学法学院2019级民商法硕士研究生。

行管控和审查,明确了需要提交经济部审查的投资种类,并且对欧盟投资者和非欧盟投资者的审查标准进行分类。

最近,新冠肺炎疫情在全球暴发,对世界经济产生了巨大的破坏,甚至可能改变现有的世界秩序和格局。各国经济都面临着巨大的挑战,全球经济一体化的脱钩倾向日益突出。因此,各国不得不谋求新的经济出路。新冠肺炎疫情背景下,面对经济衰退和失业率上升的困境,许多国家采取了更加严格的保护主义。法国即是其中之一。法国在此次疫情中遭受了严峻的考验。作为欧盟核心成员国,在欧盟于 2020 年 3 月 25 日通过函件发布了《关于外商直接投资和资本自由流动、保护欧盟战略性资产收购指南》之后,法国也采取了一系列的措施,对本国的重点产业进行保护,对国外尤其是非欧盟国家的投资设置了更为严格的审查制度。在王迎新[①]、车书明[②]等学者早前的研究中,有些内容仍然对于投资法国的法律风险之防范具有指导作用;在新冠肺炎疫情暴发以后,我国投资者应当将目光投向欧盟和法国新近出台的一些产业、资金等方面的保护措施,以便未雨绸缪。

一、新冠肺炎疫情下欧盟最新政策的梳理和评析

(一)《关于外商直接投资和资本自由流动、保护欧盟战略性资产收购指南》保护欧盟战略性资产

欧盟委员会于 2020 年 3 月 25 日发布《关于外商直接投资和资本自由流动、保护欧盟战略性资产收购指南》,该指南主要作了如下改变。

1. 扩大审查范围

(1)对于外国企业(非欧盟国家)通过外商直接投资(FDI)的战略性行业进行设定。外商投资(非欧盟国家)对战略性行业的投资,包括但不仅限于医疗卫生行业、医疗卫生服务产业和关键医疗基础设施。尤其是在新冠肺炎疫情背景下,外商(非欧盟国家)通过外商直接投资的方式收购医疗相关企业(如生产医疗或防护设备)或相关行业(如疫苗研发机构)的可能性增加,而此类收购不应对欧盟医疗保护能力产生有害影

---

① 王迎新:《法国服务贸易自由化与监管及其启示》,载《国际贸易》2016 年第 2 期。
② 车书明:《法国外商投资法律制度体系介绍》,载《中国对外贸易》2014 年第 3 期。

响③;对关键基础设施(包括能源、运输、水资源、卫生、通信、媒体、数据处理或存储、航空航天、国防、选举或金融基础设施和敏感设施,以及对适用这种基础设施至关重要的土地和房地产)、关键投入品(包括能源或原材料以及粮食的供应安全)、访问敏感信息(包括个人数据或控制此类信息的能力)、媒体自由和多元化、关键技术和双重用途技术(包括人工智能、机器人、半导体、网络安全、航空航天、国防、能源储存、量子和核技术以及纳米技术和生物技术)与物资供应的影响,这些领域对于安全与公共秩序的维持而言至关重要,若其遭受损坏、发生故障、损失或毁灭,将会对该成员国或欧盟产生重大影响。

(2)审查的必要性独立于交易本身的估值。某些初创型的小型企业即便价值较小,但如果具有研发等战略意义技术,则应当避免它们未经审查而被收购。

(3)对于资本市场上估值过低的关键性企业予以关注。

(4)成员国应避免现行健康危机导致对欧洲企业和产业的售卖,包括中小企业。

2. 呼吁各国高度重视将欧盟作为单一市场

由于目前欧盟有关外商直接投资审查的权限都在各成员国,所以欧盟呼吁各成员国在审查外商直接投资时将欧盟作为单一市场进行考虑,即要充分考虑潜在的外商直接投资对整个欧盟市场的影响。因此,对于已设立外商投资审查机制的国家,应从欧盟整体充分考虑关键卫生基础设施、核心配件的供给及其他关键因素。对于未设立外商投资审查机制的国家:迅速制定全方位的外商投资审查机制,同时采用所有可采取的替代方案审查有关外商收购或控制将给欧盟的安全或公共利益带来风险的特定行业、基础设施或技术,包括关键卫生基础设施和核心配件的供给。④

(二)《欧盟外资安全审查条例》加强对外资的监管

第一,成员国可采取紧急措施。根据《欧盟外资安全审查条例》,如果外国投资者收购或控制一家公司会对成员国的安全或公共秩序造成威胁,成员国可采取措施防止该外国投资者收购或控制该公司,这种安全或公共秩序威胁包括公共卫生紧急情况。

---

③《疫情下欧盟发布战略性资产收购指南》,载北京国际经济贸易学会网站,http://www.gjjmxh.com/gjjmxh/Article/ShowArticle.asp? ArticleID = 3864。

④ 同③。

第二,东道国以外的成员国和欧盟委员会发表意见的权利。考虑到欧盟作为单一市场,外商直接投资所产生的风险不一定仅体现在某个成员国境内,因此按照《欧盟外资安全审查条例》第6条的规定,有外资安全审查机制的成员国必须尽早向欧盟委员会及其他成员国通报并提供相关信息。不仅欧盟可以就某项具体的外商直接投资发表意见,同时投资东道国以外的其他成员国也可以要求投资者提供说明并提出意见,不过,最终决定由东道国通过专属审查做出。如果东道国尚未建立外资安全审查机制,则无须主动通报欧盟,但欧盟或其他成员国仍有权利发表意见或评论。[5]

第三,欧盟新政下的"倒查机制"。如果某项外商投资未经历国家审查程序,成员国和欧盟委员会可在外商投资完成后15个月内发表评论与意见。因此,一个在2020年3月已经完成的外国投资,将有可能因为没有经历国家审查程序,而在2020年10月11日条例实施的日期至2021年6月(投资完成后的15个月内)收到成员国或欧盟委员会的评论或者意见。

(三)法律风险防范及评析

1.《欧盟外资安全审查条例》是否遵循了欧盟关于"资本自由流通"的原则

截至2020年4月3日,丹麦、德国、西班牙、法国、意大利、拉脱维亚、立陶宛、匈牙利、荷兰、奥地利、波兰、葡萄牙、罗马尼亚、芬兰向欧盟通报了其外商投资审查机制。《欧洲联盟基础条约》所遵循的"开业自由原则"和"资本自由流动原则"是这些成员国审查机制设立的基础,欧盟法院在审理成员国措施是否符合这些原则的案件中建立了一些解释规则,包括对安全或公共政策做严格解释、不得追求纯粹的经济目的等。[6]

《欧洲联盟运行条约》第63~66条规定了资本自由流动原则与例外。资本流动原则不仅适用于成员国之间,还适用于成员国和第三国之间。第65条第1款第2项赋予成员国权利,在出于公共秩序或公共安全的考虑时,可采取减损适用资本自由流动原则的限制性措施。第3款同时对成员国采取的限制性措施或程序做了进一步要求,即"不得构成对资本与支付自由流动的武断歧视或变相限制"。

《欧盟外资安全审查条例》第2条规定了"外商直接投资"是指其目的是在外国投

---

[5] 《欧盟外资安全审查条例》第7条。
[6] 叶斌:《〈欧洲外资安全审查条例〉与资本自由流动原则的不兼容性》,载《欧洲研究》2019年第5期。

资者与被投资的企业主或者企业之间建立或维持持久和直接的联系以在某成员国开展经济活动的任何类型的投资,包括能使其有效参与管理或者控制某个开展经济活动的公司的投资。⑦ 由此,在"一带一路"背景下,我国企业在欧洲无论是创立企业还是开设分公司或子公司,都应当属于《欧盟外资安全审查条例》所规定的"外商直接投资"的范畴;而与管理权和控制权无关的纯粹的证券投资,则不属于《欧盟外资安全审查条例》的适用范围。⑧

由此看来,《欧盟外资安全审查条例》仍然遵循"资本与支付自由流动"原则,但是欧盟及其他成员国对外国投资的评论或意见的基础是"安全或公共秩序"。

2. 安全、公共秩序是否作出了扩大性解释

(1)《欧盟外资安全审查条例》关于安全、公共秩序的规定。

第一,《欧盟外资安全审查条例》建立了根据安全或公共秩序审查成员国外商直接投资的欧洲框架;建立成员国与欧盟委员会之间的合作机制;以安全或公共秩序为由对外商直接投资会员国可能影响欧盟利益项目或方案的案件进行审查并提供意见。例如,国家在大流行病中的紧急状态下,对专利药品强制发放许可证。对于可能影响欧盟利益的外国收购,欧盟将进行更仔细的审查,各成员国必须充分考虑欧盟的意见。

第二,赋予成员国引用"安全或公共秩序"对项目进行审查。其一,金融投资项目不构成外商直接投资的项目,由成员国根据《欧洲联盟条约》源于资本自由流通的相关条款进行审查。金融投资项目一般不会对安全或公共秩序造成影响。但是如果外资控股达到相当资质的最低持股份额(如5%),根据该国公司法将赋予股东或者关联股东某些权利,就可能涉及安全和公共秩序;其二,各成员国可以保留某些企业的特殊控股权益(如"黄金股")。成员国可以依此阻止或者限制某些类型的企业投资。但是,此类措施必须满足正当的安全和公共政策的目标。

(2)关于"安全和公共秩序"的界定。

关于"安全和公共秩序",其中一点需要我国投资者予以关注,即《欧盟外资安全审

---

⑦ Regulation(EU)2019/452 第2条:"外国直接投资"是指外国投资者为在成员国开展经济活动而进行的任何类型的投资,其目的是建立或维持外国投资者与企业家或企业之间的持久和直接联系,包括能够有效参与管理或控制进行经济活动的公司的投资。https://eur-lex.europa.eu/eli/reg/2019/452/oj.

⑧ 廖凡:《欧盟外资安全审查制度的新发展及我国的应对》,载《法商研究》2019年第4期。

查条例》第 4 条。该条款授权成员国和欧盟委员会在判断外商直接投资是否可能影响安全或公共秩序时"可以考虑的因素":其一是"行业或领域清单",包括关键基础设施、关键技术、关键投入品、敏感信息和媒体在内的特定行业或领域;其二是所谓"特别考虑因素",包括外国投资者是否受第三国政府控制,成员投资者是否已涉入影响安全或公共秩序的活动,外国投资者是否存在从事违法犯罪的严重风险。这反映出立法者的考量因素无非是外国投资者所投资的行业和资金来源。条例非常重视外国投资者与政府之间的关系,表现出了对于外国投资者受到政府补贴可能会导致市场不公平的担忧。但是,这种聚焦实质上是基于企业的国有性质以及一国的产业政策和对外投资整体战略的区别性对待,在很大程度上偏离了"所有制中立"的原则,而带有浓厚的"所有制歧视"的色彩。[9]

在该条例之前,欧盟法院避免给予确定的定义。在与四大自由有关的判例法中,欧盟法院发展出对"公共安全或公共政策(秩序)"做严格解释的规则。[10]《欧盟外资安全审查条例》并未对"公共秩序"的概念予以界定,进一步泛化了审查因素,增加了裁量空间。[11]

因此,我国投资者在欧盟市场进行直接投资时,应当进行充分的咨询、做足准备,在必要的时候,援引欧盟法院的相关判例,对"安全和公共秩序"进行严格解释。

(3)黄金股的适用原则。

欧盟理事会和欧盟法院对黄金股的态度并非全盘否定,但亦非常谨慎:"黄金股"制度存在违背欧盟鼓励资本自由流动和吸引外商直接投资政策的潜在风险。[12] 欧洲法院(欧洲法院是欧洲联盟的最高法院,掌理一般案件的法律审上诉,以及特殊案件的一审,负有解释欧盟法律和确保其在各欧盟成员国间能被平等适用的任务)所确立的黄金股的适用原则包括必要性原则、确定性原则、比例原则和审慎原则。

第一,必要性原则。黄金股适用是必要的,其"一票否决权"的行使是为了立即停

---

[9] 廖凡:《欧盟外资安全审查制度的新发展及我国的应对》,载《法商研究》2019 年第 4 期。
[10] 叶斌:《〈欧洲外资安全审查条例〉与资本自由流动原则的不兼容性》,载《欧洲研究》2019 年第 5 期。
[11] 廖凡:《欧盟外资安全审查制度的新发展及我国的应对》,载《法商研究》2019 年第 4 期。
[12] 杨畅:《国企各个探索"黄金股"特殊管理制度研究》,载《国资改革与国企管理》第 16 卷第 2 期。

止公益性国企所受到的侵害,没有其他更优的方案能达成此目的。[13] 目前欧洲法院在"黄金股"案件判决中承认属于公共政策和安全的理由包括公共服务、公共秩序和公共健康。由于欧洲法院的严苛标准,所以在实践中涉案成员国很少能通过援引上述理由而获得欧洲法院的支持。

第二,确定性原则。黄金股在国企中的适用必须有明确的立法,将黄金股纳入法律规范中进行规制并形成制度,具体内容应当包括:适用黄金股制度的主体,黄金股制度的边界,应当明确黄金股股东的权利义务,诸如行使主体、适用内容以及存续期限等,形成约束力,防止黄金股股东权力的放大,逾越边界,过度干预企业的经营管理。[14]

第三,比例原则。黄金股的制度设计需遵循比例,在满足公共利益必需的同时存在合理限制,运作界限清晰,调和黄金股权力与公益性国企混改的微妙关系。[15]

第四,审慎原则。在坚持上述原则的同时,欧盟法院对于黄金股的否定持审慎的态度。2013 年对 Essenta 案件的审理明确,各国可以在电力和天然气行业设立公众公司,并为公共利益对该公司设立额外的义务,即从实质上否决了欧盟在黄金股设立问题上的过度抑制,确立了审慎原则。[16]

二、法国的外商投资新政

(一)最新政令

2018 年第 1057 号关于应获得事先批准的外国投资的法令(Décret No 2018 – 1057 Du 29 Novembre 2018 Relatif Aux Investissements Étrangers Soumis À Autorisation Préalable)于 2019 年 1 月 1 日生效,修改并增加了特定收购须获得经济主管部门事先批准的投资领域。PACTE(Loi portant Plan d'Action pour la Croissance et la Transformation des Entreprises)第 2019/486 号法律早在 2017 年 10 月进入公众咨询,于 2019 年 4 月 11

---

[13] 曾福城:《竞争性国有企业混改与优先股采行》,载《南京航空航天大学学报(社会科学版)》2017 年第 4 期。
[14] 同[13]。
[15] 李晓珊:《优先股股东保护之法律制度研究》,中国政法大学出版社 2018 年版,第 141 页。
[16] 黄鑫:《黄金股在欧洲的发展现状》,载《法制与社会》2017 年第 9 期(上),转引自李晓珊:《优先股股东保护之法律制度研究》,中国政法大学出版社 2018 年版,第 149 页。

日通过。该法律赋予了经济部部长更大的权力,加强了对外资的控制,目的在于更好地保护法国的战略性行业。另外,还有2019年12月31日的2019-1590号法令和2019年12月31日的经济部令。

在新冠肺炎疫情的影响下,法国还于2020年4月27日颁布新法令(Arrêté du 27 avril relatif aux investissements étrangers en France),除了网络安全、人工智能、机器人、3D打印技术、半导体、量子技术、储能技术以外,将生物科技列入敏感领域[17];将外资收购的审查门槛由上市公司控制权比例25%临时降为10%。新政策适用于来自非欧盟或非欧洲经济区的投资者,于2020年下半年生效。政府准备对法国的重要企业采用资本重组、股份购买、直接接管等方式进行保护,并且不排除将战略性公司国有化。[18]

(二)《欧盟外资安全审查条例》在法国的适用

根据《欧盟外资安全审查条例》,如果中国投资者在法国进行投资的项目在审查范围之内,那么通过法国与欧盟之间的外国投资的合作机制,通常要耗费35个日历日。

法国将审查中的项目及时通知其他成员国和欧盟委员会后,会出现两种情况。第一种情况是不需要补充信息时,法国一般会在不超过35个日历日内收到欧盟委员会和其他成员国的意见;但如果欧盟委员会在综合考虑其他成员国意见后才发表意见的,则延长5个日历日,延长至40个日历日,法国即可收到欧盟委员会意见。第二种情况是如果欧盟委员会和其他成员国在收到法国提供的信息后,认为仍需要补充信息的,法国应在15个日历日内补充信息;在收到法国提供的信息后,欧盟委员会和其他成员国应在收到信息后的35个日历日内向法国提供评论或意见,但如果欧盟委员会在综合考虑其他成员国意见后,才发表意见的,则欧盟委员会有额外的15个日历日可以准备审查意见。

---

[17] 法国立法 Légifrance, https://www.legifrance.gouv.fr/affichTexteArticle.do;jsessionid = 35F2861352FB7ADF1FA0BCA86FBB1074.tplgfr38s_3?cidTexte = JORFTEXT000039727569&idArticle = LEGIARTI000041839784&dateTexte = 20200627&categorieLien = id#LEGIARTI000041839784。

[18] 《疫情引发保护主义——限制外国投资》,载欧伦投资公众号,https://mp.weixin.qq.com/s/eoXB6zYJEO7hyVZY01-Awg。

(三)法国外商投资事先审批机制

法国外商投资的事先审批机制的主要目标是保护法国国家利益。上述一系列新法令的目的在于扩大经济部部长的权限,阻止可能对法国国家利益造成损害的投资项目,并使违反外资批准机制的行为得到惩罚。一是如果外商投资项目未获得事先授权,经济部部长有权要求投资者申请获得事先授权,恢复原状或变更投资,并处以罚金。投资损害或可能损害国家利益的,须中止所涉投资者所持有的目标公司的投票权,禁止或限制所涉投资者持有目标公司股份的分红、收益,中止、限制或暂时禁止目标公司处置资产,指派人员入驻目标公司以维护国家利益。投资获得了附条件或承诺的事先标准,但是违反该条件或承诺的,应撤销批准,投资者应重新申请获得批准。二是如果投资未能获得事先批准,或以欺诈方式获得事先批准,或违反批准所附的条件或承诺,或违背经济部部长的决定或禁令的,除了需承担两倍于投资总额的罚金外,还增加了另外两种制裁措施,其一,目标公司年营业额(税前)的10%,其二,针对法人500万欧元或针对自然人投资者100万欧元的罚金,以数额高的惩罚为准。

为更好地维护法国国家利益,前述一系列新法令主要有两大举措。一是划定敏感领域。主要包括:①博彩(除赌场);②私人保安服务;③生物药剂或有毒药剂;④窃听设备;⑤信息技术行业系统评估和鉴定;⑥信息系统安全产品和服务;⑦军民两用产品和技术;⑧数字应用加密和解密系统;⑨国防业务;⑩武器、军火、军事用途炸药或用于战争装备的研发、制造、销售;⑪向国防部提供研究或供应设备等"特定业务"领域;⑫能源供应、水资源、能源管理和交通运输;⑬农产品生产、加工和销售等;⑭空间作战、添加剂制造和半导体、军民两用的货物和技术的开发和研究活动;⑮特定数据托管活动;⑯印刷和数字媒体;⑰关键技术(即网络安全、人工智能、机器人技术、快速成型制造、半导体、量子技术和能量存储)。

二是规定了需事先审批的收购。主要是指:获得一家法国公司的控股权益(包括获得多数投票权,股东会决定权,获得任命或解除多数管理层成员、董事、监事的权力,获得超过40%的股权且高于其他股东所持股权);获得一家法国企业的全部或部分业务线;获得一家法国企业25%以上的股权或投票权。如果投资者不确定是否需要事先审批,可向经济部提出咨询。是否批准的决定应由经济部在30个工作日内作出,不答复视为申请受拒;接受申请之后,经济部可作出决定进行进一步的全面审查。如进入全面审查(另外的 45 个工作日)则最终可能作出批准、附加一定要求的批准或不批准,无答复则视为不批准。

三、投资法国的其他法律风险

(一)并购的法律风险

原则上,法国对外国投资者投资方式没有特别限定,也不限制外国"自然人"在当地开展投资合作。公司收购可以是协议收购,也可以是要约收购。在收购过程中,中国投资者应当注意以下几个要点。

(1)大额持股披露。上市公司如发生 5% 的股份或投票权持有人变更,购买人应遵守金融市场透明度规则,向金融市场管理部门提供相关信息。

(2)反不正当竞争部门的监管。为防止市场垄断,大规模资本集中必须通知反不正当竞争部门,并获国家和欧洲管理部门批准。相关企业税后销售总额超过 1.5 亿欧元,或者两家或两家以上合伙公司在法国实现税后销售总额达到或超过 5000 万欧元的企业合并案,必须获得经济部部长批准。相关企业全球销售额超过 50 亿欧元,或者两家及以上相关公司在欧盟成员国内的销售额分别超过 2.5 亿欧元的企业合并案,须向欧洲委员会提交情况说明。此外,某些公司商业活动涉及 3 个以上欧盟成员国的,虽然总销售额未达到欧盟最低标准,也须向欧洲委员会提出申请。

(3)针对外资恶意收购的法律保护。根据法国 2006 年 3 月 23 日通过的《公开标价收购法案》,一旦有外资恶意收购法国上市公司,法国企业就可以免费方式发行股票认购券,增加股东实力,抬高企业资本,从而增强企业的自卫能力。[19]

(二)收购破产企业的资产之法律风险防范

近年来,中国企业收购法国破产企业的频率增高。很多法国破产企业仍然具有较大的市场价值,其航空、化工、电信、奢侈品、食品、葡萄酒等行业的高端品牌因其过硬的质量和口碑吸引着中国的投资者。

法国《商法典》第 6 卷规定了困境企业的两大类制度:一是企业困境的预防 - 发现

---

[19] 商务部国际贸易经济合作研究院、商务部投资促进事务局:《对外投资合作国别(地区)指南——法国》(2019 年版),第 46 页。http://fec.mofcom.gov.cn/article/gbdqzn/.

制度[20]、用和解协议[21]的方法处理企业困境,这属于非司法的手段;二是解决企业困境的司法措施,包括司法保护程序、司法重整程序和司法清算程序。此处所指的收购破产企业的资产,应是在"司法措施"这一概念下。

法国的破产保护程序是一个由多个机关参与的程序。法院根据情况指定1个或数个监察法官,1个或者数个司法管理人,1个或数个司法代理人,1个或数个司法清算员。另外,监察法官还有权指定1~5个监督人。2005年法国《破产法》改革之后,商事法院的角色处于逐渐退出的状态。法院必须保持中立性和公正性。检察院全程参与监督破产程序。

中国企业在有收购意向时,应注意以下要点。

1. 交易的时限性

收购破产企业须向商业法庭履行特定的程序。收购方须在公开判决规定的最后期限内提交收购申请,而且,收购申请必须包括详细的财产、权利、涉及合同的说明,恢复商业活动的计划书,收购价格和支付方式,就业数量,预测的业务前景、保证公司运作的资金和收购方承诺兑现的期限等。商业法庭会综合考虑继续商业活动、维持就业和清偿债务等各方面因素,优先选择提供最佳解决方案的收购方。[22]

2. 标的资产的商业风险

根据法国法律,清算资产的收购不具有企业整体经营资产或公司股权出让合同中对收购方的常规保护条款,如资产保证、质量担保、不竞争条款等。如果交易完成后发现目标资产存在问题,投资者将不能向司法清算人或者债务人请求赔偿损失。因此,需要中国企业委托对目标资产进行充分的法律、税务、财务方面的尽职调查,以全面评估收购标的的风险。[23]

3. 对外资的资金背景要求较高

法国和欧盟对于收购欧盟境内的困境企业资产的外资资金的背景要求严格,这也

---

[20] 预防-发现制度主要是指以警示企业领导人、敦促其采取相关措施的方式来预防企业困境。

[21] 和解制度是由2005年7月26日法律创设。根据这一制度,企业的领导人得向商事法庭庭长或者大审法院的院长申请指定和解人,目的在于促成债务人企业与其债权人之间的协议。

[22] [法]Thomas Urlacher,郑宇:《投资法国——法国并购法律制度简介及对中国投资者的建议》,《中国企业海内外投融资高端法律论坛论文集》,2017年5月26日万方数据平台在线出版,http://d.wanfangdata.com.cn/conference/ChZDb25mZXJlbmNlTmV3UzIwMjEwMTI2Egc5MDI2ODgGgh4enJhcjI5ZQ%3D%3D。

[23] 《"破"中有机,如何收购法国司法清算资产》,载澎湃新闻网站,https://www.sohu.com/a/395210231_260616?scm=1002.2715008b.0.0-0,2020年6月25日访问。

是中国投资者在与欧盟及法国国内的投资者竞争时的较大障碍。

第一,困境企业要么处于司法保护或司法重整程序中,其资产亟待出售、变现以达到拯救企业的目的,要么处于司法清算程序中,法院对破产企业的资产进行出售的目的变为清偿债务、结束纷争,因此,困境企业资产的收购有时限的要求。中国投资者需要有自有资金或已经获得银行为项目提供融资的相关证明。

第二,中国投资者还应当将自己的资金背景、资金来源悉数提供。实践中还出现过这种情况,即中国收购方甲是总公司,而资金提供者是甲的关联企业,属于支付资金的账户与收购人的账户不一致的情形,而欧盟及法国法律出于反洗钱的考虑,要求支付资金的账户与收购者的账户保持一致。因此,中国企业需格外注意此类风险,以免贻误最佳收购时机。

4. 收购处于司法保护程序中的困境企业的资产

法国于 2006 年 1 月 1 日生效的《企业破产法修正案》规定,公司面临严重财政危机可能破产时,可采取破产前保护措施。出售公司资产必须遵守资产清算程序规定。因此,一旦保护程序或公司重组程序启动,第三方可接受公司管理者出价,全部或部分购买公司业务,使公司继续运作,出价必须遵守资产清算程序规定。如果没有任何使公司继续运行的解决方案或者公司不可能恢复运作,法院有权对处于财政危机的公司进行清算。一旦清算完毕,公司资产将被出售。[24]

(三)劳工问题

1. 劳动合同的种类

法国的劳动合同主要有两种形式。第一种为 CDI,称为"无固定期限劳动合同",通常不明确载明合同的终止时间。第二种为 CDD,称为"固定期限劳动合同",需写明合同的起止时间,这种合同形式有严格的适用范围:一是代替病假、产假的员工时;二是因季节等临时增加工作岗位时;三是某些带有救助性意义的劳动合同时。[25] CDD 可以转换成 CDI,法国大多数的劳动合同都采用 CDI 的方式,CDD 的总期限不能超过一年半,当雇员为企业工作了一年半以上时,就必须签订无期限的 CDI 合同。

---

[24] 商务部国际贸易经济合作研究院、商务部投资促进事务局:《对外投资合作国别(地区)指南——法国》(2019 年版),第 46 页。

[25] 田丹宇:《法国劳动法对劳动者权益的保护》,载《法制与社会》2007 年第 1 期。

2. 雇主的解雇权

解雇权是指雇主单方面解除劳动合同的权利。众所周知,法国企业解雇员工是被纳入社会法意义层面去考量的。员工被解雇意味着其就业权被剥夺,而就业权[26]涉及一个人在社会中的发展,因此,就业权又与基本权利相关联。在法国,解雇权被赋予了社会法的意义,解雇权不再是私权,劳动合同也不是私法意义上的合同。在 CDI 中,任何解雇都必须要有一个"真实且严肃的理由"(une cause réelle et sérieuse)。什么才构成"一个真实且严肃的理由"呢？法国现行《劳动法典》第 L.1231-1 条仅仅规定,"所有基于个人原因的解雇都必须符合本章节所规定的条件。解雇必须符合一个真实且严肃的理由"。法条并未给出更为详细的解释,法官拥有一定的自由裁量权。不但解雇理由是客观的、真实的,而且雇员的过错或者不足必须能够达到一定的严重程度,才能导致非解雇不可。法国还设有劳工法院(Le Conseil de Prud'hommes)来独立解决劳工纠纷问题。在 CDD 中,解雇权的行使则没有时间、程序等方面的限制,但雇主仍应承担相应的补偿义务。

如果雇主的解雇行为属于非法解雇的,那么企业要支付劳动者解雇赔偿金,赔偿金根据个案计算上不封顶,导致企业负担过重。2017 年 9 月,赔偿金封顶措施正式落实,赔偿上限为 20 个月的月工资[27],同时,也增加了解除劳动合同的补偿金数额。因此,中国投资者应当密切关注此类投资风险问题。

3. 企业集体合同的作用更加突显

法国《劳动法典》曾有两个黄金规则。其一是法律阶层问题,即《劳动法典》高于集体合同,集体合同高于劳动合同。其二是阶层低的合同/集体合同作出的规定,只能比阶次高的合同/集体合同的规定对职工而言更有利,即集体合同中对劳动权利、义务的规定,必须相对于《劳动法典》而言对工人更有利；劳动合同中对劳动权利、义务的规定,必须相对于集体合同而言对工人更有利。[28] 2016 年,《埃尔-库姆里法案》(La loi El Khomri)确立了以企业为中心的新型集体谈判制度,即企业集体协议可具有优于(跨)行业集体协议的效力。[29] 对于工人而言,企业集体合同作为阶层较低的劳动合同,

---

[26] 张平:《法国劳动法中解雇权的变迁及启示》,载《清华法学》2012 年第 6 期。

[27] 《法国劳动法改革的来龙去脉》,载上海市法学会网站,https://www.sls.org.cn/levelThreePage.html?id=9306,2020 年 6 月 25 日访问。

[28] 同[27]。

[29] 王昭文:《法国新劳动法修订的起源、内容及其引发的争议》,载《法国研究》2018 年第 1 期。

其规定的内容可以比行业集体合同更不利,可以比劳动法非强制劳动合同更不利,彻底颠倒了以前的《劳动法典》秩序。经过这一法理上的变革,企业可以通过集体合同作出更有利于企业的约定,增加了企业愿意与劳动者谈判的意愿。该项改革改变了以往行业集体合同作为劳动法支柱的地位,使集体劳动合同成为劳动法新的支柱。[30]

四、结论

"一带一路"给中国企业投资法国带来了新的机遇,但在新冠肺炎疫情的影响下,包括欧盟及法国在内的各成员国对待外商投资的态度均步入了相对保守的阶段。除了最近涉及劳工的法律问题在雇主与雇员和社会利益之间寻求了平衡以外,中国投资者所面临的风险是所投资行业的限制、资金来源的限制和审查等问题。涉外律师宜对欧盟及法国的相关判例中涉及"安全、公共秩序"的原则进行研判和分析,在必要的时候为中国投资者据理力争。

The Research on Legal Risk of the Investment in France under the Background of the "Belt and Road"

Li Xiaoshan, Lu Dan

Abstract: France actively participate in the "belt and road". Since the novel coronavirus pneumonia epidemic, on the one hand, the EU will expand the scope of its examination of foreign investment to the medical and health sectors, biotechnology and sensitive information industries, so as to protect the strategic assets of the EU, and appeals to the EU countries to attach great importance to the EU as a single market. On the other hand, the EU has strengthened the examination of foreign investment, that is, member states

---

[30] 《法国劳动法改革的来龙去脉》,载上海市法学会网站,https://www.sls.org.cn/levelThreePage.html? id=9306,2020年6月25日访问。

can take measures to prevent foreign capital from being collected. Member states other than the host country and the European Commission have the right to express their opinions, but the measure generalizes the factors of review. On the basis of following the above-mentioned framework provisions, France has further defined the sensitive areas of investment and the acquisitions that need prior approval in order to further protect its national interests. In addition, when investing in France, it is necessary to consider the timing of the transaction and the commercial risk of the underlying assets when purchasing the assets of French bankrupt enterprises. In the aspect of labor law, the employer's right to dismiss defines that the standard of employer's reason for dismissal is to have a "real and serious reason", but the labor code fails to make detailed provisions.

Keywords: the "Belt and Road", Investment in France, Foreign Investment Review, Mergers and Acquisitions, Labor

热点聚焦
Spotlights

论我国国家安全审查决定的司法审查

岳树梅　蒋魏馨[*]

摘　要:《中华人民共和国外商投资法》第35条正式引入了国家安全审查制度,其第2款规定的"依法作出的安全审查决定为最终决定",在一定程度上维护了国家安全审查决定的权威性。由于对国家安全和投资者权益价值的不同侧重,各国在对国家安全审查决定的司法审查问题上规定不一,总体来看,在维护国家安全的同时赋予投资者一定程度的救济途径是未来安全审查制度的发展趋势。我国在落实完善安全审查制度的工作中,可以考虑将国家安全审查程序纳入司法审查范围,在保证国家安全的前提下营造自由便利的投资环境。

关键词:《外商投资法》;国家安全审查;投资者救济;程序正义;司法审查

2020年1月1日起施行的《中华人民共和国外商投资法》(以下简称《外商投资法》)将外商投资安全审查制度(以下简称外资安审制度)上升到了法律层面[①],同时对外资采用"准入前国民待遇+负面清单"的模式。在提高开放水平的同时,面对外商投资带来的影响,国家安全审查制度的构建任务也更加繁重。[②]

---

[*] 作者简介:岳树梅,西南政法大学国际法学院教授,博士生导师;蒋魏馨,西南政法大学国际法学专业2019级硕士研究生。
基金项目:国家社科基金重大招标课题"人类命运共同体理念下我国核安全治理体系和治理能力现代化研究"(项目编号20&ZD162)的阶段性成果。
[①] 《外商投资法》第35条规定:"国家建立外商投资安全审查制度,对影响或者可能影响国家安全的外商投资进行安全审查。依法作出的安全审查决定为最终决定。"
[②] 张光、廖紫祎:《高度开放背景下的外资安全审查制度》,载《人民法治》2019年第7期。

外商投资国家安全审查是东道国依照本国法律的规定,对涉及国家安全的外国投资进行审查进而作出批准与否的法律制度,外资安审制度是国家主权的体现,一国在对外资进行审查时,为了维护国家安全利益,不可避免地会对投资者的利益造成一定的减损,因此,在扩大开放的背景下,如何平衡国家安全与投资者利益至关重要。

一、问题缘起

在国家安全审查中,如果因安全审查决定与东道国发生了争端,投资者通常可以选择国际和国内两种途径进行解决。在国际层面上,投资者可以根据投资协议将争议提交国际投资仲裁。东道国判断国内的危急情况而进行安全审查是国家主权的体现,任何国家都不希望将本国的安审决定交由第三方进行裁决。因此晚近以来,一些国家在各种协定中纷纷纳入安全例外条款,以避免国际仲裁作出对本国不利的裁定。除了双边投资协定外,在一些涉及投资规则的自由贸易协定、经济伙伴关系协定中,也将安审决定的可仲裁性排除在外。例如,在中国与澳大利亚2015年签订的自由贸易协定中,规定"一方采取的非歧视和出于公共健康、安全、环境、公共道德和公共秩序等合法公共利益目标的措施,不应作为本节项下诉请的对象"。[③] 在《北美自由贸易协定》中也规定争端解决机构无权审查并购交易的国家安全措施。在国内层面,根据有关国家的规定,东道国国内法院可以受理投资者提起的诉讼,投资者可以请求法院进行审理和裁判。世界上大多数国家都建立了国家安全审查制度,由于国家安全和投资者保护的不同侧重,所以各国在安审决定的国内司法审查问题上规定不一。

在《外商投资法》之前,我国外资安全审查决定是否可诉没有任何明确的规定。《外商投资法》第35条结束了这种"模糊不清"的局面,有学者认为这代表对安审决定既不能提起行政诉讼,也不能提起行政复议,在法律层面上直接确定了外资安全审查决定的不可诉性。[④] 从国家的角度来讲,外资安审决定的不可诉,保证了审查机构决定的效力和权威,但对投资者来说,不可诉的安全审查决定使得自己受损害的权益救济无门。从"进一步扩大对外开放,积极促进外商投资,保护外商投资合法权益"的立法精神出发,本文认为外资安审决定是否能绝对豁免于行政诉讼和行政复议还有待商榷。

[③] 参见《中国-澳大利亚自由贸易协定》第9章第2节第11条第4款。中国自由贸易区服务网,http://fta.mofcom.gov.cn/Australia/annex/xdwb_09_cn.pdf,2021年2月3日访问。

[④] 张光、廖紫祎:《高度开放背景下的外资安全审查制度》,载《人民法治》2019年第7期。

二、各国关于安全审查决定司法审查的规则与实践

世界上绝大多数国家都建立了安全审查制度,但在审查决定的可诉性问题上,各国规定不一。从国际上看,目前存在允许全面司法审查、允许程序审查和排除司法审查三种立法模式。

(一)以法国、德国为代表的允许全面司法审查模式

国际社会对于国家安全审查决定能否进行实质审查一直存在争议,但有些国家仍明确规定其具有可诉性。例如,根据法国《货币与金融法》第 L.151-1 条的规定,对于损害法国国家利益、国内公共秩序等事项法国政府有权对其进行事前审批[5];同时第 L.151-3 条规定,若外国的投资者对法国财政部等审查机关作出的安全审查决定不服,有权向法国的行政法院提起诉讼。法院可以对此决定进行全面的审查。[6] 如果法院查明该审查决定违反法国《货币与金融法》,可以推翻该审查决定,还可裁决审查机关赔偿投资者因其造成的损失。根据德国《对外经济法》和《对外经济法条例》的规定,当事人可以对德国经济部门所实施的禁止并购交易等行为向德国行政法院提起撤销之诉。[7] 可以看出,以法国、德国等欧盟国家为代表的允许司法审查的模式,并没有对实质审查还是程序审查作出严格的区分。不论是审查机关在程序方面的瑕疵还是在实体方面的问题,被审查投资者均有权向本国司法机关提起诉讼,享有全面的司法救济权利。与此同时,欧盟方面也赋予了投资者一定程度上的救济权利。根据《欧洲联盟运行条约》第 263 条规定,欧盟法院对成员国违反欧盟条约或其他法律法规、滥用权力等诉讼享有管辖权。[8] 在 2019 年通过的《建立欧盟外商直接投资审查框架的条例》中也规定了国家安全审查机制在审查原因、期限等方面的透明度问题,并要求允许投资者对

---

[5] Article. L.151-1. Monetary and Financial Code(Legislative Section). 2010-11-01. https://www.legifrance.gouv.fr/content/location/1789,2021 年 2 月 3 日访问。

[6] Article. L.151-3. Monetary and Financial Code(Legislative Section). 2010-11-01. https://www.legifrance.gouv.fr/content/location/1789,2021 年 2 月 3 日访问。

[7] GAO, Foreign Investment: Laws and Policies Regulating Foreign Investment in 10 Countries, GAO-08-320,60-64(2008), http://www.gao.gov/new.items/d08320.pdf.

[8] 赵西巨:《欧盟法中的司法审查制度:对〈欧共体条约〉第 230 条的解读——以欧盟法院的判决为视角》,载《北大法律评论》2005 年第 1 期。

审查决定采取补救措施。⑨

(二) 以澳大利亚为代表的程序审查模式

因地理位置及人口因素,澳大利亚十分重视外资在经济发展中的作用。在能源、采矿等关系国家安全的领域,外资对澳大利亚企业控制比例的不断增加,引起了澳大利亚政府的重视。自从1975年颁布《外国收购与接管法》以来,澳大利亚的国家安全审查制度得到不断巩固,并形成了相对完善的运行机制。澳大利亚也未排除国家安全审查决定的司法审查,但从规定和实践来看,澳大利亚更倾向于程序审查。

澳大利亚国家安全审查的主体是外国投资委员会,是外资安全审查的直接具体受理部门,但安全审查的最终决定权属于财政部部长,根据1975年的《外国收购与接管法》,财政部部长有权根据投资行为发布不同的行政命令。⑩ 虽然财政部部长的行为不受《1975年行政上诉法庭法案》和《1977年行政决定〈司法审查〉法案》的管辖,但澳大利亚法院可以对财政部部长作出的决定进行审查。实践中,澳大利亚法院只有在财政部部长的行为违反法律规定、滥用自由裁量权等情况下才会启动司法审查程序。⑪ 因此,在法院看来,财政部部长有权自由裁量一项投资是否有损国家安全,对安审决定的审查仅仅限于程序公正、违反国内基本法规等范围。⑫

(三) 以美国为代表的排除司法审查模式

美国是国家安全审查决定不可诉模式的典型代表。其负责对外商投资交易进行审查的机构是外国投资委员会(CFIUS)。在《外国投资和国家安全法》(FINSA)中,赋予了总统最终裁决权,规定总统在有足够的证据证明外资控制将损害美国的国家安全时有权暂停或禁止该项交易,且总统的此行为或裁定不受司法审查。⑬

但是在2012年"Ralls公司诉奥巴马政府案"中,美国的不可诉模式有了一定突破。

---

⑨ Regulation 2019/452, Establishing a Framework for the Screening of Foreign Direct Investments into the Union. 2019-03-19. https://eur-lex.europa.eu/legal-content/EN/TXT/?uri=CELEX%3A32019R0452&qid=1612335475577, 2021年2月3日访问。

⑩ 田昕清:《外资安全审查制度比较研究及对我国的借鉴意义》,外交学院2019年博士学位论文,第157页。

⑪ 张薇:《澳大利亚外资审查法律制度及应对建议》,载《国际经济合作》2011年第2期。

⑫ Vivienne Bath, *Foreign Investment, the National Interest and National Security-Foreign Direct Investment in Australia and China*. 5 Sydney Law Review 34 (2011).

⑬ Foreign Investment and National Security Act of 2007. Pub. L. No. 110-49, Sec 6(e). 2007-07-26. https://www.treasury.gov/resource-center/international/foreign-investment/Documents/FINSA.pdf, 2021年2月3日访问。

Ralls公司是三一重工集团在美国的一家关联公司,其在美国俄勒冈州经营风电项目。2012年9月28日,美国总统奥巴马颁布总统令,以美国国家安全受到影响为由叫停了该项目。2012年10月1日,Ralls公司以美国总统和CFIUS为被告向美国地方法院提起了诉讼,地方法院审查后驳回了该诉讼请求,Ralls公司随即向哥伦比亚特区巡回法庭提起上诉。

1. 关于总统决策是否可诉的问题

在上诉阶段,CFIUS提出了两项抗辩:一是认为法院对此案没有管辖权,因为FINSA明确规定总统所做的国家安全审查决定不受司法审查;二是该问题应由行政机关处理,因为国家安全审查问题在原则上是一个政治问题。

关于第一项抗辩,总统决策是否能受司法审查的问题,上诉法院在审理中认为FINSA规定的总统决定不受司法审查仅指实体问题的措施和决定,法律条文并没有禁止对程序性问题进行司法审查,也没有证据表明立法者有意将程序问题纳入不受司法审查之列,因此总统决策不能免于接受司法审查。在该案中,Ralls公司向上诉法院提起诉讼的理由正是总统令违反了正当程序的要求而使其权利受到了侵害,因此上诉法院对该案有管辖权,不受总统决策免于司法审查的限制。

对于第二项抗辩,其核心在于如果处理某一问题必然会涉及政治选择,那么应当交由立法或行政机关处理,而不是司法机关。上诉法院认为Ralls公司请求法院裁决的并不是总统作出的决策本身是否合适,也不是收购行为是否真正危害国家安全,而是根据《美国宪法》的规定,判决其是否有权知悉总统赖以作出决策的依据以及享有抗辩的机会,因此法院认为该项关于正当程序的请求不属于政治问题,法院对此有管辖权。[14]

2. 国家安全审查与程序公正问题

总统决策是否符合"正当程序"的要求是该案争议的核心问题。正当程序要求美国政府作出安全审查决定时应当向被审查人披露非保密证据并允许被审查人对此进行抗辩。在该案中,CFIUS认为Ralls公司在安全审查中提交了书面意见,收到了CFIUS的相关决定和总统令通知,并且也与CFIUS官员进行过会谈和相关问题的答辩,其程序性的权利已经得到了保障。上诉法院却认为,CFIUS没有给Ralls公司充分辩驳的机

---

[14] 赵海乐:《论外资并购国家安全审查中的投资者保护缺失——以三一集团诉奥巴马案为视角》,载《现代法学》2015年第4期。

会,即使 Ralls 公司向 CFIUS 提交了相关证据和意见,但这是远远不够的。因此该审查决定明显违反了正当程序的要求。

该案的最后,Ralls 公司与美国政府达成和解,撤销了对奥巴马总统和 CFIUS 的诉讼,美国政府也相应撤销了对 Ralls 公司强制执行总统令的诉讼。虽然二审的胜诉也没有改变该项目仍被禁止的结果,但其在一定程度上突破了美国国家安全审查决定不可诉的限制,开创了安审决定接受司法审查的先河,这远远比项目本身是否能够得到批准来得重要。受到 Ralls 案的影响,美国在 2018 年通过的《外国投资风险评估现代化法案》(FIRRMA)中进一步细化了安全审查决定的司法审查规则,其第 15 节第 1 条规定了美国总统的行为或者裁定不受司法审查,第 2 条第 1 款将 CFIUS 的行为也纳入了不受司法审查之列,同时第 14 节第 2 条第 2 款也规定了投资者对于 CFIUS 违反宪法规定、侵犯人权等行为有权向哥伦比亚特区巡回上诉法院提起申诉。FIRRMA 虽然赋予了投资者一定的救济权利,但总的来看美国仍坚持的是外资安审决定的不可诉原则。

三、影响安全审查决定司法审查的因素

(一)国家安全审查的政治性

国家安全审查制度虽然看似一个法律问题,但其中包含的众多政治性因素使其并不是一个纯粹的法律问题,因此对于安全审查决定能否进行司法审查具有一定的复杂性。关于国家安全审查制度的政治性,体现在以下几个方面。

1."国家安全"概念具有模糊性

自 20 世纪 40 年代"国家安全"概念提出以来,最初作为一个政治术语被广泛运用于国际政治关系中。理论上,国家安全有狭义和广义之分。狭义的国家安全仅指军事、国防和外交安全。广义的国家安全是一国相关机构在公开领域所进行的各种维护国家安全的活动及状态,"公开"是指在治安、行政、经济、科技、新闻、文化等领域,国家机构从公开渠道,按照法律规定来履行维护国家安全和国家利益的职责。[15] 一开始国家安全仅指军事、国防和外交安全。"冷战"结束后,世界格局发生了巨大的变化,在国际经济新秩序的建立中各国开始意识到安全的重要性,国家安全的外延开始扩大。[16] 到现

---

[15] 杨化:《保障我国新时期意识形态安全的制度构建》,载《湖南社会科学》2011 年第 1 期。
[16] 曹荣湘:《经济安全——发展中国家的开放与风险》,社会主义科学文献出版社 2006 年版,第 46 页。

在,国家安全已扩大到包括政治、经济、军事、外交、文化、环境等各方面,但其仍然是一个模糊的概念。"国家安全"外延的动态变化,使得各国在立法中采取模糊性用语,以非穷尽的列举方式避免对"国家安全"概念作出明确的界定。为了维护政策的灵活性和宽泛的自由裁量权,一直提倡透明公开的美国也拒绝对"国家安全"的含义作出界定[17],不管是广义还是狭义,也不管范围如何变化,"国家安全"固有的政治属性不会改变。

2. 国家安全审查具有政策倾向性

作为一项外资管理制度,国家安全审查的审查范围、标准、内容等都会随着一国对待外资的态度和政策而发生改变,可以说,不同程度的国家安全审查制度体现了东道国对待外资不同的态度。投资自由化最先由发达国家倡导,目的在于消除全球范围内的投资歧视,促进资本的自由流通。发展中国家在成为国际投资受益者后也逐渐加入了投资自由化的队伍,这种形式逐渐成为国际投资的主要趋势。但各国在经济、政治、文化、社会发展等方面的差距还比较大,出于国家安全的考虑,投资保护仍然存在。投资保护不等于投资保护主义,适当的投资保护不违反投资自由化的精神,也为各国所接受。

3. 国家安全审查具有目的正当性

投资自由化是每个国家的追求,随着东道国对本国市场的逐渐开放,外国资本在给东道国带来经济利益的同时,也带来了大量的风险。例如,对本国相关产业的冲击,破坏正常的市场竞争秩序,一些敏感、机密和高科技行业可能会给东道国的国防和军事带来隐患,以及文化等意识形态的渗入……实际上,几乎所有国家都会在涉及外资准入、运行、退出等领域制定相关的法律法规来进行调控[18],为了防止这些政策出现漏洞,国家安全审查制度应运而生。当外资的运行给国家安全带来隐患时,作为管理外资的最后一道防线,国家安全审查制度的必要性和正当性毋庸置疑,这也是行使国家主权的体现。

正是基于国家安全审查的以上特征,安全审查决定本身就带着浓厚的政治色彩。

---

[17] Frederick P. Waite & M. Roy Goldberg, *National Security Review of Foreign Investment in the United States*, *An Update on Exon-Florio and the Final Regulation Which Implement It*, 198 Florida Journal of International Law 65(1991).

[18] 项松林:《外资国家安全审查制度为何是最后一道防线》,载《理论导报》2019 年第 1 期。

在决策过程中多多少少也会涉及国防、科技等国家机密信息,相关部门也不可能在法庭上将国家秘密公之于众。因此,为了维护国家安全和安审决定的权威性,一些国家规定不能对安审决定进行司法审查,即使是允许司法审查的国家,也仅仅是从法律的角度审查决定作出的合法性,而不是实质审查安审决定的作出是否正确与合理。

(二)程序正义是不可逾越的原则

基于"国家安全"概念的模糊性,在很多情况下属于一个较为主观的判断,如对其解释无限制,则会使得国家安全事项极为广泛[19],加上审查标准的变幻不定、审查程序不透明以及缺乏监督机制的国家安全审查制度使用不当可能成为东道国实行投资保护主义的借口,使得投资者的合法权益受损。程序正义作为约束审查机构滥用权力的方式,在保护投资者权利和规范政府行为上发挥着不可替代的作用。

程序正义是安全审查不可逾越的原则[20],对一国的司法公信力有着重要的影响。按照程序正义的要求,政府的任何权力都应该公正行使,任何行为都要受到法律的监督和制约,任何对当事人不利的决定都应当听取其意见。在美国,不仅是普通法,甚至在宪法中也有关于程序正义的规定。例如《美国宪法修正案》第5条和第14条明确规定,未经正当的法律程序不得剥夺任何人的生命、自由或财产;对于在其管辖下的任何人,也要给予平等的法律保护。根据美国法院的解释,宪法规定的程序正义有两个方面的含义:一是实质上的程序正义,即要求立法者在制定法律上应该公平公正;二是形式上的程序正义,即政府的行为对公民的权益造成减损时,应当保证其辩解和陈述的机会。[21] 出于国家安全审查的政治性特征和各国所追求的利益不同,加上国家安全审查制度某些固有的缺陷,国家安全审查机构拥有较大的自由裁量权,但是这不应该成为东道国阻碍外资进入的借口。严格的法律程序有利于塑造公正的审查结果,国家安全审查制度作为一项法律制度,也应当符合程序正义的要求。

(三)国家安全与程序正义之间的平衡

如前所述,随着社会的进步和科技的发展,外商投资作为一把双刃剑,在给东道国带来巨大利益的同时,也带来了诸多的风险和挑战。一方面,投资者先进的经验、技术

---

[19] Bashar H. Malkawi, *Balancing Open Investment with National Security: Review of U. S. and UAE Laws with DP World as a Case*, 13 U. Notre Dame Australia Law Review 191(2011).

[20] 陈瑞华:《程序正义理论》,中国法制出版社2010年版,第12页。

[21] National Council of Resistance of Iran v. Department of State(NCRI), 251 F. 3d 192, 205(D. C. Cir. 2001).

在一定程度上促进了东道国当地的经济发展;另一方面,外商投资也可能对东道国的环境、市场等造成一定的损害,甚至还有威胁国家安全的因素存在。因此为了有限地合理利用外资,安全审查作为最后一道防线,在维护国家安全方面具有不可替代的作用。不可否认的是,国家安全审查的标准和范围模糊不清,虽然国家安全审查具有一定的正当性,但也很少有国家明确界定或公布审查的标准或范围,大都也只是一些原则或抽象性的规定。因此在大多数情况下,判断是否危及国家安全往往取决于个案的实际情况。在国家安全审查中,为了维护本国的国家利益,审查主管机关大都会以涉及国家秘密为由对审查过程中的一系列内容进行保密。这样一来,作为被审查对象的投资者,难以得知被禁止投资的具体原因,甚至是审查决定作出程序的合法与否。[22]

国家安全固然重要,促进投资自由化也同样不可忽视。在维护国家安全的同时,如何保证投资者的权益不受侵犯具有现实性和紧迫性。国家安全与程序正义并不是一对相互矛盾的概念,即使是美国这样明确规定排除司法审查的国家,也并不意味着整个审查程序均不受司法管辖。首先,正如某些学者所言,国家安全审查实质是一个政治和法律交融的问题,其所包含的政治因素决定了司法审查的复杂性[23],因此国家安全审查结论作为一项依据模糊性标准所作出的政治性判断涉及国家机密等信息不应受到司法审查,但是审查程序却是一个完全的法律问题,应当受到司法审查。其次,审查决定可能涉及国防、科技、金融等多方面,需要一定的专业知识,具有极强的专业性和复杂性,对于司法机关来说进行这样的审查未免太"强人所难"。但审查程序应当遵循法律法规的规定,对于判断这样的程序正义和正当性而言,司法机关具有天然的优势。因此,如何平衡这两种不同的利益价值取向,在维护国家安全的前提下营造一个自由便利化的投资环境是一个亟须解决的问题。

四、对我国的启示与建议

如前所述,国家安全审查虽然规定在各种法律条文之中,但其具有较强的政治性,是一个法律与政治交融的问题,国家政策、立场等因素的变化对国家安全审查都有着重要的影响。国家安全固然重要,但并不意味着可以凌驾于投资者的利益之上,牺牲投资者的正当利益。再加上我国的外资安审制度本身就具有一定程度上的缺陷,审查机关

---

[22] 董静然:《国际投资法理论与实践:核心专题解析》,西南交通大学出版社2019年版,第83页。
[23] 王东光:《国家安全审查:政治法律化与法律政治化》,载《中外法学》2016年第5期。

过大的自由裁量权以及标准的不确定性也会增加因缺少约束而滥用安全审查的风险。因此,在对国家安全审查制度的完善当中,可以考虑对国家安全和投资者利益作出平衡,妥善安排安全审查程序的司法审查。

(一)完善外资安全审查制度

自从 2007 年经济危机以来,全球投资总量增长速度放缓。各国为了恢复经济,开始针对投资自由化进行友好对话,力求为本国的投资者在海外投资中获取更多的优惠和利益,但在本国对待外资的态度上却采取双重标准,设置一系列标准和门槛阻碍外资的进入,其中就包括国家安全审查制度。我国企业在海外的利益也因此受损。在这种情况下,我国先后制定出台了关于外资企业并购审查的两个规范性文件[24],加上《外商投资法》的颁布和实施,在一定程度上弥补了国家安全审查制度的缺失,但是其文件法律位阶较低、模糊的审查范围和标准、权责不清的审查主体以及不透明的审查程序等一直饱受诟病。[25] 因此在具体制度的构建当中,首先应坚持制度先行,着重解决和完善目前安审制度的弊端,明确权责主体,建立一个运行良好有序的安全审查机制。例如,在明确机构设置和权限方面,有学者建议可以将联席会议作为常设机构进行常态化运行,按照之前形成的惯例,由商务部作为召集联席会议的部门,保障运行效率。在商务部召集相关部门开展联席会议的基础上,由国务院指定与该案涉及的主要领域有关的部门做牵头单位,分析该外资风险,包括商务部在内的各部门均拥有相等的投票权,以增强审议的专业性。[26]

(二)赋予投资者一定的救济权利

不管是《外商投资法》还是之前的一些规范性文件,都没有具体规定投资者的权利救济问题。缺乏监督和问责机制的审查权使用不当就会带来滥用等风险,作出的决定也难以让投资者信赖。《外商投资法》第 26 条规定外商投资企业可以通过投诉机制来保障自己的合法权益[27],从一定程度上来说,该条规定赋予了投资者更加广泛和便利的

---

[24] 《国务院办公厅关于建立外国投资者并购境内企业安全审查制度的通知》,国办发〔2011〕6 号,2011 年 2 月 3 日发布;《商务部实施外国投资者并购境内企业安全审查制度的规定》,商务部公告 2011 年第 53 号,2011 年 8 月 25 日发布。

[25] 漆彤:《外资国家安全审查立法中的若干重要问题》,载《中国法律评论》2015 年第 1 期。

[26] 张光、廖紫祎:《高度开放背景下的外资安全审查制度》,载《人民法治》2019 年第 7 期。

[27] 《外商投资法》第 26 条规定:"国家建立外商投资企业投诉工作机制,及时处理外商投资企业或者其投资者反映的问题,协调完善相关政策措施。"

救济途径。但从实际来看,投诉处理机关只能做一些协调、信息传达等方面的工作,无法作出实质有效的救济。究其本质,投诉机制只是投资者通过投诉受理机构与有关部门"协商解决"普通纠纷的方式,与国家安全有关的事项显然不能通过协商解决。

救济是权利受到侵害后最重要的保障。因此本文认为,在对《外商投资法》第35条第2款进行解读时,应当注意"作出的安全审查决定为最终决定"意味着绝对豁免于司法审查,不得提起行政诉讼与行政复议,而"依法作出"则代表只有审查机关在法律法规的规定下作出的决定才具有豁免性,因此应对其做区分理解。

《外商投资法》第35条第2款虽然原则上具有豁免性,但并不意味着绝对排除投资者提起行政诉讼或行政复议的可能。程序正义是安全审查不可逾越的原则,审查机关在对外资进行审查的过程中也应当符合程序正义的要求。审查机关过大的自由裁量权不应该是一种专断的、含糊不清和琢磨不透的权力,对违反程序要求、违反法律法规作出的审查决定允许投资者进行救济,对于促进外资、营造良好的投资环境具有重大意义。

(三)将安全审查程序纳入司法审查范围

如前所述,目前我国相对薄弱的国民经济和产业结构现状不足以支撑最高标准的投资自由化政策,同时,考虑到国家安全审查的政治性因素,司法机关不能介入不具可诉性的政治问题。安全审查具有高度的复杂性和专业性,可能涉及国防、科技、军事等问题,司法机关客观上也无法胜任这样的实质审查工作。[28] 在审查过程中涉及的一些国家秘密等问题也无法对当事人进行披露等。因此,不宜对安审决定进行实质审查。但审查程序是一个完全法律化的问题,在审查过程中也要遵循法律规定的时限、透明度、通知等正义程序要求。司法机关对于判断程序正义具有天然的优势,因此在具体的制度设计当中,我国可以考虑采用对安全审查决定进行程序审查而非实质审查的方式,一方面维护了国家安全利益和安审决定的权威性,另一方面又能对审查机关滥用审查权的行为进行一定的限制,有利于提高投资者对我国安全审查制度的信赖,营造安全自由便利的投资环境。

五、结语

晚近以来,我国在扩大开放和吸引外资上步上了新的台阶。准入前国民待遇和负

---

[28] 王东光:《国家安全审查:政治法律化与法律政治化》,载《中外法学》2016年第5期。

面清单的模式已经逐渐成为国际投资规则的发展趋势,国家安全审查制度也将在维护国家安全和引导外商投资方面发挥重要的作用。《外商投资法》的颁布和施行,将外商投资国家安全审查制度上升到了法律层面,对我国来说具有十分重大的意义。但这只是原则性的规定,具体如何构建和完善还有很长的一段路要走。国家安全和投资者利益之间难免出现矛盾,程序正义在平衡两者关系中发挥着不可替代的作用,在维护国家安全的前提下,营造一个自由便利的投资环境。

On the Judicial Review of China's National Security Review Decisions

Yue Shumei, Jiang Weixin

Abstract: Article 35 of the Foreign Investment Law of the People's Republic of China formally introduced the national security review system, and paragraph 2 of it stipulates that the decision on safety review made in accordance with the law is final, to some extent, the authority of national security review decisions is maintained. Due to the different emphasis on national security and the value of investors' rights and interests, different countries have different provisions on the judicial review of national security review decisions, and in general, it is the development trend of the future security system to give investors a certain degree of relief while maintaining national security. In the work of perfecting the security review system, China may consider putting the national security review procedure into the scope of judicial review and creating a free and convenient investment environment under the premise of ensuring national security.

Keywords: Foreign Investment Law, National Security Review, Investor Relief, Procedure Justice, Judicial Review

世界贸易组织与多边主义发展
——基于中国"数字丝绸之路"建设的视角

柯 静[*]

摘 要：中国"数字丝绸之路"作为数字经济发展和"一带一路"倡议的结合，因其具备包容性、开放性的特征以及促进实现世界均衡发展的宗旨，与世界贸易组织和多边主义发展相向而行，成为当前多边秩序的重要补充并有助于提升其合法性和有效性，是数字经济时代推动人类共同发展的重要方案。然而，近年来经济实力相对衰落的美国将此归咎于以世界贸易组织为核心的多边贸易秩序的不公，向世界贸易组织发起猛烈攻击，并将中国视作威胁其全球主导地位的战略竞争对手，"数字丝绸之路"因被认为带有不利于美国霸权的地缘政治目的，同样遭遇美国的反对和阻挠。世界贸易组织和多边主义发展正面临挑战，竞争性区域数字贸易规则不断涌现，失去多边制约的地缘竞争和贸易冲突风险将会给中国推进"数字丝绸之路"带来一定的影响。

关键词：世贸组织；多边主义；"数字丝绸之路"；均衡发展；数字经济治理

《关税与贸易总协定》(GATT)是美英在"二战"后期所设计的世界经济体系蓝图三大支柱之一的国际贸易组织(ITO)流产后的制度遗留物，旨在促进战后复苏并减少全球经济不稳定因素。同时，这也是"二战"后美国企图通过多边主义为其全球霸权增加尊重与合法性的尝试，以一种制度性的自我约束换取其主导下的世界秩序更加持久稳定，减少其维系霸权的成本。然而，维系这一多边主义框架的基石在很大程度上取决于体系中霸权国带有现实主义和工具主义色彩的动机和行动。亦即，认为多边制度框架

---

[*] 作者简介：上海社会科学院国际问题研究所副研究员。
基金项目：上海市哲学社会科学规划青年课题(2018EGJ004)阶段性研究成果。

能够给其带来所希望的"回报"。① 但自特朗普执政以来,美国作为当今世界唯一的霸权国开始质疑当前的多边框架是否仍然符合其利益。特别是在 GATT 基础上成立的世界贸易组织(以下简称世贸组织),被特朗普时期的美国政府视为导致其经济实力相对下降和全球霸权地位衰落的重要根源,并开始采取打破制度性约束的方式,利用其强大的物质性权力施压世贸组织进行重大变革,旨在重塑更加符合美国利益的国际经济秩序。自 2016 年起,美国频繁以上诉机构无视诉讼程序期限、超越审查权限以及无法有效阻止中国全面违约行为等为由,持续阻挠新成员任命。2019 年 12 月 11 日,随着上诉机构仅剩下最后一名法官,无法满足世贸组织《关于争端解决规则与程序的谅解》(DSU)规定的任何一起案件都须由三名法官共同审理并作出裁决的要求②,这一机制已经彻底陷入停摆。美国态度的巨大转变直接危及世贸组织的根基,并导致建立在此基础上的多边贸易秩序日益动荡。本文从当前世贸组织和多边主义发展所面临的挑战出发,主要探讨中国推进"数字丝绸之路"建设对于世贸组织和多边主义的价值审视,以及在缺少美国的支持和领导下,世贸组织和多边主义的走向及其对"数字丝绸之路"建设的影响。

一、当前世贸组织和多边主义发展面临的挑战

客观而言,世贸组织所经历的危机并非一件单独和偶然的事件。世贸组织作为一个庞大的制度体系,由一套极其复杂的经济政策、政府政策和政治限制结合而成。通过各种规则或者法律规范,对公共或私人事务的决策者设置了不同层次的限制,从而对现实中可供选择的解决问题的办法形成了掣肘。③ 多哈回合以来,世贸组织谈判功能基本陷入停滞,但因始终未能凝聚足够的共识,尚未找到适当的解决方案。从本质上看,当前世贸组织和多边主义存在发展上的瓶颈,未能顺应世界经济发展新趋势,而美国霸权的衰落尤其是特朗普执政则加速了事态发展。

---

① [加]阿查亚:《重新思考世界政治中的权力、制度与观念》,白云真、宋亦明译,上海人民出版社 2019 年版,第 154-155 页。

② Understanding on rules and procedures governing the settlement of disputes, Annex 2 of the WTO Agreement, Article 17.1.

③ John H. Jackson, *The World Trading System: Law and Policy of International Economic Relations*, The MIT Press, 1997, pp. 338-339.

（一）功能上的不足

第一，随着全球化持续深入，传统的产业内国际分工模式转变为全球价值链分工模式。以国与国来划分国际分工边界的概念已经被弱化，产品内国际分工的比重逐步增加且分工不断地朝着更加细致和更加专业化的方向发展。产业链逐渐拉长的过程意味着每个产品的零部件可能会流经多个国家。这一趋势使得产品的生产需要经过大量的国际合作，国家优势通常体现在生产某一产品的特定环节而非最终产品之上。随着产品的同质化越来越明显，国际竞争也随之加剧，对于成本控制的要求也不断提升。削减贸易壁垒不仅体现在边境关税水平的降低，还须消除边境后的各种监管措施壁垒，否则产品成本仍会居高不下，不利于全球贸易的进一步发展。

第二，随着关税壁垒逐步削减，国家开放政策协调正在从边境措施转向边境后监管措施。2019 年美国加权平均税率为 2.85%[④]，欧盟约为 3%，澳大利亚为 4%。据中国商务部的统计数据，2018 年中国总体关税水平降低至 7.5%，在考虑贸易结构之后，中国加权平均税率为 4.4%，较 2001 年加入世贸组织时分别下降 8.4% 和 10%，与美欧等发达国家的关税水平已非常接近。[⑤] 从整体上来看，传统的关税和非关税壁垒基本透明，新的贸易壁垒多与国内政策法规、技术标准等相关，远较传统壁垒复杂和隐蔽。因关涉国家政治、社会、经济制度，各国差异和特性十分明显，使得国家间的政策协调变得尤为艰难。

第三，世界经济正迈入新的发展阶段，国内政治逻辑在对外政策中的影响力显著提升。近年来，不少国家都面临着经济增速明显放缓、传统行业失业大幅增加和人口结构迅速变化的发展困境。国内政策调整未能及时跟上全球化和科技变革的步伐，使得相当一部分群体被迫面对工作机会恶化、向上流动前景暗淡的痛苦，导致民众对自由贸易和经济繁荣之间的因果关系产生根本性动摇。观念的变化通过选民投票偏好影响国家经济政策的制定，逐渐推崇内向化的经济政策以强化本地市场保护，进一步提升了国家间贸易政策协调的难度。

以上世界经济发展新趋势给世贸组织功能提出新的要求，但因共识原则的存在以及成员方凝聚共识的现实难度，世贸组织尚未能够实现自我更新，这是其遭遇危机的主

[④] Robert E. Lighthizer, *How to Make Trade Work for Workers*, July/August Foreign Affairs, 81(2020).
[⑤] 《降低进口关税带来哪些影响》，载人民网，http://paper.people.com.cn/rmrbhwb/html/2020-01/07/content_1965290.htm。

要因素之一。

（二）合法性的缺失

第一，漠视发展中成员的发展需求，是多边贸易体系合法性缺失的重要原因。经济学理论和历史都已证明国际贸易是各国经济增长和社会发展的主要驱动力量，贸易自由化可促进各种生产要素的国际流动，为经济发展提供更多机遇，由此似乎能够论证旨在降低保护壁垒的多边贸易体系具备合法性。然而，各国所面对的并非简单的自给自足或自由贸易的二元选择，而是究竟采取何种程度的自由化水平的多元选择。[⑥] 对于广大的发展中成员来说，在促进贸易自由化同时还必须十分关注国内改革问题，盲目推行自由化可能会带来大范围失业和产业衰亡的严重后果。让矛盾进一步激化的是，市场水平相对完善、制度调整成本较低的发达成员并未切实履行多哈回合承诺，在发展中成员极为关切的农业补贴等问题上迄今不愿作出实质性让步，但却要保护其国内面临发展中成员竞争的传统产业，导致发展中成员和发达成员间发展鸿沟继续扩大，同时更加剧了世贸组织内部的对立和不信任。[⑦]

第二，受规则影响的群体无法参与规则制定，使多边贸易体系深陷"民主赤字"泥潭。世贸组织时期部长级会议遭遇僵局的次数远远超过GATT时期。坎昆会议溃败之后，非政府组织欢呼着表示"商业无法统治全世界"，引发了世贸组织究竟应该对谁负责的思考。一方面是发展中成员认为世贸组织的议题扩展太快，越来越多地将非贸易问题纳入谈判范围；另一方面是劳工、环境、人权等非政府组织抱怨政府将贸易凌驾于其他同样应受关注的价值之上。与此同时，医药、金融等私人部门利用强大的物质权力向规则制定者渗透影响的现象开始凸显，而真正来自民间的受规则影响的群体却甚少能够施加同等影响。此外，在西雅图部长级会议期间经世贸组织资格认证能够参与部长级会议的738个非政府组织中，约有87%都是来自于发达国家。[⑧] 这些问题的存在使得世贸组织的合法性始终面临严峻的挑战，特别是对于发展中成员来说，由于议程的设置存在偏见，诸如加大非政府组织的参与度很可能是进一步偏离而非靠近发展中成员的实际需要。

---

⑥ [美]斯蒂格利茨等：《国际间的权衡交易：贸易如何促进发展》，沈小寅译，中国人民大学出版社2013年版，第9页。

⑦ 柯静：《世界贸易组织改革：挑战、进展与前景展望》，载《太平洋学报》2019年第2期。

⑧ Amrita Narlikar, *The World Trade Organization: A very Short Introduction*, Foreign Language Teaching and Research Press, 2007, pp. 133 – 138.

(三)领导力的缺乏

第一,世贸组织和多边主义发展未能及时顺应全球经济治理格局变迁趋势。目前,全球经济治理主要由西方国家主导。一方面,这一制度体系是以美国为首的西方国家所创建的;另一方面,这一制度体系的权力基础主要来源于西方国家。如今,支撑这一局面的根基正在发生变化,并可能导致未来全球经济治理不再仅由西方国家主导。一是新兴国家的群体性崛起正在改变世界经济格局[9],这一趋势将会对世界权力分配产生潜移默化的影响。二是全球化所加深的相互依存度使得由主权国家组成的治理网络变得不再足够,多元化的跨国治理网络正在形成之中。全球经济治理权力不仅会从西方大国扩散至更多的新兴发展中国家,非国家行为体的话语权也会逐渐凸显。三是区域内和区域间经贸合作的重要性使得区域/跨区域经贸制度不断涌现,意味着多重区域性质的治理网络将会成为全球经济治理的重要组成部分和推动力量。四是现代社会的相互依存并非仅存在于单一领域,其广泛的外溢性使得经济、环境、人权、疾病等问题相互缠绕。为适应这一现象,全球经济治理范围也在不断扩张,其中部分领域极具专业性和技术性,导致全球经济治理权力进一步扩散而变得相当多元化,传统的政府间协调的思维和方式正在经历某种变化。以上趋势无疑也给世贸组织和多边主义发展带来新的挑战。

第二,世贸组织和多边主义发展正经历一场领导力的"金德尔伯格陷阱"。近年来,美国经济实力相对下降和霸权相对衰落的趋势,引发美国战略界对中国崛起之后挑战美国霸权的担忧。自特朗普上任以来,美国经济政策发生明显转向,奉行本国利益优先,不愿承担大国责任,对提供公共产品缺乏兴趣,接连退出《跨太平洋伙伴关系协定》(TPP)、《巴黎协定》、联合国教科文组织乃至退出世界卫生组织。为迫使世贸组织朝着美国所希望的方向进行变革,特朗普政府持续破坏世贸组织争端解决功能。截至 2020 年 6 月,美国依然未就如何解决它对上诉机构的关切提出任何具体建议。2020 年 3 月 3 日,欧盟、中国、印度等成员在世界贸易组织总理事会议上对美国的做法表达了强烈不满。欧盟驻世贸组织大使约翰·阿吉亚尔·马查多在发言中指出,美国贸易代表办公室新发布的关于上诉机构的长篇报告并没有更多地阐明美国想要达到什么目标,或

---

[9] 普华永道预测,按照购买力价格计算,2050 年全球前 10 大经济体中有 7 个来自于非西方国家。See PWC, *The World in 2050: Will the shift in global economic power continue?* PWC(Feb. 2015), https://www.pwc.com/gx/en/issues/the-economy/assets/world-in-2050-february-2015.pdf.

者美国怎样才会解除对上诉机构新成员任命的封锁。[10] 对此,美国重申在世贸组织解决美国关切的"系统性问题"之前,不会考虑任何上诉机构的改革方案。[11] 尽管中国等一些发展中成员有意愿为全球经济治理贡献更大力量,但毕竟在实力和能力上存在不足,不足以成为重塑现有秩序的主要力量。在美国未改变当前对待多边主义的消极态度之前,世贸组织改革和多边主义体系领导力的"金德尔伯格陷阱"问题可能会持续存在。

(四)边缘化的危机

当世贸组织谈判屡陷僵局,不断涌现的区域协定使得世贸组织面临边缘化危机。除了上述主权国家内部的决策限制,还存在世贸组织体制层面的宪法性限制。根据《马拉喀什建立世界贸易组织协定》规定,除了附件4所列协定及相关法律文件("诸边贸易协定"),其他协议都必须以协商一致的方式获得通过[12],以保障投票结构中的各国国家主权。然而,这也使得谈判极易因个别成员反对而付诸东流。自世贸组织成立以来,除2013年12月第九届部长级会议上通过的《贸易便利化协定》(TFA)之外,尚未能达成其他任何多边协定。而当世贸组织谈判进展甚微,GATT第24条第5款中关于允许区域一体化作为最惠国待遇和非歧视原则的例外,成为世贸组织被日益边缘化的最大威胁。截至2020年3月,向世贸组织通报且生效的区域贸易协定共有490个。目前,164个成员中只有毛里塔尼亚尚未与其他经济体达成贸易协定。[13] 这意味着在世贸组织谈判功能得以理顺之前,它在全球贸易秩序中的作用和地位将会被不断削弱。对于发达成员和发展中成员来说,都会因此支付更高的交易成本,对发展中成员的不利影响尤甚。一方面,发展中成员会面临发达成员更高的要求制度改革的压力;另一方面,在与发达成员之间发生贸易争端时,可抵御发达成员的保护措施将会更加有限。

---

[10] Hannah Monicken, *WTO members knock USTR's Appellate Body report for a lack of solutions*, Inside US Trade Daily Report, March 5, 2020.

[11] Hannah Monicken, *As U. S. presses the "why question" at the WTO, others demand solutions*, Inside US Trade Daily Report, October 17, 2019.

[12] Marrakesh Agreement Establishing the World Trade Organization, Article 2.1 & 2.2 & 9.1, https://www.wto.org/english/docs_e/legal_e/04-wto_e.htm.

[13] WTO, Regional Trade Agreement Database, WTO (June 7, 2020), http://rtais.wto.org/UI/PublicMaintainRTAHome.aspx.

二、"数字丝绸之路"建设对于世贸组织和多边主义的价值审视

2013年,中国提出建设"丝绸之路经济带"与"21世纪海上丝绸之路",统称"一带一路"倡议,旨在构建中亚到欧洲的合作经济区,推进海上通道开放与合作,进而推动中国与整个欧亚大陆共同发展。与此同时,数字经济正在成为驱动世界经济发展的核心力量。数据流作为推动数字经济的主要驱动因素,从1992年的每天约100千兆字节已增长至2017年的每秒约45000千兆字节,预计在2022年将达到每秒150700千兆字节,意味着数字贸易在未来国际贸易中所扮演的角色将愈发重要。[14] 2017年,习近平主席在第一届"一带一路"国际合作高峰论坛上提出要"加强在数字经济、人工智能、纳米技术、量子计算机等前沿领域合作,推动大数据、云计算、智慧城市建设,连接成21世纪的数字丝绸之路"。[15] 在此战略指导下,"数字丝绸之路"日益成为数字经济时代推动人类共同发展的重要方案。特别是2020年一场席卷全球的新冠肺炎疫情给国际贸易和全球供应链分工带来显著影响,电子商务和数字贸易在疫情中的逆势增长充分表明,它在后疫情时代将发挥更加关键的作用。"数字丝绸之路"在超越以往纯粹经济思维,秉持亲诚惠容理念和与邻为善、以邻为伴的理念指引下,作为一种新兴商业运作方式的区域合作安排,对当下世贸组织和多边主义发展具有怎样的价值,以下将从三个方面对此加以分析。

(一)相容性

有关区域合作与"二战"后占支配地位的多边主义之间的关系,研究多边主义的学者不再认为两者之间必然相互对立。如果某些形式的区域互动抱有"特定的目标",那么它们或许能够成为多边(制度)。[16] 但需要注意的是,多边主义的核心在于其"包容性",即在这种国际经济秩序中,区别对待贸易伙伴与货币的排他性集团是不被允许的,交易的准入障碍也被最小化。[17] 因此,"数字丝绸之路"建设与世贸组织和多边主义能否相

---

[14] UNCTAD, *Digital Economy Report* (*Overview*), p.1 (2019).

[15]《习近平在"一带一路"国际合作高峰论坛开幕式上的演讲(全文)》,载"一带一路"国际合作高峰论坛网,http://www.beltandroadforum.org/n100/2017/0514/c24-407.html.

[16] [加]阿查亚:《重新思考世界政治中的权力、制度与观念》,白云真、宋亦明译,上海人民出版社2019年版,第164页。

[17] John Gerrard Guggie, *Third Try at World Order: American and Multilateralism after the Cold War*, 109 Political Science Quarterly, 556-557 (1994).

容,主要取决于这两者宗旨目标能否契合以及这种区域合作方式是否具备包容性。

第一,照顾发展中国家的发展需求,促进世界均衡发展是共同追求的宗旨和目标。尽管 GATT 谈判之初(1947—1954 年)强调非歧视的必要性和在对等互利基础上缔结协议[18],并无发展目标相关内容。然而,大量数据表明发展中国家和发达国家在世界贸易份额、获取融资和技术、市场发展水平、制度完善程度、财政能力、人力资源等方面存在巨大差距,在多边贸易体系内为发展中国家提供更大灵活性,部分纠正战后国际贸易制度中的不平等,以帮助其更快融入全球经济并促进其发展,逐渐成为 GATT/世贸组织的重要目标。世贸组织框架内多次提及"发展",明确允许发展中国家采取符合其目前和将来"发展、财政和贸易需要"的适当行动。[19] "数字丝绸之路"作为数字经济发展和中国"一带一路"倡议的结合,是依托数字技术对"一带一路"倡议的有力支撑。一方面,它同样秉持"一带一路"倡议的基本理念,通过加强政策沟通、设施联通、贸易畅通、资金融通和民心相通,打造互利共赢的"利益共同体"和共同发展繁荣的"命运共同体",与世贸组织促进发展的宗旨相向而行;另一方面,数字经济特性决定它在解决信息不对称方面优势明显。"数字丝绸之路"将致力于采取多种政策措施和技术手段来缩小数字鸿沟,大力推进互联网普及,以此来促进发展中国家共同发展,实现世界均衡发展的目标。[20]

第二,从区域合作性质来看,包容和开放是"数字丝绸之路"的重要特征。"数字丝绸之路"旨在拓展"一带一路"沿线国家和地区在数字经济领域的合作,以资金、贸易、投资、国际分工为链接,基于市场方式进行运作。凡是支持"一带一路"倡议的相关国家,都可本着互联互通、创新发展、开放合作、和谐包容、互利共赢的原则,共同探讨如何更好地利用数字经济的机遇和应对复杂问题的挑战。[21] 截至 2020 年 3 月,我国已与 16 个国家签署了关于加强"数字丝绸之路"建设合作的谅解备忘录,与 22 个国家签署了双边电子商务合作谅解备忘录。[22] 由此可见,"数字丝绸之路"并非一个封闭的、排他

---

[18] WTO, *Developing Countries and the Multilateral Trading System: Past and Present*, Background document, *High Level Symposium on Trade and Development*, Development Division, Geneva, Mar. 17 th - 18 th, p.11(1999).

[19] GATT(1947)第 4 部分第 37 条第 4 款。

[20] 《"一带一路"数字经济国际合作倡议发布》,载中共中央网络安全和信息化委员会办公室网,http://www.cac.gov.cn/2018-05/11/c_1122775756.htm.

[21] 同[20]。

[22] 《精雕细琢"丝路电商"锦绣画卷》,载中国商务部网,http://www.mofcom.gov.cn/article/zt_dsgjhz/fbdt/202003/20200302945266.shtml.

的、具歧视性的区域贸易秩序安排。它不局限于任何特定的国家,不区别对待贸易伙伴或产生排他性集团,也不刻意追求一致性,没有预设特定的合作方式和内容,符合多边秩序最为核心的"包容性"要求。

(二) 补充性

当代著名的经济学家托马斯·皮凯蒂指出,更加自由的市场、更加纯粹和完全的竞争并不足以确保社会的公正、繁荣及和谐。[23] 尽管世贸组织《马拉喀什建立世界贸易组织协定》序言充分强调了发展中国家特殊的发展需要,致力于打造更可行和持久的多边贸易体制,但数据表明,整体而言,发达国家和发展中国家的差距不但未能缩小,仍在持续扩大[24],发展中成员的贸易份额也未见明显增长。[25] 对此,很多学者认为当前世贸组织内发展中成员所拥有的特殊和差别待遇(S&DT)内容和范围过于局限且不具备约束力,发达国家保障措施等保护壁垒和任意设置的原产地规则、人权、环境等限制条件,不断扩张的区域自贸协定和世贸组织内持续下降的关税等因素,均侵蚀了发展中成员的 S&DT 优惠利益。[26] 而如果认同一个持久存在的国际社会须依赖合法性观念且合法性观念须反映国际社会中较弱小成员的利益和价值[27],那么一个稳定的多边秩序必须照顾到广大发展中成员最为关切的发展诉求。"数字丝绸之路"作为一种开放、多元的区域合作安排虽然不能单独实现多边主义的需求,但能够在弥合发展鸿沟的基础上产生良好的正向溢出效应,减小世界经济的失衡和危机概率,可成为世贸组织和多边主义秩序的重要补充。

第一,缓解巨大的投融资缺口。一是在信息基础设施建设方面。完善的信息基础设施建设对于推进全球数字经济发展至关重要,但此类投融资作为典型的公共物品,通常投资数额庞大,回报周期长且回报率较低。经济合作与发展组织(OECD)报告显示,

---

[23] [法]皮凯蒂:《21世纪资本论》,巴曙松等译,中信出版社2014年版,第31页。
[24] WTO, WT/GC/W/765/Rev.1, Feb. 26, 2019.
[25] F. Jawara & A. Kwa, *Behind the Scenes at the WTO: The Real World of International Trade Negotiations*, Zed Books, 2003, p. 268; A. Subramanian & Wei SJ, *The WTO Promotes trade, strongly but unevenly*, 72 Journal of International Economics, pp. 151 – 175 (2007); Chang PL and Lee MJ, *The WTO Trade Effect*, 85 Journal of International Economics, pp. 53 – 54 (2011).
[26] South Center, *The WTO's Special and Differential Treatment Negotiations* (Para. 44), SC/AN/TDP/2017/3, Jan. 2017, p. 5.
[27] [英]布尔:《无政府社会——世界政治中的秩序研究》(第四版),张小明译,上海世纪出版社2015年版,第Ⅷ页。

全球基础设施投资平均每年短缺0.35万亿~0.37万亿美元。[28] 2017年12月3日,中国联合7个国家共同发起《"一带一路"数字经济国际合作倡议》,提议建设完善区域通信、互联网、卫星导航等重要信息基础设施,以可负担的价格扩大高速互联网接入和连接的方式,促进宽带网络覆盖。[29] 为推进"一带一路"基础设施建设,中国发起成立亚洲基础设施投资银行并创设了"丝路基金"。此外,上海合作组织银行联合体、中国-欧亚经济合作基金等合作机制、中国国家开发银行及一些商业性金融机构、政策性金融机构和开发性金融机构也都愿作为当前国际金融机构的补充,为全球基础设施建设提供更多公共产品。截至2019年9月,中国已建成在用国际海缆15条,与周边12个国家建成跨境光缆系统,使宽带网络基础设施、移动互联网及物联网建设得以不断提速和延展,信息基础设施互联互通水平得到有效提升。[30] 二是在贸易融资需求方面。联合国贸易和发展会议(UNCTAD)的报告显示,全球贸易融资缺口约为1.4万亿~1.6万亿美元,占全球商品贸易的8%~10%。对于发展中经济体来说,贸易融资匮乏对企业生存形成严峻挑战,尤其是中小企业。数字化和自动化领域的发展对解决这些挑战具有广阔前景。分布式分类账技术和人工智能等新技术可帮助实现更快的交易速度和更少的人为错误,贸易信息的数字化可显著削减成本从而降低融资需求。[31] "数字丝绸之路"建设则可通过加强对出口信贷机构和贸易融资计划的支持,发展信息技术基础设施和协调数字贸易融资规范,进一步帮助企业解决融资需求。

第二,影响并塑造大国回应。阿米塔·阿查亚在肯定大国在创建区域秩序中的重要作用时指出,这是一个"双向"过程,区域也会同时影响大国的回应。[32] "一带一路"沿线不少地区安全风险居高不下,基础设施薄弱,经济发展落后。若缺少公共部门的政策引导,很难引起私人投资者兴趣。因认为中国发起的"一带一路"倡议带有不利于美国

---

[28] OECD, *China's Belt and Road Initiative in the Global Trade, Investment and Finance Landscape*, p. 5 (2018).

[29] 《"一带一路"数字经济国际合作倡议发布》,载中共中央网络安全和信息化委员会办公室网,http://www.cac.gov.cn/2018-05/11/c_1122775756.htm.

[30] 《"数字丝路"建设将成全球发展新引擎》,载中国政府网,http://www.gov.cn/xinwen/2019-09/09/content_5428411.htm.

[31] United Nations ESCAP, *Asia-Pacific Trade Facilitation Report* 2019 *bridging Trade Finance Gaps*, September 2019, p. ix.

[32] 阿米塔·阿查亚在此处提及的"大国"意指美国。参见[加]阿查亚:《重新思考世界政治中的权力、制度与观念》,白云真、宋亦明译,上海人民出版社2019年版,第177-179页。

霸权的地缘政治目的,美国开始关注并将加大对发展中国家的基础设施投资,作为削弱中国经济影响力的一种回应。2018年7月30日,美国国务卿蓬佩奥宣布美方向印太地区的技术、能源及基础设施项目投资1.13亿美元,作为"印太战略"框架下的投资项目。[33] 2018年10月3日,美国国会参议院通过《2018年善用投资促进发展法案》,设立"美国国际发展金融公司",帮助全球贫困地区兴建基础设施和发展经济,将负债上限在原来美国海外私人投资公司基础上提升一倍至600亿美元,这是美国50年来对发展中国家商业贷款进行的最大规模调整。随着"数字丝绸之路"的推进,美国又担心中国对沿线国家和地区的数字基础设施投入会削弱美国科技主导地位,并认为美国只采取阻截防御措施不足以应对中国"扩张",必须提供可替代性方案。为此,2020年3月,美国国际发展金融公司批准了一条连接美国、新加坡和印度尼西亚的海底电缆。[34] 这些回应因夹杂着美国复杂的地缘竞争动因,会产生诸如在同地区形成不兼容的两套技术标准等多重复杂影响,但客观地看,也可在一定程度上改善发展中国家数字基础设施建设状况。

(三)完善性

除上述几点之外,"数字丝绸之路"建设还可从以下三个方面改善当前世贸组织和多边主义的不足,帮助提升多边贸易秩序的合法性与有效性。

第一,有助于提升发展中国家在世贸组织和多边秩序中的话语权。数字经济正在成为驱动世界经济发展的核心力量,未来几年将是全球数字贸易规则形成和发展的关键期。2019年1月,世贸组织电子商务诸边谈判已经开启。发展中成员能否拥有更多话语权,很大程度上取决于能否在不被边缘化的基础上更好地创造和捕获数字经济的价值,持续提升自身在数字经济一体化中的地位和融入世界经济的深度。但从目前的情况来看,不少发展中成员在数字基础设施等方面仍存在严重限制。以宽带接入的可负担性为例,地区间差异极大,而经济越落后的地区,宽带接入的成本则越高。UNCTAD报告显示,2017年韩国电子商务指数为95.5分,在全球位列第5,但同在亚洲地区的阿富汗则以17分排在第132位。[35] 若要缩小数字鸿沟现象,必须在确保联通的可负担性和可靠性的基础上,进一步完善物流供应链、电子支付等服务。通过"数字丝

---

[33] *Remarks on "America's Indo-Pacific Economic Vision"*, U. S. Department of State (July 30, 2018), https://www.state.gov/secretary/remarks/2018/07/284722.htm.

[34] Jude Blanchette, Jonathan E. Hillman, *China's Digital Silk Road after the Coronavirus*, CSIS (April 13, 2020), https://www.csis.org/analysis/chinas-digital-silk-road-after-coronavirus.

[35] United Nations ESCAP, *Embracing The E-commerce Revolution in Asia and the Pacific*, June 2018, p. xii.

绸之路"建设,促进沿线国家和地区在数字基础设施、支付、物流等领域进行全方位合作,有助于发展中国家找到脱贫和经济增长的突破口。例如,阿里巴巴基于电商和数字普惠金融的精准扶贫做法让落后地区民众与外部市场实现便捷连接。中国在电商实践中的有益经验可供广大发展中国家参考,为弥合数字鸿沟、促进均衡发展提供中国智慧。

第二,有助于减少当前世贸组织电子商务诸边谈判中的规则分歧。尽管各方深知世贸组织正在进行的电子商务谈判对世贸组织未来的重要性,但迄今仅在提升电子商务便利化和透明度、保护网络消费者、促进中小微企业参与等原本分歧就较小的议题上取得进展,而跨境数据流动、禁止本地化及转让源代码、隐私保护等棘手议题尚未能进入实质性谈判阶段。分歧固然受多重因素左右,但各方关于电子商务的经济利益诉求差异无疑是主要原因之一。例如,美国之所以不遗余力地寻求数字贸易市场的开放性是因为它已具备巨大的先发优势。[36] 一个更加自由、开放的数字贸易市场有利于美国充分发挥其竞争力。[37]对于发展中成员来说,面对利用数据和前沿技术能力远超自身的发达成员,一味提升电子商务开放水平,非但不能改变当前价值和数据高度集中在少数几个全球性平台和跨国公司的现状,反而会加剧资源和财富集中的恶性循环。[38] 若要弥合分歧,缩小成员之间的数字鸿沟无疑是最有价值和具根本性的措施。"数字丝绸之路"正与此相向而行。OECD 报告显示,数字联通性越佳,对市场准入、金融普惠、减少贫困的贡献就越大。而当公共部门和私营部门共同努力创建机构并提供物质能力以帮助落后地区建立联通的纽带时,则可进一步提高正面溢出效应。[39]

第三,创建包容性的跨境电商规范从而完善全球数字经济治理。一方面,国际社会中的大多数仍是发展中成员,虽也受益于数字经济,但在利用数据和数字平台时面临诸多限制,尚无能力实施超高标准的数字贸易规则;另一方面,中国在跨境电商领域拥有强大实力,在推进"数字丝绸之路"过程中可尝试与沿线国家和地区一起创建更具包容

---

[36] 目前在占据全球总市值约 2/3 的前七大互联网科技巨头公司中,有五家来自于美国,分别是微软、苹果、亚马逊、谷歌、脸书。https://unctad.org/system/files/official-document/der2019_overview_ch.pdf.

[37] 根据美国国际贸易委员会的报告,若能进一步消除他国数字贸易壁垒,有望拉动美国实际 GDP 增长 0.1%~0.3%(167 亿~414 亿美元),推动工资上涨 0.7%~1.4%,在一些数字密集型行业可增加 40 万个工作岗位。United States International Trade Commission, *Digital Trade in the U. S. and Global Economies*, Part 2, August, 2014, pp. 103 - 104, https://www.usitc.gov/publications/332/pub4485.pdf.

[38] 柯静:《WTO 电子商务谈判与全球数字贸易规则走向》,载《国际展望》2020 年第 3 期。

[39] OECD, *Aid for Trade at A Glance 2017: Promoting Trade, Inclusiveness and Connectivity For Sustainable Development*, 2017, p. 11.

性和多元化、侧重于促进合作和发展的跨境电商规范,核心在于提升电子商务便利化水平、保护网络消费者、促进中小微企业参与数字经济。与此同时,还可共同探索平衡国家安全、网络安全和跨境数据自由流动的可行方案,视情形、分阶段在"一带一路"区域合作伙伴中加以推广。一方面,这可以降低发展中成员特别是最不发达成员因游离于欧美高标准自贸区之外从而导致被边缘化以及出现全球数字经济割裂的可能性;另一方面,随着区域数字经济和跨境电商规范的逐渐发展,也可帮助促进全球跨境电商规范的整合。真正包容而开放的区域经济合作,能够减少保护主义壁垒和贸易转移效应,改善规则碎片化现象,完善全球经济治理结构,提升应对复杂变化的能力。

三、世贸组织和多边主义走向及其对"数字丝绸之路"建设的影响

尽管"数字丝绸之路"可以作为当前多边秩序的重要补充并有助于提升其合法性和有效性,但它本身尚不足以满足多边主义的所有需求。更重要的是,正在经历主导地位相对下降的美国将此主要归咎于以世贸组织为核心的多边贸易秩序的不公,并将近年来经济实力迅速提升的中国视为当前秩序的主要获益者和威胁其霸权地位的战略竞争对手,开始利用其作为全球最大市场的物质性权力,对世贸组织发起猛烈攻击,试图重构国际经济秩序。美国作为当今世界最强大的国家,带头抵制其曾主导构建的多边秩序,使世贸组织和多边主义发展面临严峻挑战,也会给"数字丝绸之路"建设带来不小影响,主要体现在以下两个方面。

(一) 竞争性区域数字贸易规则的不断涌现

世贸组织电子商务诸边谈判自启动以来始终被置于"快车道"之上,截至2020年3月已密集举行了七轮。然而,一场突如其来的新冠肺炎疫情使原定于2020年6月在哈萨克斯坦举行的世贸组织第十二届部长级会议被延期至2021年,谈判也随之戛然而止。更大的障碍在于相比疫情带来的不便,谈判各方在诸多关键议题上的严重分歧。此外,由于谈判发生在中美战略竞争背景之下,且不少问题都涉及美国特别关切的高科技领域的争夺,所以谈判过程更加复杂和对立。而当美国将目标设定为所有谈判成员必须承担相同的义务水平,以最终达成一个雄心勃勃的高标准电子商务协定时,这意味着发展中成员很难拥有保障国内稳定就业和实现自身产业结构调整所必要的政策空间,进一步加剧共识难度。多边层面的谈判停滞不前,必然会催生区域层面的规则,以满足不断上升的数字经济一体化需求。根据《美国贸易内参》(*Inside U. S. Trade*)系列

报道,一段时期以来,发达成员正在加快打造区域数字贸易规则。

1. 美国

特朗普上任之后在双边/小区域自贸协定谈判上取得不少进展。截至2020年7月,《美韩自由贸易协定》(KORUS)、美日初步贸易协定和《美日数字贸易协定》、美中初步贸易协定、USMCA已相继生效。其中,USMCA的数字贸易规则被互联网协会贸易政策主管乔丹·哈斯(Jordan Haas)奉为"黄金标准",表示应将之复制到包括世贸组织电子商务协定在内的其他贸易协定中。[40] 而《美日数字贸易协定》在USMCA蓝本之上增加的加密信息和通信技术产品条款及安全例外条款[41],在提升信息和技术保护标准的同时可让美国最大限度保留采取单边措施的灵活性。随着2020年美国总统大选日逐渐临近,特朗普政府正意图与美国盟友达成无须国会批准、签署难度较低的"迷你版"协议,并将后疫情时代极具战略价值的数字贸易作为重点突破领域。2020年6月17日美国国会举行的贸易政策听证会上,亚拉巴马州议员特丽·塞维尔(Terri Sewell)透露特朗普正在考虑与澳大利亚和新加坡分别达成突破性的数字贸易协议,大幅降低数字贸易壁垒。[42] 此外,美国还与英国、欧盟、肯尼亚、巴西等不少国家就双边贸易谈判保持密切联系,并将数字贸易作为重点议题。美英之间于2020年5月双方已通过视频会议展开贸易谈判。据英国国际贸易大臣莉兹·特拉斯(Liz Truss)透露,双方希望于年底前完成谈判,数字贸易是重点合作领域。[43] 美非之间,美国与肯尼亚原定于2020年7月1日展开谈判。6月18日,肯尼亚总统乌胡鲁·肯雅塔(Uhuru Muigai Kenyatta)表示因非洲疫情延后举行谈判。[44] 对此,莱特希泽称谈判将很快启动并会以USMCA为蓝本,签署美国与非洲大陆的自贸协定模板。美国科技公司强调该协定将会成为美国

---

[40] Inside U. S. Trade Daily Report, *Internet Association sees Digital Opportunities in U. S. - Kenya Trade Deal*, February 7, 2020.

[41] 《美日数字贸易规定》第21条规定明确禁止他方要求转让或者提供使用加密技术的通信技术产品的专有信息;第4条规定不得要求一方提供或允许接触该方判定的与其基本安全利益相抵触的任何信息。

[42] Ways and Means Committee, *The 2020 Trade Policy Agenda*, Ways and Means Committee (June 17, 2020), https://waysandmeans.house.gov/legislation/hearings/2020-trade-policy-agenda.

[43] Sabrina Rodriguez, *U. S. , U. K. talks off to a good start*, POLITICO (May 19, 2020), https://www.politico.com/newsletters/morning-trade/2020/05/19/us-uk-talks-off-to-a-good-start-787727.

[44] Omar Mohammed, *Kenya's president says talks on trade deal with U. S. delayed*, Reuters (June 18, 2020), https://www.reuters.com/article/us-kenya-usa-trade/kenyas-president-says-talks-on-trade-deal-with-u-s-delayed-idUSKBN23P2VR.

与非洲数字贸易合作的重要机遇。㊺ 美巴之间,巴西官员多次提出愿与美国签署类似于 USMCA 的广泛协议,双方贸易团队近期接触频繁并致力于 2020 年达成涵盖数字贸易等问题的初步协议。㊻

2. 英、日、澳等发达成员

英国方面,除英美贸易谈判之外,英日也于 2020 年 6 月 9 日启动了包括数字贸易议题在内的自贸协定谈判。英国国际贸易大臣特拉斯还表示正在寻求尽快加入《全面与进步跨太平洋伙伴关系协定》(CPTPP),并视此为英国与日本及加拿大、墨西哥、澳大利亚、新西兰等太平洋地区志同道合伙伴合作的重要战略。㊼ 在数字贸易议题上,CPTPP 承袭了 TPP 的高标准。日本方面,除美日已签署数字贸易协定,欧日也早在 2018 年签署了涵盖数字贸易的《欧日经济伙伴关系协定》。由于日本首相安倍晋三向来希望在数字经济治理领域有所作为,日英贸易谈判或将对未来全球数字经济治理格局产生一定影响。澳大利亚方面,《澳大利亚－新加坡数字经济协议》已于 2020 年 3 月完成谈判。澳大利亚贸易部长西蒙·伯明翰(Simon Birmingham)表示,"协议将终止对包括金融部门在内的商业数据传输进行不必要的限制,并在个人数据保护、无纸化报关、农产品出口认证等方面改善贸易便利化和数据使用信任问题",强调协议将有利于增进澳大利亚和新加坡在世贸组织电子商务新规则谈判中的"主导作用"。㊽

若发达成员构建区域数字贸易规则的进程顺利,将会给"数字丝绸之路"带来以下不利影响。其一,对于发达成员来说,世贸组织框架内的电子商务诸边谈判的重要性将会有所下降,可能会因此出现参与动力不足的现象,从而导致谈判更加停滞不前,多边层面数字贸易规则或将愈发遥遥无期。其二,对于游离在发达成员主导的区域数字贸易协定之外的发展中成员来说,国内企业将承担更高的营商成本,不利于该国经济增长和融入数字经济一体化的深度。OECD 研究报告指出,当与区域贸易协定结合时,成员方的数字连接性将增加 10%,出口额增加 2.3%。㊾ 反之,若被排斥在贸易协定外,则会

㊺ Inside US Trade Daily Report, *Kenyan official:Trade deal with U. S. needed in case AGOA ends*, March 4. 2020.

㊻ Inside US Trade Daily Report, *U. S.-Brazil talks heat up；early deal expected to cover digital trade, anticorruption*, May 13. 2020.

㊼ GOV. UK, *Liz Truss kick-starts trade negotiations with Japan*, GOV. UK(May 12,2020), https://www.gov.uk/government/news/liz-truss-kick-starts-trade-negotiations-with-japan.

㊽ 《澳大利亚新加坡加强数字贸易领域合作》,载澳洲财经闻网,https://afndaily.com/76179。

㊾ OECD, *Trade in the Digital Era*, March 2019, p. 2.

产生相对应的负面成本效应。其三,发达成员之间数字贸易规则的进一步趋同,不仅不利于发展中成员在数字贸易领域的规则制定权和话语权,还会使后者面临更大的制度改革压力。其四,当美国直接将大国竞争意图纳入区域数字贸易规则的构建进程,可能会严重阻碍"数字丝绸之路"在相关地区的顺利推进。以非洲为例,美国贸易代表办公室(USTR)明确表示,美国与肯尼亚的贸易谈判将成为美国与非洲大陆缔结自贸协定的"模板",是对非洲区域一体化进程的重要补充。美国国务院负责非洲事务的助理国务卿蒂博·纳吉(Tibor Nagy)进一步指出"美国可借此挑战中国在非洲的叙事方式",从而赋予谈判特殊的地缘战略意味。肯尼亚官员则表态称"这是和美国建立更具可预见性的贸易关系的良机"。[50] 若后续谈判进展顺利,将增加非洲大陆对美国的依赖性,相应地,则会削弱"一带一路"倡议在非洲的经济影响力,进而阻碍中非共建"数字丝绸之路"的进程。

(二)失去制约的地缘竞争和贸易冲突风险

中国"一带一路"倡议提出后,起初美国尽管持有疑虑,但并不否认其商品、服务供应商和投资商参与"一带一路"倡议亦可收获商机。2017年5月,特朗普特派美国国家安全委员会东亚高级主任马修·波廷格(Matthew Pottinger)率领代表团,出席在北京举行的第一届"一带一路"国际合作高峰论坛并表示美国企业愿意参与。虽然美国国内并不认为此举可以代表美国政府对倡议的认可,但至少说明当时美国国内舆论以及政府和国会尚未明确抵制。美国传统基金会的一份报告指出,美国立场转向迹象出现于2017年6月印度总统莫迪访美期间,双方发布推动区域联通愿景的联合声明,指出支持通过透明的基础设施项目与负责任的债务融资实践,加强区域经济联系,并确保尊重主权和领土完整、法治和环境。这一声明暗含针对中国"一带一路"倡议的意图。[51] 随着2017年年底特朗普任内首份《国家安全战略报告》将中国界定为"修正主义国家"和"战略竞争对手",如何遏制中国崛起成为华盛顿的战略焦点,美国对"一带一路"倡议的立场开始转变为强烈抨击和积极阻挠,并从舆论引导、外交政策、政府行动等层面采取了一系列实质性举措。

---

[50] Inside US Trade Daily Report, *Kenyan official: Trade deal with U. S. needed in case AGOA ends*, Mar. 4. 2020.

[51] Jeff M. Smith, *China's Belt and Road Initiative: Strategic Implications and International Opposition*, The Heritage Foundation, August 9, 2018, p. 1.

一是从舆论层面,扭转国际社会对"一带一路"倡议的认知。美国对中美关系的定位发生转向以来,其多家智库及相关研究机构纷纷发布报告指责"一带一路"倡议利用经济手段来获取和提升中国地缘战略利益。[52] 美国多位政府要员在不同场合抨击中国通过"债务陷阱外交"方式来获取重要的战略资源。这些做法旨在通过舆论引导,恶化中国"一带一路"倡议推进的国际环境。二是从外交层面,联合盟友共同抵制"一带一路"倡议。为削弱倡议影响力,特朗普政府将此议题纳入多个双边和多边战略对话之中。例如,2017 年 10 月,时任美国国务卿雷克斯·蒂勒森(Rex Tillerson)[53]在其《下个世纪的美印关系》演讲中用"印太地区"替代"亚太地区",特朗普在随后的亚洲之行中提出要保障"印太地区"的安全、稳定和繁荣。2017 年年底,美国《国家安全战略报告》将印太地区置于区域战略优先位置,明确表示将通过美国、印度、日本、澳大利亚联手,重塑印太地区新秩序。[54] 这些举措均富含回应中国"一带一路"倡议的意图。三是以政经利诱等手段,分化沿线国家和地区与中国的关系。美国传统基金会的研究报告曾建议,美国可以用更高透明度和更好标准来推动区域联通的新愿景,在揭示"一带一路"风险的同时帮助易受中国经济影响的国家。[55] 除前面提及的美国开始注重在"印太战略"框架下的投资项目以及设立"美国国际发展金融公司"等举措之外,2017 年 11 月,特朗普还在越南岘港亚洲及太平洋地区经济合作组织(APEC)峰会上表示将加强与印太地区的商业联系,愿与该地区国家签署自贸协定。[56] 同样,美国在与肯尼亚进行非洲大陆自贸协定模板的谈判时,降低中国在非洲的影响力是屡被提及的重要战略目标。四是动用单边措施,直接打击中国推进"数字丝绸之路"的能力。对于中国提出依托数字技术推进"一带一路"建设、打造"数字丝绸之路"的倡议,美国视此为重大威胁,指出数字基础设施通常成本更低,构建速度更快,更易于货币化,将会成为更具吸引力

---

[52] Jeff M. Smith, *China's Belt and Road Initiative: Strategic Implications and International Opposition*, The Heritage Foundation, August 9, 2018, pp. 8 – 10.

[53] Defining Our Relationship with India for the Next Century: An Address by U. S. Secretary of State Rex Tillerson, Center for Strategic and International Studies, October 18, 2017, https://www.csis.org/events/defining-our-relationship-india-next-century-address-us-secretary-state-rex-tillerson.

[54] The White House, *National Security Strategy of the United States of America*, December 2017, pp. 45 – 47.

[55] Jeff M. Smith, *China's Belt and Road Initiative: Strategic Implications and International Opposition*, The Heritage Foundation, pp. 8 – 10.

[56] *Remarks by President Trump at APEC CEO Summit, Da Nang, Vietnam*, The White House (November 10, 2017), https://www.whitehouse.gov/briefings-statements/remarks-president-trump-apec-ceo-summit-da-nang-vietnam/.

的选择。(57) 特别是以华为公司的5G技术为代表，在"数字丝绸之路"建设中能够发挥关键作用，引发美国严重关切，认为这会威胁美国的科技主导地位。除多方游说、威胁盟友将华为5G技术排除在核心设备之外，美国还动用诸如将华为等中国科技公司列入美国商务部"实体清单"、下达针对华为和中兴通讯等中国公司的供货禁令、修改并宣布新的出口管制措施(58)等多种单边手段进行打压，削弱中国高科技公司为"数字丝绸之路"沿线国家和地区提供数字经济发展方案的能力。五是破坏多边制度体系，动辄实施单边措施打破国际规则限制。为避免单边措施遭遇世贸组织规则挑战，特朗普上任后即表态将不再接受世贸组织裁决约束，指出裁决损害了美国有效应对现实世界中不公平贸易做法的能力(59)，并表示在世贸组织解决美国关切的"系统性问题"之前，不会考虑任何上诉机构的改革方案(60)，迫使争端解决机制彻底失去制约美国单边做法的能力。(61)

为尽可能地降低因世贸组织争端解决秩序受阻给国际贸易带来的不确定性，2020年3月27日，中国、欧盟等16个世贸组织成员联合发表部长声明，决定建立多方临时上诉仲裁安排，审理参加方提起上诉的争端案件。(62) 但缺少美国的参与，任何的争端解

(57) Matthew P. Goodman, Daniel F. Runde, *Taking the Higher Road: U. S. Global Infrastructure Strategy One Year Later*, Center for Strategic and International Studies (April 27, 2020), https://www.csis.org/analysis/taking-higher-road-us-global-infrastructure-strategy-one-year-later.

(58) Wilbur Rossm, *Commerce Tightens Restrictions on Technology Exports to Combat Chinese, Russian and Venezuelan Military Circumvention Efforts*, U. S. Department of Commerce (April 27, 2020), https://www.commerce.gov/news/press-releases/2020/04/commerce-tightens-restrictions-technology-exports-combat-chinese-0.

(59) USTR, 2017 *Trade Policy Agenda and* 2016 *Annual Report*, March 2017, p. 4.

(60) Hannah Monicken, *As U. S. presses the "why question" at the WTO, others demand solutions*, Inside US Trade Daily Report, October 17, 2019.

(61) USTR, *Report on the Appellate Body of the World Trade Organization*, February 2020, p. 5. 2020年4月22日，美国向世贸组织提交了一份文件，拒绝遵守上诉机构就加拿大诉美国超级压光纸反补贴措施案（DS505）的裁决，理由是审理该案的三名法官不具备有效资格。美国指出，美国籍法官托马斯·格雷厄姆（Thomas Graham）和印度籍法官乌加尔·巴提亚（Ujal Singh Bhatia）为任期届满后继续参加手头案件的审理工作，而中国籍法官赵宏女士目前在中国商务部国际贸易与经济合作研究院任职，隶属于中国政府，违反了DSU第17.3条关于上诉机构人员"应不隶属于任何政府"的规定。See WTO, WT/DS505/12, April 22, 2020. 这是世贸组织内首起成员明确表示拒绝上诉机构裁决的事件。但事实上，赵宏法官所任职的研究院为一独立实体，并非隶属于中国政府。对此，乔治·华盛顿大学法学院史蒂夫·查诺维茨（Steve Charnovitz）副教授表示，美国对赵宏法官所持的立场是对司法独立的"可耻"攻击，并指出对赵宏法官的任命是经过美国和其他世贸组织成员的共同选举，根据协商一致的共识决策原则而产生的。此外，上诉机构的不少法官此前都曾为母国政府工作过。See Doug Palmer, *U. S. dismisses "invalid" WTO Appellate Body ruling*, POLITICO Morning Trade (April 23, 2020), https://www.politico.com/newsletters/morning-trade/2020/04/23/us-dismisses-invalid-wto-appellate-body-ruling-787082.

(62) European Commission, *Ministerial Statement*, European Union (March 27, 2020), https://trade.ec.europa.eu/doclib/docs/2020/march/tradoc_158684.pdf.

决安排只能暂时稳定加入成员之间的争端解决秩序,却无法有效制约美国的单边主义做法,"数字丝绸之路"建设也会因此面临一定挑战。其一,贸易冲突的风险将大幅提升。当美国动用国内单边工具破坏"数字丝绸之路"的建设进程,因缺乏多边规则约束,基本只能通过双边协商或是自助方式来寻求救济。这种争端解决方式容易受到国内政治、国家实力、彼此善意等多重复杂因素的影响,具有很大不确定性。其二,加剧全球数字经济的割裂风险。对于尚无能力实施高标准数字贸易规则的发展中成员来说,具包容性和多元化的"数字丝绸之路"为其融入数字经济提供了重要路径。但在多边数字贸易规范缺位、世贸组织争端解决机制瘫痪之际,失去有效制约的地缘竞争可能会导致产生彼此不相容的技术和规则标准,加剧全球数字经济的割裂程度。其三,阻碍世界均衡发展的目标实现。托马斯·皮凯蒂在回顾了自工业革命以来收入及财富分配的历史之后得出结论,当前这一不平等的趋势令人担忧。若要减缓这种趋势,知识和技能的扩散对于整体生产率的增长和一国内与各国间不平等的削减起着关键的作用。[63] 数字经济时代,加强国际合作,确保数字联通的可靠性和可负担性是众多中小企业和弱势群体获取知识和技能、连入互联网经济的重要前提。出于地缘竞争目的而阻挠中国高科技公司在"数字丝绸之路"建设中发挥作用,破坏中国为沿线发展中国家提供更好参与数字经济的努力,将会使这些国家失去改善经济和民生的机遇,阻碍实现全球可持续发展的长远目标。

The Development of the WTO and Multilateralism

——Based on the Perspective of the Construction of China's "Digital Silk Road"

Ke Jing

Abstract: As a combination of digital economic development and the "Belt and Road" initiative, China's "Digital Silk Road" which has characteristics of inclusiveness and

---

[63] [法]皮凯蒂:《21世纪资本论》,巴曙松等译,中信出版社2014年版,第22-28页。

openness and the purpose of promoting balanced development of the world, is not only in line with the development of the WTO and multilateralism but also an important supplement of the current multilateral order, helping to enhance its legitimacy and effectiveness and increasingly becoming an important solution for the common development of mankind in the era of the digital economy. However, the United States, whose economic power has declined relatively in recent years, blames the injustice of the multilateral trade order with the WTO at its core, launches a fierce attack on the WTO, and views China as a major strategic rival that threatens its global dominance. Since the "Digital Silk Road" is considered to have a geopolitical purpose that is not conducive to US hegemony, it also encountered US opposition and obstruction. The development of the WTO and multilateralism is undergoing challenges. Competitive regional digital trade rules are constantly emerging. The geopolitical competition and the risk of trade conflicts that have lost multilateral constraints will exert certain impact on China's promotion of the "Digital Silk Road".

Keywords: WTO, Multilateralism, "Digital Silk Road", Balanced Development, Digital Economy Governance

"一带一路"倡议下我国航权交换法律机制的改革与创新

李 烨 贺富永[*]

摘 要:航权交换法律机制是我国民航对外全面合作平台和机制的基础,主要包括国内监管与域外交往两个部分。我国航权交换法律机制呈现宏观设计供给不足、微观规制效率低下的问题。机制的改革内因是空域管理体制的僵化与空域资源分配不均衡、航权开放类型不足、航权运营主体的国际竞争力较弱,改革外因是多边航权交换机制的构建需求、国际航空运输的环境保护需要、各国航空业发展水平的差异。机制的内部创新路径在于提升空域的开放水平、扩大航权交换类型、提升航权运营主体国际竞争力,外部创新路径在于建立区域性航权交换多边法律机制、完善国际航运的环境保护合作机制,设立统一的航权交换协同中心。机制改革与创新的目的是实现沿线国家航空业的协同发展与互利共赢,为我国参与全球治理体系的改革和建设提供法治路径。

关键词:"一带一路"倡议;航权交换;改革动因;创新路径

2013年9月和10月,中国国家主席习近平在出访中亚和东南亚国家期间,先后提出共建"丝绸之路经济带"和"21世纪海上丝绸之路"的重大倡议,得到了国际社会的高度关注。与此同时,国际社会面临的共同问题,有很多是由于发展需求形成的,"一带一路"倡议既是顺应国际社会发展的需要,也是推动"人类命运共同体"发展的有效

---

[*] 作者简介:李烨,南京航空航天大学人文与社会科学学院2018级法学硕士研究生;贺富永,南京航空航天大学人文与社会科学学院法律系副教授,硕士研究生导师。
基金项目:中央高校基本科研业务费项目"我国航空立法研究"(NR2017051)。

经济手段。① 我国在推进国家治理体系和治理能力现代化的若干重大问题中,坚持和完善独立自主的和平外交政策,推动构建"人类命运共同体"是党和国家事业发展所需要的和平国际环境和良好外部条件。作为实现"人类命运共同体"的重要经济手段,"一带一路"倡议能够付诸实践,是推进国家治理体系和治理能力现代化的国际法治路径。② 在该倡议的合作重点中,设施联通是其建设的优先领域,在相关文件中也提到要拓展建立民航全面合作的平台和机制,加快提升航空基础设施水平。2019 年,我国民航业在"一带一路"倡议下积极推进航权开放,陆续扩大与"一带一路"沿线国家间的航权安排工作,开放第五航权在我国机场的运行。与此同时,我国对外航权交换机制仍以"一对一"的双边航空运输协定为主导,其法律机制设计不能满足以第五航权为代表的跨越多国的航空运输的需求。如何在"一带一路"倡议下改革与创新我国对外航权交换路径便成为当前我国对外航空运输法律机制的焦点。③

一、"一带一路"倡议的法治意蕴与航权交换法律机制概述

"一带一路"倡议是我国新时期进行国际经济交往的重大构想与基本框架,也是推进国家治理体系和治理能力现代化的国际法治路径。在当前"全面依法治国"的基本方略之下,推进"一带一路"倡议的建设应当将法治思维贯穿始终,同时也应当将其法治意蕴合理运用到航权交换法律机制的改革与创新中。

(一)"一带一路"倡议的法治意蕴

"一带一路"倡议自 2013 年提出以来,已获得了国际社会的广泛呼应,取得了举世瞩目的成就。首先在经贸与投资方面,我国与"一带一路"沿线国家的合作水平提升显著,其中货物贸易额累计已超过 6 万亿美元,对沿线国家的相关投资额已超过 900 亿美元,建设有 82 个境外经贸合作区,累计为当地创造了 24.4 万个就业岗位,其中涉及货物运输的中欧班列已开行累计 1.7 万列。与此同时,截至 2019 年 10 月,我国已累计与 137 个国家、30 个国际组织签署了 197 份政府间关于共同建设"一带一路"的合作文

---

① 国务院发展研究中心"一带一路"课题组:《"一带一路"经济走廊:畅通与繁荣》,中国发展出版社 2018 年版,第 32 页。
② 刘敬东、王路路:《"一带一路"倡议创制国际法的路径研究》,载《学术论坛》2018 年第 6 期。
③ 曾向红:《"一带一路"的地缘政治想象与地区合作》,载《世界经济与政治》2016 年第 1 期。

件。④ 更为重要的是,在 2017 年 3 月,联合国安理会上有关"阿富汗形势"(the situation in Afghanistan)的第 2344 号决议中首次将中国"一带一路"倡议载入正式的文件。⑤ 可以看到,建设"一带一路"正在成为中国参与全球开放合作、改善全球经济治理体系、促进全球共同发展繁荣、推动构建人类命运共同体的中国方案。对倡议内涵在国际法上的性质定位可以进行概括与提炼,其是一种国际合作的新形态,也是全球治理的新平台和跨区域国际合作的新维度。作为一种推动全球均衡、包容、可持续发展和人类共同繁荣的智慧设计,首先,"一带一路"倡议本身是国际合作的新型形态。从目标、实施路径、建设模式三个角度来分析,"一带一路"倡议最终是要在多元开放的合作进程中,充分利用现有的国际合作机制,达到更深层次的区域合作的目标。其次,作为全球治理的新平台,"一带一路"倡议在创新了全球治理的架构和模式的基础上,融入中国思想和中国方案,其本身已经成为最受欢迎的全球公共产品。⑥ 最后,作为跨区域的国际合作新维度,"一带一路"倡议不仅在地域上超越了特定区域的局限,整体上贯穿了亚欧非大陆,更是从制度上超越了一般性的区域经济合作安排,注重跨区域的全方位国际合作开展。⑦

共建"一带一路"旨在促进经济有序自由流动、资源高效配置和市场深度融合,推动沿线各国实现经济政策协调,开展更大范围、更高水平、更深层次的区域合作,共同打造开放、包容、均衡、普惠的区域经济合作架构⑧,其合作重点以政策沟通、设施联通、贸易畅通、资金融通、民心相通为主要内容。⑨ 同时,其倡导的共建原则,为恪守联合国宪章的宗旨和原则、坚持开放合作、坚持和谐包容、坚持市场运作、坚持互利共赢五项内容。从共建"一带一路"的宗旨目的到所要坚持的共建原则,无不凸显"一带一路"倡议所蕴含的法治思想,其相关内容可以概况为强调主权独立与反对干涉侵略、尊重主权平

---

④ 推进"一带一路"建设工作领导小组办公室:《共建"一带一路"倡议:进展、贡献与展望》,载中国一带一路网 2019 年 4 月 22 日,https://www.yidaiyilu.gov.cn/ldzd/dejgfld/wjxz/86708.htm。

⑤ See S/RES/2344(2017),http://www.un.org/en/ga/search/view_doc.asp? symbol = S/RES/2344 (2017)。

⑥ 张望平:《"一带一路"中的第五航权法律制度》,载《人民法治》2019 年第 8 期。

⑦ A. Bambalas, *Capital Flows in International Investment Law-Trends, Framework and Reasons: Focus on Emerging China*, 3 International Comparative Jurisprudence 85 – 92(2017).

⑧ 石佑启等:《"一带一路"法律保障机制研究》,人民出版社 2016 年版,第 40 页。

⑨ 国家发展改革委、外交部、商务部:《推动共建丝绸之路经济带和 21 世纪海上丝绸之路的愿景与行动》,载中华人民共和国商务部网,http://www.mofcom.gov.cn/article/resume/n/201504/20150400929655.shtml。

等与倡导文化多元、推进互利合作与寻求共建共赢、引领实效施行与反对清谈空想。在厘清倡议所具有的内涵与法治意蕴的前提下,探讨倡议对我国航权交换法律机制的创新与改革具有指导作用,其相关的法治意蕴既是指导"一带一路"倡议配套法治体系建设的向导,也是新时代我国国际法治建设的目标。

(二)航权交换法律机制概述

航权作为国家主权的一部分,是国家在国际航空运输领域行使主权的直接体现,具体表现为一国民航飞机按照此前约定的航线,进出另一国领空,经停另一国领土并开展上下旅客、装卸货物或邮件等商业活动的权利。航权的产生是建立在国际社会普遍认同国家对其领空拥有排他的和完全的主权这一国际法原则基础之上的,其自身体现经济权力、承担公共服务,也要求公共安全,因此航权法律属性的核心在于如何进行航权的交换。伴随着航空运输业的蓬勃发展,国家间的经济文化与人员交流更加依赖国际航空运输业,在1944年芝加哥会议召开之前,国际社会对于航权交换没有相对固定的标准或模式,相关航权交换活动是在一种非正式的基础上展开的,表现一国政府的单方面许可。[10] 在芝加哥会议上,各国并没有就相互交换航权的程度达成一致,特别是就涉及第三国领空的第五种航权开放与否争议较大。[11] 会上,以美国为首的相关国家希望达成的相互交换商业性营运权的多边协定没有得到认可,未能实现建立航权交换多边法律机制的目标。1946年,英美两国双方达成了双边航空运输协定,由于条约双方航空运输量之和在当时占世界航空运输总量的3/4,所以其他国家在参与国际航空运输时都以此为蓝本,起草签订双边航空运输协定。随后,世界各国之间签订的双边协定成为航权交换法律机制的载体与表现,其内容主要为相互授予过境权、业务权和辅助性条款,就双方缔约国航空运输的运价、运力、改换机型进行规定。[12] 随着全球化不断向前推进,美国着力将航空业自由化的政策推向国际层面,其目标是使得美国指定的航空承运人能够获得尽可能的机会进入外国航空运输市场,将政府对航空运输业的干预降到最低。但目前国际社会对"开放天空"模式仍持保留态度,均以双方签订的双边条约的形式进行推动。[13] 区域性的航空自由化已经从理论抵达实践,美国与欧盟建立的北大

---

[10] 董箫:《航权交换研究》,知识产权出版社2010年版,第22-24页。
[11] 赵维田:《国际航空法》,社会科学文献出版社2000年版,第35-38页。
[12] [英]郑斌:《国际航空运输法》,徐克继译,刘伟民校,中国民航出版社1996年版,第50-52页。
[13] 张焱:《欧洲的"天空开放":航权交换区域合作模式的新发展》,载《华东政法大学学报》2017年第3期。

西洋航空一体化市场正是基于双方签订的"开放天空"协定形成的,其是区域一体化的航权交换法律机制的实践。总体而言,从航权的法律性质与航权交换的历史脉络可以看到,航权交换法律机制的主要内容包括国内监管与域外交往两个部分,国内监管包括对空域的开放、机场运行航权的权限与航线的管理等内容,域外交往包括航权交换的协定、多边法律机制与区域的协同发展等内容,其既有国家主权的法律问题,也涵盖着内部监管与外部交往相应的政策问题。[14]

二、"一带一路"倡议下我国航权交换法律机制的现状与问题

就我国航权交换法律机制进行改革与创新,需要厘清当前的实践现状与法治问题。可以看到,倡议主体框架包括了"六路"和"多港",其中"六路"便包括铁路、公路、航运、航空、管道和空间综合信息网络。航空作为其中最为高效的运输方式,如何让航空运输发挥最大效能助力倡议建设是航空法学界的理论与实务之重点问题。

(一)我国航权交换法律机制的实践现状

"一带一路"倡议一方面对我国民航业提出了更高的发展要求,另一方面也是我国民航业面向国际发展的重要契机。自2013年"一带一路"倡议正式提出以来,我国民航业管理部门以倡议文件中"拓展建立民航全面合作的平台和机制"为工作导向,完善相关配套法治建设,推动航权开放实践工作。推动党和国家事业发展需要和平国际环境和良好外部条件,"一带一路"倡议的建设是推进合作共赢的开放体系的有效途径。[15]总体而言,我国航权交换法律机制历经了四个阶段的改革与发展:第一阶段是1949年至改革开放初期,民航业采用的是由政府直接参与并管理下的部队建制与军事化管理,涉外航空运输采取的是根据需求而进行临时国际航班运输,不涉及长期持续的航权开放与交换的问题;第二阶段是改革开放至20世纪80年代中期,民航脱离了军队的建制走向相对独立,但是机场和航空公司仍采用政企合一的模式,开始参与到国际航空运输当中,逐步探索前四类航权的开放与交换;第三阶段是从20世纪80年代中期至21世纪初,机场和航空公司开始与政府脱离,国内成立了以国航、东航、南航为主的民航企

---

[14] 向吉英:《航权开放:动因、演进及其效果》,载《改革与战略》2010年第7期。

[15] 《中共中央关于坚持和完善中国特色社会主义制度 推进国家治理体系和治理能力现代化若干重大问题的决定》,载中国政府网2019年11月5日,http://www.gov.cn/zhengce/2019-11/05/content_5449023.htm。

业,对外航权的开放更加深入,开始形成一定规模的国际航空运输市场;第四阶段是21世纪初至今,以"民航强国"为发展战略,我国民航业市场化发展更加深入,同时开始逐步探索第五航权的开放与实践,积极参与到国际航空市场竞争当中,实施全球化战略。我国航权开放与交换最重要的载体是双边民航运输协定,截至 2020 年 5 月,在中国民用航空局官网可查询到我国已与 123 个国家签署了双边民航运输协定进行航权交换的实践。⑯ 相关实践情况见表1。

表1　与我国签署双边民航运输协定进行航权交换的国家(截至 2020 年 5 月)

地区	国家
亚洲地区	阿富汗(2006)、巴基斯坦(1963)、朝鲜(2008)、菲律宾(1979)、韩国(1994)、柬埔寨(1963)、老挝(1978)、马尔代夫(1994)、马来西亚(1989)、蒙古国(1989)、孟加拉国(1980)、缅甸(2006)、尼泊尔(2003)、日本(1974)、斯里兰卡(1959)、泰国(1980)、文莱(1993)、新加坡(1993)、印度(1988)、印度尼西亚(1991)、越南(1992)
西亚和北非地区	阿尔及利亚(2006)、阿联酋(1989)、阿曼(1983)、埃及(1965)、巴林(1998)、卡塔尔(1999)、科威特(1980,2014)、黎巴嫩(1996)、摩洛哥(1998)、沙特阿拉伯(2007)、苏丹(2009)、突尼斯(2002)、土耳其(1972)、叙利亚(1975)、也门(1982)、伊拉克(1969)、伊朗(1972)、以色列(1993)、约旦(2018)
非洲地区	埃塞俄比亚(2003)、安哥拉(2008)、布隆迪(2011)、厄立特里亚(2013)、刚果共和国(2018)、刚果民主共和国(1974)、吉布提(2015)、加纳(2016)、津巴布韦(1996)、喀麦隆(2011)、肯尼亚(2005)、卢旺达(2018)、马达加斯加(1997)、毛里求斯(1995)、南非(1999)、尼日利亚(2014)、塞内加尔(2018)、坦桑尼亚(2008)、赞比亚(2007)
欧亚地区	阿塞拜疆(2015)、白俄罗斯(1995)、俄罗斯(1991)、格鲁吉亚(2011)、哈萨克斯坦(1993)、吉尔吉斯斯坦(1996)、摩尔多瓦(2000)、塔吉克斯坦(2007)、土库曼斯坦(1998)、乌克兰(1993)、乌兹别克斯坦(1994)、亚美尼亚(1996)
欧洲地区	阿尔巴尼亚(1972)、爱尔兰(1998)、爱沙尼亚(1999)、奥地利(1985)、保加利亚(1993)、比利时(1975)、冰岛(2003)、波兰(1986)、丹麦(1973)、德国(1975)、法国(1966)、芬兰(1975)、荷兰(1996)、黑山(1972)、捷克(1988)、克罗地亚(2009)、拉脱维亚(1999)、卢森堡(1979)、罗马尼亚(1972)、马耳他(1997)、挪威(1973)、瑞典(1973)、瑞士(1973,2011)、塞尔维亚(2014)、塞浦路斯(1988)、斯洛伐克(1988)、斯洛文尼亚(2016)、西班牙(1978)、希腊(1973)、匈牙利(1993)、意大利(1973)、英国(1979)

---

⑯ 《双边关系》,载中国民用航空局网,http://www.caac.gov.cn/XXGK/XXGK/index_172.html?fl=40。

续表

地区	国家
北美洲和大洋洲地区	澳大利亚(2004)、巴布亚新几内亚(2016)、斐济(1997)、加拿大(2005)、美国(1980,2004,2007)、密克罗尼西亚联邦(2015)、萨摩亚(2016)、汤加(2015)、瓦努阿图(2006)、新西兰(1993)
拉丁美洲地区	阿根廷(2004)、巴西(1994)、玻利维亚(2016)、厄瓜多尔(2013)、哥伦比亚(2013)、古巴(1993)、秘鲁(2000)、墨西哥(2004)、智利(2009)、巴拿马(2017)

(二)我国航权交换法律机制的法治问题

我国航权交换法律机制的改革作为推动构建"一带一路"国家间的高标准自由贸易区际网络通道的有效抓手,虽然取得了一定的实践成效,但是仍呈现宏观设计供给不足、微观规制效率低下的问题。一方面,我国航权交换法律机制呈现宏观设计供给不足的特点。我国自1974年加入《国际民用航空公约》并成为国际民用航空组织的理事国以来,积极开拓国际航空运输活动,加入了重要的国际公约,参与讨论并签订了以双边航空协定为代表的国际条约,起草完善《中华人民共和国民用航空法》(以下简称《民用航空法》)、《中华人民共和国民用航空器适航管理条例》等法律法规,形成了立体的航权开放法律体系。在国际法律规制方面,我国加入了国际航空领域的宪章性文件《国际民用航空公约》,也成为以此设立的国际航空组织的一员,参与国际航空运输。此外,以航权为主题的协定主要有《国际航空过境协定》与《国际航空运输协定》,但我国均没有加入这两个公约,只是对其中的内容加以借鉴,应用于我国与123个国家之间签订的双边航空协定。在国内法方面,《中华人民共和国宪法》(以下简称《宪法》)是其他法律的基础与依据,一切法律、行政法规和地方性法规都不得同《宪法》相抵触,因此《民用航空法》等法律法规也在《宪法》的框架下制定与实施。《民用航空法》作为我国民用航空法律领域的基本法,其从民用航空器国籍、权利、租赁、适航管理,航空人员,民用机场,空中航行等16章对航空运输活动进行了规制。其中涉及空域管理的部分,从第70条至第72条,概括性说明国家对空域实行统一管理。此外,《民用航空法》还专门针对外国民用航空器做出了特别规定,从173条至183条,对外国民用航空器的经营人进行涉及我国境内的国际航空运输作出具体要求与限制。同时,外国民用航空器的经营人,不得经营中华人民共和国境内两点之间的航空运输,这实际上是基于国内航空业的情况而做出了一种保障性限制,基于该条文若要开放第五航权需有待法律的修改。

整体而言,《民用航空法》对航权的开放与交换没有进行具体的规制,具体内容交由其他法律法规来规定。在规章层级上,2019年修订出台的《定期国际航空运输管理规定》为落实国家简政放权的政策、充分发挥市场在资源配置中的决定性作用,促进国际航空运输的发展,正式明确了国际航权的分类管理。这也是我国航权对外开放进程中具有较大意义的修订与完善,但是规章更多的是从技术性角度对国际航空运输的管理作出规制,对航权开放与交换的具体问题的规定仍很缺乏。

另一方面,我国航权交换法律机制呈现微观规制效率低下的特点。其一,直接面向国际航权资源管理的文件为2018年中国民用航空局发布的政府公文《国际航权资源配置与使用管理办法》。该规范性文件明确了国际航权资源配置是国务院民用航空主管部门根据我国的法律法规、我国政府与外国政府签署的双边或多边航空运输协定、议定书、备忘录和会谈纪要等,对空运企业国际航权申请进行审查、评估后作出配置决定的行政管理行为。可以看到,该规范性文件更多的是对已经建立航权安排的航线权利进行分配与管理的规制,对微观具体的航权配置与使用问题作出了较为全面的规定。其二,我国面向"一带一路"国家间开放第五航权时,仍需要按照既往的流程,主要以双边航空运输协定为基础,与特定国家之间开放第五航权仍是采取"一国一事一议"的处理方式,呈现出效率低下的特点。基于"一带一路"国家间程度更深、范围更广的航空运输需求,采取目前的第五航权开放措施与方式,将会限制"一带一路"倡议合作重点设施联通的建设,无法形成高效的航权开放与资源配置。

三、"一带一路"倡议下我国航权交换法律机制的改革动因

"一带一路"倡议的不断向前推进,既需要沿线国家相互协作,共同推进,形成良好的国际合作局面,也需要良好的国内法治环境。在"一带一路"倡议的内容中可以看到国内分为西北、东北、西南、内陆、沿海和港澳台等地区板块,几乎覆盖全国范围。加强与"一带一路"国家间的联系与协作,需要国内环境更加开放,交通设施基础服务要不断提升,民航全面合作的平台和机制需要全国各个地区共同参与。在内因与外因的共同影响下,不断推动我国航权交换法律机制的改革。

(一)"一带一路"倡议下我国航权交换法律机制的改革内因

首先,2019年,我国民航业整体保持了稳中有进的良好态势,全行业完成运输总周转量1293.25亿吨公里,比上一年增长7.2%,其中国际航线完成运输总周转量463.74亿吨公里,仍有较大空间可以挖掘。[17] 然而可以看到,可用于民航运输空域的紧张则是制约国际航线开设的一大阻碍,目前全国空域只有20%左右用于民航活动,有可供适用的空域是进行航权交换、促进民航业发展的基础。据中国民用航空局统计,对目前我国民航单位可用空域面积所保障的飞行小时进行计算,其航线航路的平均飞行密度是美国的1.47倍,最繁忙的航路每日飞行架次已经超过国际平均水平达到500架次以上。[18] 并且,现行的航路航线是在20世纪70年代根据当时的军民航使用情况进行划分的,已经不能满足当下的民航发展需求,且军航训练空域占比过大,在一定程度上也会挤压民航的发展空间。同时,在当前空域管理中,用于民航的空域资源呈现分布不均衡的特点,东部发达地区的空域资源目前依然较为紧张,西部地区的空域资源相对较为宽裕,而航线规划首先受制于空域资源的紧缺,东部地区需求量大但能够规划航线的空间已经不足,西部地区虽然仍有规划航线的空间但需求量小。空域管理体制的僵化、空域资源分配不均衡等问题,都将影响着我国航权交换进一步深入拓展的步伐,相关问题构成了我国航权交换法律机制在"一带一路"倡议下需要进行改革与创新的内因之一。[19]

其次,在"一带一路"倡议下,我国民航致力于推动相关的航空基础设施对接建设,中国民用航空局已与新疆、云南、黑龙江等省(自治区)政府共同制定了乌鲁木齐、昆明、哈尔滨等地的国际航空枢纽战略规划,而要推动建成国际航空枢纽,势必要扩大对外航权开放的程度。在建立国际航空枢纽的过程中,一方面要积极引导国外航空公司走进来,另一方面也需要努力推动国内航空公司走出去,使得国际航空枢纽的国际航线数量有所增加,国际航线完成的运输总周转量稳步上升,在这种过程中机场自身开放航权的权限则成为国际航线增设的阻碍。[20] 而我国目前在机场的航权管理方面仍比较谨

---

[17] 中国民用航空局发展计划司:《2019年民航行业发展统计公报》,载中国民用航空局网,http://www.caac.gov.cn/XXGK/XXGK/TJSJ/202006/t20200605_202977.html。
[18] 李其国:《加快建设中国民航现代化空管系统》,载搜狐网,https://www.sohu.com/a/123759287_468661。
[19] 张焱:《试论航权交换与航权经济》,载《上海经济研究》2017年第3期。
[20] 王献平、庄爱萍、郑田颖:《第五航权与中国民航》,载《中国民用航空》2005年第7期。

慎,在全国仍只开放了十余座城市机场的第五航权运行权,同时大多数机场的第五航权运行只针对货运,尚未开放客运第五航权。航权开放类型的进一步拓展与深化也是当前国际形势下我国航权交换法律机制改革与创新的内因之一。

最后,我国当前的民航业正处于稳步向外拓展的阶段,以美国为首的航空大国在推动民航业向外拓展的过程中,都无不例外地放松了对民航业的监管,采取"开放天空"等政策,积极与其他国家开展航权交换工作。[21] 在这个过程中,具有国际竞争力的航空承运人则是美国对外拓展民航业务的重要基石。在航权交换的过程中,航权运营主体是利用航权开展国际航空运输服务的承运人航空公司,国家虽然作为航权的权利与义务的主体,但是其本身并不参与航线权利的具体使用,实际的使用主体是获得他国授予航权国家的航空公司承运人。因此,我国面向"一带一路"倡议国家间进行航权交换法律机制的改革与创新过程中,要将互相交换的航线权利实现经济价值,需要我国的航空公司能够在参与国际航空运输中提高竞争力来获取优势,在取得竞争优势的前提下才能够更好地推动航权的开放与交换。在影响航空公司国际竞争力的诸多因素中,与发达国家的承运人航空公司相比,我国的航空公司仍存在着资金、航线网络、对外投资拓展方面的不足。在资金方面,由于民航业属于资金密集型产业,以航空公司运行的载体为例,航空器本身价值不菲,且日常维护费用也较高。同时,我国的主要航空公司如国航、东航、南航的平均负债率已达 80% 以上,高于美国的平均水平(60% ~70%),资金压力大。[22] 在航线网络方面,我国航空公司在机队规模、旅客运输量等指标上已经达到了国际大型航空公司的平均水平,但是在远程航线规模、网络化建设方面仍存在着欠缺,航线网络的建设仍需重视。在对外投资拓展方面,我国航空公司对外投资拓展业务能力有待加强。因此,我国航权运营主体的国际竞争力有待加强也是航权交换法律机制改革与创新的内因之一。

(二)"一带一路"倡议下我国航权交换法律机制的改革外因

自 1954 年以来,我国与苏联签订了中华人民共和国第一份航空运输协定[23],我国民航业不断壮大,改革开放之后融入全球经济广度与深度不断拓展,我国在对外拓展国际民用航空业务、开展国际航权交换相关工作也正在稳步向前推进。"一带一路"倡议

---

[21] 肖永平、孙玉超:《论现代国际航空法的自由化趋势》,载《法律科学》2010 年第 4 期。
[22] 李莉:《中国民航产业发展困境与政策选择的思考》,载《中国民用航空》2012 年第 1 期。
[23] 吴建端:《航空法学》,中国民航出版社 2007 年版,第 150 页。

航空设施领域的协作与建设取得了一定的成效,但是外部建设仍需加强与完善。

首先,当前我国对外航权交换机制仍是以传统的"双边模式"为主导,与"一带一路"国家间开设航线,增加航班仍是采用"一对一"的双边航空运输协定的形式。采用"双边模式"可以让政府实现最大化的监管,保障航权交换的对等,充分保护国家的利益。[24] 诚然,"双边模式"作为一种相对成熟的航权交换法律机制,其最大限度地保证两国合意的达成,具有灵活性的优势。但其也存在着种种问题无法满足日益丰富的航权交换实践,尤其是在第五航权的开放过程中,航权航线必然联结第三国的特点更是双边模式无法满足的。[25] 而当前,采用"多边模式"则能够在一定程度上满足我国开放第五航权的实际需求。结合我国开放第五航权的实际需求,我国应立足于国内航空运输业的发展状况,顺应国际航空运输自由化的趋势,积极构建"一带一路"国家间航权交换多边法律机制。[26] 在"一带一路"倡议的指导下,需要推动区域国家间的互利共赢,在开放合作的理念指导下,"一对一"的双边协定不符合倡议的宗旨,需要推进多边航权交换法律机制的建设。故制度设计的需求是我国航权交换法律机制改革与创新的外因之一。

其次,航空活动在给我们的生活带来便捷与高效的同时,也会对我们的环境造成一定的负面影响,其环境污染主要表现为航空噪声、航空废气、航空排放等。其中,噪声等有害影响主要集中在机场及其附近,可以通过各国的国内法加以调整规制,而涉及跨国的环境保护问题主要为航空排放。[27] 航空排放作为移动性、全球性、行业性的国际航运环境问题,基于各国的经济发展水平差异化,各国之间相互协作处理环境保护问题的难度也会随之加大。航空排放对环境的影响主要分为低空排放与高空排放。低空排放是指飞机起飞与着陆环节,3000英尺(915米)低空范围内的排放,主要包括一氧化碳、碳

---

[24] Paul Stephen Dempsey, *Law & Foreign Policy in International Aviation*, Transnational Publishers, 1987, p.82.

[25] 段元萍、顾宝炎:《全球航权开放的渊源和演进态势》,载《上海理工大学学报(社会科学版)》2004年第3期。

[26] 贺富永、李乾贵:《全球化背景下我国航空运输业政府管理体制改革的历程与方向探析》,载《中国行政管理》2013年第6期。

[27] Sean Lengell, *Europeans Eye Tough Emissions Rules for Airlines*, Washington Times, Dec. 21, 2006, at A03.

氢化合物、碳氧化合物和烟雾,但排放的物质大多会被地面植被等吸收,对环境影响较小。[28] 高空排放则是飞机巡航时飞行高度在 8～13 千米的排放,主要包括航油充分燃烧后产生的二氧化碳、氮氧化物、烟雾等物质。二氧化碳是航空高空排放的最重要的污染物质,其占据高空排放的 70% 以上,对高空环境造成显著的影响,同时也会直接助推地球表面温度的上升。[29]"一带一路"倡议在设施联通的建设中,要求强化基础设施绿色低碳化建设和运营管理,在建设中充分考虑气候变化影响,因此如何就国际航运的环境保护问题达成协调一致的解决方案,是我国航权交换法律机制改革与创新的外因与内容。

最后,由于"一带一路"沿线国家之间的经济水平发展差异巨大,各国民航业的发展水平不甚相同,所以航权的交换工作如果采取一律开放对等的形式,参照欧美国家间的"开放天空"协定模式,则会进一步导致区域内各国的民航业发展异化,差距扩大,这也是与倡议所倡导的互利共赢相违背的。各国民航业发展水平的不一致要求我们在构建区域的航权交换机制之时,充分考虑各国的基本情况。共商共建共享的原则与内涵要求在改革与创新区域航权交换法律机制当中要注重各国国家利益的保护。这也是我国要改革与创新区域间航权交换机制的动因之一。[30]

综上所述,随着"一带一路"倡议的不断向前推进,民航领域的相互协作作为设施联通的重要一环,国内空域管理体制的僵化与空域资源分配不均衡、航权交换的程度不足、航权运营主体的国际竞争力较弱等问题都是我国航权交换法律机制的改革内因。与此同时,我国"一带一路"倡议对航权开放提出了更高的要求,其民航全面合作的平台与机制要求对现在的双边协定模式进行改进,国际航运的环境保护问题、倡议的开放合作与互利共赢的宗旨的要求,都是我国航权交换法律机制的改革外因。

四、"一带一路"倡议下我国航权交换法律机制的创新路径

航权是国家主权在经济领域的体现,航权的交换既是国家间经济性权力的互相交换,也是经济效益在国家间实现共享与共赢,从主权的角度而言是地面国对主权的一种

---

[28] ICAO. Environment Report 2010, p29. http://www.icao.int/icao/en/env2010/Pubs/EnvReport10.html.

[29] 刘莉:《给飞机插上绿色翅膀》,载《科技日报》2002 年 11 月 14 日,第 4 版。

[30] 刘志云:《试论 GATS 框架下新一轮空运服务谈判及我国的对策》,载《甘肃政法学院学报》2005 年第 4 期。

让步,对获得飞入许可的航空器国籍国而言是获得了一种"特权"。[31] 我国过去40多年改革开放的实践和经验无不体现着改革与开放的重要性,其共同作用的结果就是使市场在资源配置中发挥决定性的作用。当前,"一带一路"倡议给航权交换工作提出了新的要求,但也要看到,这既是挑战也是机遇,要充分依托倡议推动区域航权交换和航权经济的建设,从我国航权交换法律机制的内部创新路径与外部创新路径两方面入手,推动航权交换法律机制的改革与创新。

(一)"一带一路"倡议下我国航权交换法律机制的内部创新路径

我国民航为实现从"民航大国"走向"民航强国"的转变,需要积极联系国内大型航空公司与国际枢纽机场,结合特定区域的现实情况,改革航权交换法律机制的内容,提升国内机场的对外开放水平。

首先,应当结合"一带一路"倡议的实施,提升空域的开放水平,在重要的节点城市机场、边境地区的枢纽机场,采取更加积极、开放、灵活的方式,适当开放空域管理的限制,扩大民航空域的范围,尽量减少在枢纽机场附近不必要的禁航区。[32] 在国内空域的设置上,调动更多的空域为民航服务,为航权交换的开展服务,从而为机场增添国际航线、加强航权交换做好充足的空域准备。我国的飞行管制与空域资源的管理工作应当在各方利益协调之下,实现军方空域资源与民航资源的协调发展。对我国空域管理和航线规划等相关问题进行专门立法,从顶层设计方面补足当前的空白与欠缺,以缓解东部空域资源拥挤与提高西部空域资源利用两条进路并行,推动空域管理制度的发展与完善,助力我国航权交换法律机制的改革与创新。

其次,推进西安、乌鲁木齐、昆明等门户枢纽机场的航权开放水平,重点在于放开机场国际航线的申请限制,特别是针对第五航权,增加运行第五航权的门户枢纽机场的数量,让更多的门户枢纽机场参与到我国第五航权的运行中,充分调动国内外航空公司在我国内地申请第五航权航线的积极性,进而推动我国对外航权交换的广度与深度。加强倡议沿线重要城市的航空业基础能力建设,发挥倡议沿线枢纽城市的关键作用,以开放第五航权为着力点,结合内陆交通枢纽城市成熟的铁路、公路运输系统,努力建立多式联运体系,形成以机场为中心的综合交通网络系统。与此同时,还要积极依托自由贸易实验区的建设来推动航权交换法律机制的创新,充分利用海口、三亚机场的地理优

---

[31] Bin Cheng, *The Law on International Air Transport*, Stevens & Sons Press, 1962, p. 322.
[32] 广林乔子:《我国进一步开放航权的法律问题及对策》,载《湖北警官学院学报》2015年第9期。

势,加强与东南亚、南亚地区的协作与联系,增加在海南中转的第五航权航线。[33] 以海南自由贸易试验区为实验点,建立第五航权交换的创新平台与机制,这也是为"一带一路"倡议中孟中印缅经济走廊建设奠定交通基础。[34]

最后,还需要提高航权运营主体的国际竞争力,让国内的主要航权运营主体以更加具有竞争力的态势参与国际航空市场的竞争,助力我国参与航权交换的实践。对于航空公司而言,其国际竞争力一般体现为规模、运营、市场以及国际化水平的竞争力。规模竞争力主要包括总资产、机队规模等指标,运营竞争力包括运输的总周转量、飞机的日利用率等,而市场竞争力是指在全球市场的份额以及通航城市,国际化水平竞争力则是涵盖国际航线的运输总周转量、货物运输量、国际主营业务收入等。[35] 结合航空主体国际竞争力的范围,其提高的路径可以提升枢纽机场的中转集散功能为基础,以大型国际枢纽、门户枢纽为引领,大力提升枢纽机场的中转作用和中小机场的输送功能,建立起国内"相互协调、相互支撑"的机场体系,以及国际"衔接度高、通达性好"的航线网络。还可以从立法的角度,以航空产业振兴为主题,以经济领域的产业促进立法为抓手,提高航权运营主体的国际竞争力,让其在完备的法治保障下参与国际市场的竞争,从而更好地助力我国航权交换法律机制的改革与创新。

(二)"一带一路"倡议下我国航权交换法律机制的外部创新路径

首先,国际上目前运用较多的航权交换是以双边法律机制为主导,但是基于"双边模式"的不足以及问题,在"一带一路"倡议的大合作背景下,可以采用签订区域性的航权交换协定书的形式,通过一个区域性的航权交换协定将相关国家同时纳入统一的航空运输服务机制当中,让各国都有机会进入其他国家的航空市场。[36] 同时,该区域性的航权交换协定书并不排斥与否定双边协定的有效性,它可以把航权交换的基本框架纳入多边体制的调整当中,但不影响此前签订的双边协定。在顶层设计"一带一路"航权交换多边法律机制的构建中,需要在"一带一路"倡议共建原则的基础上,结合航权交换的实践特点,在推动"一带一路"区域性航权交换多边法律体制构建与发展中,秉持

---

[33]《国务院关于支持自由贸易试验区深化改革创新若干措施的通知》,国发〔2018〕38号,2018年11月23日发布。

[34] 吴川醌、赵振华:《海南国际旅游岛航权开放的法律视角》,载《行政与法》2011年第2期。

[35] 高乐鑫:《国际航线联营和天空开放的借力融合与演变》,载《武大国际法评论》2018年第4期。

[36] 李春玲、王彧:《并购重组提升中国航空公司国际竞争力研究——以东航并购上航为例》,载《企业经济》2013年第3期。

国家利益原则、平等互惠原则、开放合作原则、共商共建共享原则。最终实现承接区域性的航权交换协定书的签订,以建立实体化的航权交换多边法律机制为实施路径,通过"一对多"的协定模式,不需要我国分别与不同的国家进行谈判,同时积极促使"最惠国待遇原则"的适用,以最有效率的路径享受到其他国家间的谈判成果,充分提高谈判效率,以实现区域航权交换协作共同体。㊲

其次,需要加强国际航空运输环境保护合作机制。航空业的蓬勃发展既是经济机遇,也是环保挑战,如何加强国际航空运输的环境保护协作也是国际社会关注的热点。2003年,欧盟率先提出碳排放交易体系,2005年开始在欧盟内部正式实行,同时根据2012年的修正案规定,给所有在欧盟境内起降的民用航班均设定了免费的碳排放量额度,如果超过这一额度则需要缴纳碳排放税。㊳ 尽管该制度一经实施就引起国际社会的争议,但是不可否认其对国际航空运输环境保护的重视,也是首次将该国际问题法治化与实践化。基于"一带一路"倡议的互利共赢的法治意蕴,加强区域航空运输环境保护合作机制可以协调各国环境保护监管立法为基础,推动各国的监管政策与法规协调一致。同时,倡议各国加大对节能减排的技术投入,大力发展相关技术,在政策法规协调一致的基础上,推动节能减排技术的使用与技术分享,以减排为目标推动技术的区域性共享与使用。

最后,在建立"一带一路"国家间航权交换多边法律机制的基础上,设立统一的航权交换协同中心。㊴ 在推动区域内各国航权交换的过程中,可能会发生航权交换与实际运输的争议。由于各国的民航业发展水平不一致,所以各国的开放水平在总体上保持一致的基础上,仍需要作出相应的保留与差异。在这个过程中,各国开放航权的程度都需要作出相应的衡量,要符合该国民航业的实际发展水平与基本国情的需要。因此,通过签署"一带一路"区域内国家航权交换协定书,在协定书中明确建立统一的航权交换协同中心,其主要职责在于评估各国的航权开放的程度与交换的力度。但考虑到"一带一路"倡议本身具有非强制性,因此该评估结论具有行业建议的性质,不具有国际法的约束力,以符合倡议提出的初衷。

㊲ 周亚光:《美国航空运输协定的模式演进及我国的借鉴》,载《法商研究》2017年第4期。
㊳ 刘萍:《论航空排放的国际法律规制》,载《法学杂志》2011年第9期。
㊴ 初北平:《"一带一路"多元争端解决中心构建的当下与未来》,载《中国法学》2017年第6期。

综上所述,从内部与外部两方面入手,推动"一带一路"倡议下我国航权交换法律机制的改革与创新,主要在于要推进我国民航业参与国际航空运输业的广度与深度,通过提升空域的开放水平、提高门户枢纽机场的航权开放程度、提高航权运营主体的国际竞争力三个方面,从内部构建起适应"一带一路"倡议需求的航权开放国内的法治基础与环境。涉外的航权交换法律机制重点在于开放合作与互利共赢,通过签订区域性的航权交换协定书,建立起"一带一路"国家间的航权交换多边法律机制,加强国际航空运输环境保护合作机制,加强设立统一的航权交换协同中心,从外部搭建起"一带一路"国家间航权交换的公共平台与法律机制,进而推动我国航权交换法律机制由"一对一"向"一对多"模式的转变,在充分保障各国航空主权的前提下,提高"一带一路"国家间航权交换的效率,助力于各国民航业的协同发展。

五、结语

我国国家制度和国家治理体系具有多方面的显著优势,坚持独立自主和对外开放相统一,积极参与全球治理,为构建人类命运共同体不断做出贡献是其在国际法治领域显著优势的具体表现。[40] 在新时期,推动党和国家事业发展需要和平的国际环境和良好的外部条件,高质量建设与发展"一带一路",维护多边贸易体制,推动贸易和投资自由化便利化,需要我国对外航权交换机制的改革与创新。航权是一国对外开展国际民航运输活动的基础性权力,航权的交换更是国家进行政治外交的权力基石与重要纽带。在国际航空运输自由化与协同化的背景下,更需要秉持共商共建共享的全球治理观,以更加开放自主的国内航空运输市场来倡导建立航权交换的多边法律机制。[41] 当前正值"一带一路"倡议的建设阶段,区域性的合作与多边主义的落实正是推动我国航权交换的深层原因与动力,沿线国家的协同发展与实现各国民航业的互利共赢是航权交换机制改革与创新的目的,最终为实现我国积极参与全球治理体系的改革和建设,推进国家治理体系和治理能力现代化贡献民航法治力量。

---

[40] 韩秀丽:《国际法治理念下的"一带一路"倡议实施》,载《人民法治》2018 年第 3 期。
[41] 刘敬东:《"一带一路"法治化体系构建研究》,载《政法论坛》2017 年第 5 期。

Reform and Innovation of China's Legal Mechanism for the Traffic Rights Exchange under the "Belt and Road" Initiative

Li Ye, He Fuyong

Abstract: The legal mechanism for the traffic rights exchange is the foundation of the comprehensive foreign cooperation platform and mechanism of China's civil aviation, which mainly includes two parts: domestic supervision and foreign exchanges. The legal mechanism for the traffic rights exchange presents the problems of insufficient supply of macro design and low efficiency of micro regulation in China. The Internal cause of reform of the mechanism is due to the rigidity of the airspace management system and the unbalanced distribution of airspace resources, the insufficient exchange types of traffic rights, and the weak international competitiveness of traffic rights operators. The external cause of reform is the need for the construction of a multilateral traffic rights exchange mechanism, the need for environmental protection cooperation in international air transport, and differences in the level of development of the aviation industry of various countries. The internal innovation path of the mechanism is to improve the openness of airspace, expand the exchange types of traffic rights, and improve the international competitiveness of traffic rights operators. The external innovation path is to establish a regional multilateral legal mechanism for the traffic rights exchange, improve the environmental protection cooperation mechanism of international air transport, and establish a unified coordination center for the traffic rights exchange. The purpose of the reform and innovation of the mechanism is to realize the coordinated development and mutual benefit of the aviation industry of countries along the route, and it also provides a legal path for China to participate in the reform and construction of the global governance system.

Keywords: the "Belt and Road" Initiative, Traffic Rights Exchange, Motivation for Reform, Innovation Path

实务透视
Practice Insights

"一带一路"视域下银行跨境担保法律问题探析

竺常赟 杨 晖[*]

摘 要:随着"一带一路"倡议的实施,银行跨境担保业务面临着重大机遇与挑战。本文首先从金融监管和国际商业惯例视角来界定银行跨境担保业务的范畴,以信用证、独立保函为主要业务模式。从分析银行跨境担保业务具有的与传统担保不同的新型担保特征入手,聚焦跨境担保的抽象独立性、合同效力、欺诈认定、止付等法律问题,并特别探讨了新冠肺炎疫情下不可抗力的国际贸易规则与国内法的衔接。

关键词:"一带一路"倡议;银行跨境担保;法律问题

"一带一路"倡议对促进中国和"一带一路"沿线国家经济发展、便利区域经济合作具有重大的意义。近年来,随着该倡议的持续推进,银行跨境担保的业务体量快速增长,产品结构迅速创新,服务范围不断扩展。银行开展跨境担保业务不仅要应对不同地缘引发的政治风险及信用风险,也要面临不同地域交织的金融监管政策及法律风险,尤其是近期又面临着新冠肺炎疫情在全球蔓延的严峻挑战。在实践中,银行跨境担保法律问题逐渐显现,以往并不多见的信用证、独立保函等银行跨境担保纠纷也有所增加。从权利救济角度来看,各种金融风险都可归结为法律风险,即当金融市场主体因金融活动产生纠纷时,能否得到法律上的认可和有效救济。因此,对银行跨境担保业务的相关法律问题进行探析很有必要,这将有利于进一步明确金融市场主体的权利、义务,促进

---

[*] 作者简介:竺常赟,华东政法大学博士研究生、上海市高级人民法院三级高级法官;杨晖,上海金融法院法官助理,法学博士。

金融主体建立合理的责任预期,以实现对跨境担保法律风险的有效管理。

一、"一带一路"倡议中银行跨境担保主要业务模式及其法律性质解读

(一)银行跨境担保的主要业务模式

《跨境担保外汇管理规定》定义的跨境担保是指担保人向债权人作出的按照合同约定履行相关担保义务的书面承诺,且这种义务将会产生跨境资金收付或者资产权利转移。探讨银行跨境担保业务的相关法律问题时首先需要明确目前银行跨境担保业务的主要模式。

1.从业务监管角度解读

从外汇管理方面规定来看,跨境担保业务应具备下列特征:①承诺以契约形式出现,具有法律效力;②产生跨境的资金收付或资产权利转移;③履行付款义务同时将产生对被承诺人的债权。[①]"内保外贷"与"外保内贷"是外汇管理政策中用于支持境内外企业进行境内外融资的方式。随着我国不断深化金融体制改革和加快开放金融市场,内保外贷与外保内贷的意义更多地在于拓宽企业进行境内外融资的增信渠道。

从银行业监管角度来看,《中国银监会关于进一步加强银行业金融机构境外运营风险管理的通知》(银监发〔2016〕5号)规定的银行境外金融业务主要分为以下几类:客户或交易对手是境外主体,或客户、交易对手虽然在境内,但风险敞口在境外的贷款、拆借、贸易融资、票据承兑和贴现、透支、保理、担保、贷款承诺、信用证、融资租赁等授信类业务,黄金、外汇、衍生产品等交易类业务以及债权、股权等投资类业务。根据上述规定,跨境担保应属于授信类业务范畴。

综上,结合国家外汇管理局(以下简称外汇局)的解释,银行的跨境担保业务是指涉及资金跨境转移的担保业务。

2.从国际商业惯例角度解读

在国际金融商事领域,英国等国常用"履约保函"(performance guarantees)、"见索即付保函"(demand guarantees)、"履约保证"(performance bonds)等的表述。在美国,备用信用证(standby letters of credit)与见索即付保函通常被银行视为一类工具。《联合国独立担保和备用信用公约》则以"独立担保"(independent guarantees)描述备用信用证

---

① 胥良:《跨境担保相关政策问答》,载《中国外汇》2016年第11期。

以外的银行独立保函。独立保函与信用证的区别并非仅从名称上进行划分,两者都是在国际商事交易中被普遍使用的一种抽象性的付款工具,这种支付工具所依附的相应合同约定决定了其性质与权利义务内容。银行跨境担保业务模式以独立保函及信用证形式展开,即使在内保外贷、外保内贷业务中,"保"也多以独立保函及信用证方式进行。因此,在探讨银行跨境担保业务的法律问题时,本文将以独立保函、信用证等银行常见跨境担保业务模式为着眼点进行阐述。

(二)银行跨境担保业务的法律性质认定

独立保函、信用证既然独立于基础交易,那么银行的付款义务和止付权利与基础交易的关系在何种法律关系范畴中明确,是分析银行跨境担保业务相关法律问题的逻辑起点。

1. 独立保函的法律性质认定

独立性的判断是确认独立保函法律性质的关键点。独立性是独立保函之根本特征,也是区别于传统担保的特征之一。《见索即付保函统一规则》(URDG,国际商会第458号出版物,以下简称URDG458,国际商会第758号出版物,以下简称URDG758)、《国际备用信用证惯例》(国际商会第590号出版物,以下简称ISP98)、《跟单信用证统一惯例》(国际商会第600号出版物,以下简称UCP600)、《联合国独立担保和备用信用证公约》等规则都对独立性进行了明确的规定。URDG458、URDG758的规定较为一致,规定了保函与基础合同相独立,同时也明确规定了作为反担保的独立担保与本担保相独立。② ISP98则更加准确地规定了备用信用证项下的付款义务独立于基础交易,开证人对申请人的任何约定适用的协议、惯例和法律下的权利和义务都无法影响开证人对受益人的义务。③ 上述国际惯例,在国际贸易商业习惯上确定了独立保函的独立性原则,并在国际银行业跨境业务中得到普遍认可。独立性原则在便利迅捷交易的同时,以保函开立人之信用为开立申请人进行信用增级,提升商事交易的安全性,严格的单据付款主义符合商事行为的商事外观主义,充分体现了国际商事交易活动的当事人自治原则以及对商事惯例的尊重。根据《最高人民法院关于审理独立保函纠纷案件若干问题

---

② URDG458第2条和URDG758第5(a)条明确规定:"保函就其性质而言,独立于基础关系和申请,担保人完全不受这些关系的影响或约束。保函中为了指明所对应的基础关系而予以引述,并不改变保函的独立性。担保人在保函项下的付款义务,不受任何关系项下产生的请求或抗辩的影响,但担保人与受益人之间的关系除外。"

③ 参见ISP98第1.06条(c)款、第1.07条。

的规定》(以下简称《独立保函司法解释》)第5条规定,当事人有权自主明确选择是否适用前述国际商事活动规则,法院不应当主动适用此类规则。由于独立保函具有独立性特征,与普通保函有明显区别,故一旦被认定为独立保函,则将对保函各方的责任承担产生重大影响。在我国司法实践中,有关独立保函的性质问题往往成为该类诉讼案件当事人的主要争议焦点。

根据《独立保函司法解释》规定,独立保函必须满足以下要件:一是开立主体限定为金融机构;二是书面形式;三是载明付款金额或最高额;四是载明据以付款的单据。通常在相关诉讼中,被告通过否定独立保函之独立性,而以传统担保之性质代替,即银行作为保函开立人,在案件中处于被告地位,原告作为受益人在主张银行承兑保函所明确的付款义务时,银行多以保函类似担保责任,否定独立保函的独立性质,以基础交易不实、单证不符、欺诈、受益人权利滥用等原因进行抗辩。《独立保函司法解释》同时规定,在独立保函项下的开立人的付款承诺仅受到单据的约束,在受益人提交的单证相符时,开立人即必须履行保函所约定的付款义务,基础交易中的违约事实并不在受益人的举证范围之内,开立人也并不享有基础合同债务人的抗辩权以及保证人的抗辩权。因此,法院在案件审理中,通常需综合考量保函名称、单证限制、抗辩权限制、基础交易被援引的具体情况、担保责任履行及解除等具体条款约定,进而对是否构成独立保函还是传统担保加以判断。仅以保函文本表达或者标示了"见索即付"字样,或约定适用URDG等国际规则,并不足以证明保函的独立性质。若文本内容表明了履行保函项下的付款义务从属于基础交易,那么有可能丧失独立性,被认定为传统担保类型。例如,要求受益人在请求付款时须提供证据证明以下内容:基础交易的履约情况,或者是否行使基于基础交易的抗辩权,或者基础交易合同对保函效力的影响以及基础交易合同的变更、修改将影响保函效力等。进一步而言,对独立保函性质的认定,应从以下两个方面进行分析。

(1)保函与基础合同的关系方面。保函及开立保函申请之间的关系不同于保证与基础合同的从属性关系。保证担保的法律效力是从属于基础合同的,基础合同发生主体、内容、期限等改变将影响保证担保的法律效力;独立保函虽也依据基础合同,但其法律效力并不依赖基础合同,保函出具人履行保函项下的付款或承诺义务以成就单据化付款条件为前提。

(2)保函的具体内容方面。保函相较于保证存在明显不同:一是主体不同。《中华人民共和国民法典》(以下简称《民法典》)第 683 条从反向规定了保证人的范围,即规定了保证人的除外情形,机关法人(除国务院批准为使用外国政府或者国际经济组织贷款进行转贷的除外)、公益目的非营利法人、非法人组织不能成为保证人。可见,可以签订保证合同的主体是非常宽泛的。而独立保函项下,只有银行或非银行等金融机构才可以作为开立人。显然保证合同的保证人范畴要广于独立保函开立人的范畴。或者说,独立保函的开立是被法律限制在一定范围的。二是担保金额的确定不同。根据《民法典》的规定,保证范围一般包括主债权及利息、违约金、损害赔偿金以及债权实现的费用,当事人也可以就此另行约定。独立保函则必须明确具体担保金额,不能只列担保范围。三是有效期的确定不同。保函的有效期必须明确,对相关当事人具有法律约束力是受制于有效期的。一旦过期,保函项下的担保责任免除。保证期间一般为意定期间,若没有约定或者约定不明,则按照《民法典》的相关规定确定。四是担保人履行付款义务的前提不同。保证人(一般保证)的付款义务是替代性的,即在债务人违约不能履行债务时,保证人(一般保证)才需承担相应的担保责任。在独立保函项下,受益人赔付请求满足保函项下的单据要求,担保人即需赔付。五是适用规则不同。保证受《民法典》相关规定及担保法司法解释的约束;独立保函当事人则可以约定适用 URDG 等国际交易规则。

综合来看,在判断独立保函的独立担保性质时,需要把握以下两点:一是独立保函开立人不得援引基础交易合同项下的抗辩权及抵销权,其担保义务具有单据化特征;二是独立保函独立于基础合同,其并不受制于基础交易合同中的仲裁和协议法院管辖条款,因此可以限制司法审查范围并快速审理,当事人可以另行确定保函的适用法律。④

2. 信用证的法律性质认定

与独立保函类似,信用证亦植根于独立性,只要单据表面相符,银行即应向受益人履行信用证项下的付款义务。与 UCP600 及《美国统一商法典》相比,我国的信用证内涵比较有限。根据《国内信用证结算办法》第 2 条的规定,信用证是开证行依申请人的申请开立的、对单证相符交单予以付款的承诺。《美国统一商法典》则定义:信用证是开证人依据开证申请人的请求或者因为申请人的缘由,以付款或者给付相应价值的方

---

④ 刘斌:《独立担保的独立性:法理内涵与制度效力——兼评最高人民法院独立保函司法解释》,载《比较法研究》2017 年第 5 期。

式向受益人作出的,符合兑付单证提示要求的,确定的付款承诺。⑤ 上述规定总体上都明确信用证是开证人对受益人作出的明确的书面付款承诺。《美国统一商法典》规定的开证人付款承诺的具体方式以给付相应价值来加以限定,而我国《国内信用证结算办法》则仅限定为向受益人付款。综上,可以理解为信用证类似于独立保函,是开证人对受益人的付款或者承诺,这种义务的指向均是一种金钱给付义务。信用证的抽象性表现在信用证是单据化的付款或承诺,即信用证权利义务的基础是依靠单据来加以限制。信用证的独立性表现为信用证在开立后不再依赖基础合同,基础合同的变化不会影响信用证的法律效力。总体来说,信用证的独立性内涵与前文所述的独立保函的独立性类似,源于基础合同,但信用证项下付款义务的履行又不依赖于基础合同的效力与履行状态,即信用证项下的付款责任只与单据有关联,不受基础合同约束,故在对其作具体评判时,可以参考对独立保函法律性质之判断标准。

(三)未经外汇管理登记的银行跨境担保合同的效力认定

跨境担保业务所引发的资金或者资产权利的跨境转移,必然涉及国家的外汇监管。在外保内贷业务中,境内银行作为贷款人(债权人),境外机构提供担保(担保人),若担保履行则有可能形成债务人的境外债务;在内保外贷业务中,银行作为跨境担保人,若担保履行则会引发担保资金的出境流动。因此,相关外汇和外债管理规定跨境担保业务合同订立后,需履行相应的登记程序。那么,若没有进行登记,担保合同效力应如何认定?对此问题,《民法典》第502条规定了合同成立与生效的基本原则。一般情形下,依法成立的合同是自成立时生效,但除外情形是法律另有规定或者当事人另行约定合同生效的条件。特别情形下,法律、行政法规可以规定前置批准手续,如未办理前置批准手续,合同的效力将会受到影响,但该合同中有关履行报批等义务的条款以及相关条款的效力具有独立性,不受合同效力的影响,而且应当办理批准等手续的当事人未履行该前置批准义务的,对方可以请求其承担违反该义务的责任。从上述规定看,批准手续是否影响合同效力,要区分批准的法律效力渊源等级以及该批准的性质,即影响合同效力的审批程序只有法律和行政法规可以规定,且必须明确前置合同成立之前。

第一,相关的外汇、外债登记规定均是一种事后登记程序,即有关跨境担保合同的

---

⑤ 美国法学会、美国统一州法委员会:《美国〈统一商法典〉及其正式评述》(第二卷),李昊、刘云龙、戴科等译,中国人民大学出版社2005年版,第57页。

订立不以相关行政登记为前提。在内保外贷业务中,根据《跨境担保外汇管理规定》第6条的规定,内保外贷和外保内贷属于外汇局的登记管理范围,担保人在符合法律、法规及监管规定的前提下,可先订立内保外贷合同再进行登记。显然,这种登记是一种事后行政程序,故合同的成立并未以此登记为前提。而在外保内贷业务中,《跨境担保外汇管理规定》第17条规定则限定了可以自行订立外保内贷合同的范围,要求外保内贷合同必须满足四个条件:"(一)债务人与债权人均在境内注册经营;(二)金融机构向非金融机构出借资金;(三)担保债权标的是金融机构提供的本外币贷款(不包括委托贷款)或有约束力的授信额度;(四)担保形式符合境内、外法律法规。境内机构若超出上述范围办理外保内贷业务,必须经过批准。"可见,外保内贷业务中,一般境内债务人订立外保内贷合同需以行政审批为前提。境内银行作为外保内贷的债权人,在开展此类业务中须关注是否超范围、模式展业。而2013年颁布的《外债登记管理办法》规定了外商投资企业的例外情形。外商投资企业进行外保内贷,可与境外担保人、债权人直接签订担保合同,不需审批。中资企业订立外保内贷合同,应事前向所在地外汇局申请外保内贷额度,并在额度内直接签订担保合同。由此,外保内贷业务合同的订立也保持了与内保外贷合同仅需事后登记的一致状态。可见,如银行作为债权人,对外商投资企业贷款而接受境外担保的,无须进行登记,但是如果向境内企业贷款,接受境外担保,则必须在外汇额度内办理。这种事后登记不影响合同成立,合同效力也不受事后行政登记的制约。

第二,违反《跨境担保外汇管理规定》一般并不必然导致担保业务合同无效。《跨境担保外汇管理规定》由外汇局制定,属于监管部门规定,并不属于法律、行政法规范畴。从效力层级来看,不能适用《民法典》第143条规定的"违反法律、行政法规的强制性规定"的民事法律行为无效情形。若银行跨境担保业务合同未履行相关登记程序,但合同业已成立,且不存在《民法典》规定的民事法律行为无效情形的,其效力不应受到影响。按照《境外担保外汇管理规定》第29条规定,跨境担保合同须符合外汇局相关的核准、登记或备案等管理要求,但是跨境担保合同的生效不受上述管理要求的约束。可见,外汇局的相关审批要求并非合同生效的前置条件,未经审批并不影响合同效力。

第三,未办理登记可能影响跨境担保的履行并产生相应责任。根据《跨境担保外汇管理规定》第14条的规定,内保外贷履约分为两种情况:一种情况是银行为担保人,其可依约履行担保合同项下对外支付义务;另一种情况是非银行机构为担保人,可凭担保登记文件直接履行担保合同项下购汇及对外支付义务。但该条同时强调,在境外债务人偿清因境内担保人履约,而产生的其对境内担保人承担的债务之前,未经外汇局批准,境内担保人须暂停签订新的内保外贷合同。根据上述规定,一方面,对于银行开展内保外贷业务,若没有登记,银行作为担保人的担保合同项下的支付义务履行并不会受到影响,这也从侧面印证,事后未登记并不会影响内保外贷合同的效力。诚然,对于非银行担保人,未进行事后登记的情况会有所不同,但受到影响的也只是合同履行环节,而并非合同效力。另外,当外保内贷业务发生境外担保履约情形时,境内债务人需办理外债签约登记及相关备案手续,这也属于事后行政登记。境内债务人若未事先经外汇局批准,就偿清其对境外担保人的债务,境内债务人不能再签订新的外保内贷合同;若未经所在地外汇局批准,外保内贷合同项下的新的提款,将被暂停。因此,未办理登记不会影响跨境担保合同的效力,但会影响该合同的履行,从而导致担保人、债务人可能承担相应的违约风险。

二、银行跨境担保业务欺诈的司法认定及止付

独立保函、信用证欺诈纠纷是银行跨境担保业务中出现的常见案件。"欺诈例外原则"在该类案件处理中被普遍适用。该原则首先是由美国法院在 Sztejn v. Henry Schroder Banking Corp 案件[6]中提出,指在基础交易存在实质性欺诈时,可构成信用证关系与基础交易相独立的例外。从实践来看,欺诈行为的存在并构成欺诈例外情形则成为银行在该类诉讼中提出的常见抗辩理由,也往往是法院审理该类案件的关键问题。

(一)独立保函欺诈的认定

《独立保函司法解释》第12条规定的五种情形实际上是对欺诈加以类型化地描述:一是欺诈,包括虚构基础交易和单据欺诈两种情形;二是请求权被明显地滥用。[7]在审查是否构成独立保函欺诈时,一方面要把握独立性原则,将独立保函独立于基础交易,另一方面又不能机械地割裂与基础交易的关系。法院审查中,一般不需要对基础交易的权利义务关系进行实质审查,而应重点审查受益人是否存在欺诈故意、基础交易是

---

[6] Sztejn v. Henry Schroder Banking Corp. 31 NYS 2d 631 (1941).
[7] 董琦:《独立保函欺诈例外研究——兼论最高人民法院〈独立保函司法解释〉的适用》,载《东南学术》2019年第3期。

否已实际履行以及基础交易之瑕疵是否构成独立保函之欺诈三个方面。

1. 虚构基础交易

一是保函转让。根据《独立保函司法解释》第10条的规定,保函在转让后,因新受益人与申请开立人之间并不存在基础交易关系,只有存在单据不符情形时,才能否定保函的独立性。二是合同权利义务转移。在法律允许范围内转移基础交易合同项下的权利义务,通过转让可以从侧面排除虚假基础交易,再次检视该基础交易的真实性。基础交易合同的受让人成为新的债权主体后,保函开立人与其是否形成保函开立关系,也要重新考量受让人是否存在《独立保函司法解释》第12条规定的欺诈情况。如若欺诈行为成立,则被认为存在独立保函欺诈。三是虚假基础交易。若受益人、保函申请人或他人恶意串通,即构成了《独立保函司法解释》第12条第1项规定的虚构基础交易。这里涉及的问题是——是否以受益人明知来判定构成实质欺诈。此时,应运用"诚实信用原则"加以判断,在符合双方交易习惯的行为模式中,结合交易场景和商业惯例来探究交易双方的真实意思表示,即受益人明知并非自然蕴含在基础交易欺诈中,但是从逻辑推理角度来看,受益人是保函项下资金的接收方,其有内在动机制造基础交易欺诈。因此,要结合具体交易的结构及履行状况来加以判断。

2. 单据欺诈

单据欺诈可能存在两种情形:第一种情形为受益人、开证申请人提供的单据内容为虚假或伪造的;第二种情形为第三方单据为虚假或者伪造的。如何认定这些情形是否构成单据欺诈?如系受益人、开证申请人提供虚假或者伪造单据,则基础交易的真实性存疑,可以通过审查基础交易是否实质存在来进行判断。如系第三方提供虚假或者伪造单据,则可以根据《独立保函司法解释》第1条第2项的规定,认定构成独立保函欺诈。

3. 权利滥用

《独立保函司法解释》第12条第3项和第4项规定了认定受益人索赔构成滥用付款请求权的前提条件是,未发生由仲裁裁决、法院判决及受益人确认的、基础交易项下的债务已经全部履行完毕或者符合保函约定的付款到期情形。第12条第5项则兜底规定了受益人滥用付款请求权的其他情形。但若是依据此项,在未达到欺诈标准的情形下,仅通过形式上的司法审查就判定构成保函欺诈,则可能会导致该条明确列明的欺诈具体标准不能发生其应有的、谨慎认定欺诈例外的制约作用。因此,从立法的内在逻辑角度来看,应优先适用具体欺诈标准,审慎适用兜底性条款。只有在列明的欺诈情形都无法涵盖案件事实时,再以兜底条款来判定是否存在欺诈。

(二)信用证欺诈的司法认定

信用证欺诈相较于独立保函欺诈,包括了单证欺诈与基础交易欺诈。《最高人民法院关于审理信用证纠纷案件若干问题的规定》(以下简称《信用证司法解释》)仅列明了恶意不交货或者货物无价值的基础交易不真实情形,明确当事人可以通过法院裁判来确认基础交易欺诈;关于单据欺诈,在规定受益人提供虚假或伪造单据情形的同时增加规定了受益人、开证申请人或者第三方串通进行单证欺诈。从信用证欺诈的实质及其与信用证业务模式在银行跨境担保业务中所扮演的角色关系来看,实际是通过欺诈认定来保障信用证开立人的权益,维护信用证为贸易融资的正当目的,通过平衡受益人与开证申请人的利益,维护商业交易的诚信基础,兼顾效率与公平。目前,在判断信用证欺诈时有三个问题值得关注。

1. 受益人知情是否为信用证欺诈成立的要件

理论上,信用证所涉基础合同的当事人及交易对手或者第三方均可引发信用证欺诈,但《信用证司法解释》并未将受益人知情作为信用证欺诈的成立要件。受益人是否知情也并非认定第三人单独实施欺诈行为的条件,而应主要审查该行为发生的时间节点,即审查在第三人为该行为期间内,受益人是否对此负有责任。

2. 信用证欺诈的内容

单据与基础交易是相伴而生的,故信用证中的单据欺诈和交易欺诈必然紧密联系。一方面,交易欺诈必然要通过伪造或者虚假单据记载来实现。若交易行为严格依照合同约定,一般也不可能不需要进行单据欺诈。另一方面,若单据系伪造,也很难存在全部正当的交易。

3. 坚持认定构成欺诈的实体标准

结合实践情况,认定实质性欺诈应从两方面考虑。一方面,从单据在基础交易中发挥的作用来判断。若仓单、提单、发票、原产地证明等系伪造,那么极有可能存在实质性欺诈。若单据欺诈与信用证项下约定的单证无关,而是根据合同条款所衍生的其他虚假单证,则大概率不构成实质性欺诈。从商业惯例角度来看,受益人在不影响基础合同目的的实现的前提下,为正常结汇而预借、倒签提单,如交付货物数量、品质均符合合同约定,也不应认定构成实质性欺诈。例如,仓单、提单、运单的倒签问题,如果可依据交易惯例或者行业默认规则加以解释，则不宜认定为单据欺诈。另一方面，从欺诈基础交易的事实来看，若欺诈与基础合同约定背道而驰，合同目的无法实现，则可认定构成实质性欺诈。而如仅是一般性违约，如货物较小的质量瑕疵或数量上的细小差别，则不能认定构成实质性欺诈。在这里需要注意的是，对合同附件内容的违反是否构成欺诈，如附件内容并不构成合同交易的主要内容，或者对合同附件的修改不影响合同目的的实现，也不宜认定为欺诈。

（三）独立保函及信用证的止付

止付是存在保函、信用证欺诈例外的法律后果。2003年，《最高人民法院关于严禁随意止付信用证项下款项的通知》明确指出了必须严守信用证独立性原则，一方面基础交易项下的一般纠纷不能成为开证行止付信用证项下款项的理由，另一方面信用证欺诈例外原则的适用条件将被严格限制。综合来看，在判断独立保函及信用证的法律性质时，独立性是根本，但并非与基础交易无任何关联，独立担保产生的前提、目的和根据都与基础交易密不可分。法院审理保函、信用证纠纷时不仅要审查是否构成独立担保，而且需要面对基础交易事实，因为在特殊情况下，如发生欺诈例外等情形下，法院不可避免需要对基础交易进行审查。[8] 目前的司法审查原则是保持独立保函、信用证的独立性，在审查独立保函、信用证基本争议事实时并不主动涉及基础交易，但在案件审理中对可确认的基础交易事实，仍可作出相应的司法认定。

1. 选择裁定止付或判决止付实际上是程序或者实体审查欺诈例外问题

《独立保函司法解释》分别规定了两种止付，分别是裁定中止和判决终止。裁定是中止支付，判决是终止支付，一字之差，却是程序与实体审查的区别。当事人对申请裁定中止支付还是判决终止支付具有选择权。《信用证司法解释》的止付规定与《独立保函司法解释》相类似，都涉及对欺诈例外原则适用中的实体与程序救济途径的选择。程序上的单证审核不一致是触发裁定救济程序的基础，而对欺诈例外原则的实体审查认定则为判决终止支付救济程序的基础。根据《中华人民共和国民事诉讼法》（以下简称《民事诉讼法》）的规定和独立保函、信用证案件的特点，提起裁定止付程序的要求包括：止付必须提交具有高度可能性的证据；不予止付具有损害的紧迫性与高度盖然性，即申请人受到的合法权益损害将难以弥补。此外，"欺诈例外之例外"中要考量第三人

---

[8] 翟红、余希：《独立保函纠纷审判难点探究》，载《人民司法·应用》2012年第3期。

利益,如在转开独立保函的情形下,若开立人对独立保函已经善意付款的,即使存在欺诈,仍不得裁定止付独立保函。有学者赞成我国引入美国的禁令制度,以此来协调对止付进行裁定与判决的不同标准。而有学者则认为我国当前的止付程序足以构成对信用证欺诈的救济。虽然禁令制度在知识产权司法程序中发挥了积极作用,但在金融商事司法领域,禁令制度的适用还缺少足够的法律依据。

2. 关于举证责任分配问题

在民事诉讼中,一般的举证原则是"谁主张、谁举证",在独立保函、信用证欺诈案件中亦是如此。一方面,根据《最高人民法院关于审理票据纠纷案件若干问题的规定》的规定,若存在票据的出票、承兑、交付、背书转让等行为涉嫌欺诈情形的,持票人对持票的合法性应当负责举证。因此,对于独立保函或者信用证之单据付款担保义务之实质而言,在相关纠纷中单证是否相符应由受益人承担。因为根据相关交易结构而言,在纠纷发生时,受益人要证明其权利来源的正当性的首要义务是单据相符,而不是由承诺付款人来证明单据是否存有不符点。另一方面,判定是否存在欺诈事实,这是开证行除单据不符之外的拒付抗辩之理由,银行主张存在欺诈,需提供证据证明其诉请,故此时的欺诈举证责任应该归属于承诺付款人。

三、不可抗力对银行跨境担保业务的影响

当前,新冠肺炎疫情蔓延全球,对包括银行跨境担保业务在内的世界经济金融产生了广泛深刻的影响。而研究疫情中的银行跨境担保业务的相关法律风险,首要需面对的是不可抗力问题。

(一)国内外关于不可抗力相关规定的差异

关于不可抗力的法律规定,《民法典》作了明确规定。在银行跨境担保业务中,不可抗力抗辩与独立保函、信用证的独立性判断、欺诈例外、止付判定等均有着密切关联。

1. 国内立法及司法审判对不可抗力的认定

在我国司法审判实践中,对于不可抗力的认定要结合主客观标准来判断。《民法典》第533条第1款明确规定:"合同成立后,合同的基础条件发生了当事人在订立合同时无法预见的、不属于商业风险的重大变化,继续履行合同对于当事人一方明显不公平的,受不利影响的当事人可以与对方重新协商;在合理期限内协商不成的,当事人可以请求人民法院或者仲裁机构变更或者解除合同。"第2款规定:"人民法院或者仲裁机

构应当结合案件的实际情况,根据公平原则变更或者解除合同。"《民法典》的上述规定实际是将不可抗力与情势变更结合在一起,作为影响合同效力及履行的抗辩理由。法院应根据《民法典》的规定,结合案件实际,从公平角度以及合同订立前后的主客观情形来综合衡量这些不能预见的商业风险之外的情形对合同目的、履行及效力的影响程度,进而判定当事人可以援引不可抗力或者情势变更抗辩的范围。2020 年 2 月 10 日全国人大常委会法工委就疫情防控有关法律问题答记者问时即明确了此次的新冠疫情归属于法律规定的不可抗力情形。⑨《最高人民法院关于依法妥善审理涉新冠肺炎疫情民事案件若干问题的指导意见》,明确了应适用公平原则处理因疫情等不可抗力引发的民事合同纠纷。包括上海市高级人民法院在内的多家地方法院也对新冠肺炎疫情适用不可抗力条款出台了具体指导意见。如疫情及相应的处置行为可以作为不可抗力抗辩事由,导致合同的继续履行对一方当事人利益而言是显失公平的,是否可以适用情势变更? 对此问题,本文认为由于新冠肺炎疫情引发的合同履行的不公平状态,是可以适用情势变更抗辩的。因为疫情是一种客观的且主观无法预见及避免的情形,其对合同效力虽无影响,但是疫情的发生及发展已经超出了合同订立之初当事人双方所预设的合同履行风险。故在疫情状态下,继续履行合同会打破合同订立时的当事人利益均衡状态,造成明显的利益不公,这显然有悖当事人的真实意思表示,也不符合民法原理中的诚信原则。

2. 国际商事规范中的不可抗力规则

《美国统一商法典》第 2 - 615 条规定的不可抗力情形包括:合同因某种意外事件而确实难以履行,且基于当事人订立合同时的基本假定该意外事件不会发生;因外国政府或本国政府的政策而确实导致卖方无法履行合同。《法国民法典》第 1148 条明确规定了不可抗力可以免责的规定。在判断是否构成不可抗力的上述规定情形时,都提到非合同当事人可预见,即发生的意外情形必须是无法预见的情形(unforeseen circumstances)。⑩

在国际贸易中,《联合国国际货物销售合同公约》(以下简称 CISG)第 79 条对当事

---

⑨ 2020 年 2 月 10 日全国人大常委会法工委就疫情防控有关法律问题答记者问时即指出,"当前我国发生了新型冠状病毒感染肺炎疫情这一突发公共卫生事件……对于因此不能履行合同的当事人来说,属于不能预见、不能避免并不能克服的不可抗力。"

⑩ 比如,《埃及民法典》第 147 条规定了"无法预见情形"的原则。《埃及民法典》,黄文煌译、蒋军洲校,厦门大学出版社 2008 年版,第 19 页。

人由于他所不能控制的障碍而没能履行合同义务时可不承担责任的情形作了明确规定,但 CISG 没有明确适用不可抗力,但是根据其规定,若发生了类似的不可抗力(情势变更情形)时,合同当事人可以免于合同项下的损害赔偿责任。从法律效果来看,其不同于或者小于英美法系或者大陆法系对合同效力限制的范围。

综上,国际贸易规则对不可抗力虽有不同表述,但实际上都是描述因为不能预见、不能控制的意外事件而影响合同履行的客观障碍。而我国法律对于不可抗力的态度上,基本上体现了大陆法系对不可抗力的立场。不论是英美法系与大陆法系还是相关国际商事规范,对于不可抗力的理解都存在基本共识,均可以发生限制合同义务的法律效力,只不过对合同义务的履行及责任的限制的范围有所不同。另外,综合国内外立法及商事规范,判断是否构成不可抗力时,法院或者仲裁机构的自由裁量权应得到关注[11],因为构成不可抗力需要主客观情形的一致判断。

(二)不可抗力对银行跨境担保业务的影响

在国际贸易合同中,不可抗力是在产生争议时经常被援引的条款,是合同解除或不履行的法定理由。通常情形下,合同固然必须信守,但在某些特殊情况下(如不可抗力、情势变更等),严格信守合同反而造成了实际上的合同当事人不公平。不可抗力对基础交易合同效力的影响使得合同当事人可以援引,进而引起了合同的变更履行,合同损害赔偿责任免除,或者合同解除等法律效果。如前文所述,银行跨境担保的根本法律性质在于其独立于基础交易合同,若基础合同项下发生不可抗力抗辩,基础合同的当事人或者银行能否据此就担保责任提出抗辩?

1. UCP600、URDG758 均规定银行作为付款人可以援引不可抗力

UCP600 第 36 条对"不可抗力"的规定为:"银行对于天灾、暴乱、骚乱、叛乱、战争、恐怖主义行为或任何罢工、停工或其无法控制的任何其他原因导致的营业中断的后果,概不负责。银行在恢复营业后,对于在营业中断期间已逾期的信用证,将不再据以进行付款、承担延期付款责任、承兑汇票或议付。"[12]UCP500 第 17 条对"不可抗力"的规定为:"银行对于天灾、暴动、骚乱、叛乱、战争或银行本身无法控制的任何其他原因而营

---

[11] 金赛波、冯守尊、李其师等:《不可抗力与国际贸易、国际工程承包、信用证及见索即付保函交易》,载金赛波的博客,http://blog.sina.com.cn/jinsaibo。

[12] Uniform Customs and Practice for Documentary Credits,载国际商会网站,http://www.internationalcontracts.net/international-law-documents/UNIDROIT-Principles-of-International-Commercial-Contracts.pdf.

业中断,或对于任何罢工或停工而营业中断所引起的一切后果,概不负责。除非经特别授权,银行在恢复营业后,对于在营业中断期间已逾期的信用证,将不再据以进行付款,承担延期付款责任、承兑汇票或议付。"[13]上述规定的实质是银行担保业务在遭遇不可抗力事件时,可以单方免除银行的责任,即银行提出上述国际贸易规则列明的情形下的不可抗力抗辩,都必须基于其自身所无法控制,也就是发生了银行在正常营业状态下所无法预见和避免的意外情形。虽然银行的独立担保合同独立于基础合同,但基础合同项下的不可抗力事实若同时也对银行而言是不能预见及不可避免的,影响到了银行的正常营业,则银行也可以就此援引不可抗力抗辩。

URDG758 第 26 条对"不可抗力"的规定为:"由于天灾、暴动、骚乱、叛乱、战争、恐怖主义行为或担保人或反担保人无法控制的任何原因而导致担保人或反担保人与本规则有关的营业中断的情况。如果由于不可抗力导致保函(反担保函)项下的交单或付款无法履行,在此期间保函(反担保函)失效,根据本条规定进行的任何展期、中止或付款均对指示方有约束力;担保人和反担保人对于不可抗力的后果不承担进一步的责任。"[14]上述规定对银行作为跨境担保人的权利是侧重保护的,但若银行在跨境担保业务中是作为出借人,其债权人的权益保障则仍有赖于对《国际商事合同通则》(以下简称 PICC)及 CISG 的充分理解与灵活运用,即何种情形对银行来讲是可援引不可抗力。因银行展业与一般商事交易活动有所不同,在金融业态中,相比交易对手而言,银行的信息处理能力较强,其对于风险的控制能力也应符合某一监管法域的监管标准,故在一系列风险控制指标体系内,银行若没有符合监管约束指标,其是否可以援引不可抗力或艰难条款就存在疑问。

2. 不可抗力对银行跨境担保责任的影响

国际商事规范的话语背景植根于英美法体系,不可抗力抗辩事由成立有可能使合同的继续履行处于落空状态。银行作为担保人或者债权人能否援引不可抗力也必须判断情势变更发生的节点、程度及对合同履行的影响大小,以及是否给予相对人必要的展期。

(1)从 UCP600、URDG758 的规定来看,银行可以援引不可抗力进行抗辩,但必须是

---

[13] 1996 年国际商会颁布实施的《跟单信用证项下银行间偿付统一规则》(URR525)关于不可抗力的范围也沿袭了 UCP500 的规定。

[14] The Uniform Rules for Demand Guarantees URDG758,参见国际商会数字图书馆网站,https://www.mondaq.com/Nigeria/Energy-and-Natural-Resources/540664/Understanding-The-Uniform-Demand-Guarantee-Rules-No-758。

在银行营业因不可抗力中断前,其未收付尚处于有效期的信用证(保函)。而这里的不可抗力与基础合同是否同样适用没有必然关联。也就是说,在跟单信用证的受益人履行交货义务后,信用证(保函)的申请人未能履约时,受益人均应在信用证、保函规定的有效期间向银行提交信用证、保函,若受益人以基础合同受不可抗力影响而导致信用证、保函提交迟延,主张银行继续承担相应付款责任,则无法获得支持。对受益人有效交付行为的确认,国内法律并没有详细加以规定,这有赖于对相关国际贸易规则、惯例的理解与适用。需要注意的是,在银行跨境担保业务中,由于不同业务合同所选择的国际商事规则不同,故可能会出现援引不可抗力的不同法律后果。例如,根据 ISP98 开立的备用信用证,即使信用证在该时间已经失效,受益人仍可以在银行因不可抗力原因停业而恢复营业后 30 天内向银行交单。

(2)对欺诈例外的挑战。不论是基础交易欺诈、单据欺诈还是权利滥用,实际上是对保函、信用证独立性的一种限制,即存在基础交易有关的欺诈情形下,作为保函、信用证付款责任人的银行得以行使拒付抗辩权,来免除其付款责任。鉴于国内外法律与国际贸易规则、惯例对不可抗力的确认均采用了主客观一致原则,在审判中对不可抗力构成标准的把握,需要特别关注法官的自由心证,即对主客观原则的把握离不开对事实与法律适用的精准考量。若欺诈涉及不可抗力,因不可抗力构成必须具备客观要件,从举证责任方面来看,银行对客观部分容易举证,但对于何种事态属于不可抗力的客观范畴,则要依照该保函、信用证选择适用的国际贸易规则的规定来加以确定。因此,在保函、信用证业务设立之初,银行就应全面考量欺诈例外原则中的举证责任承担问题,充分考虑包括不可抗力原因在内导致的欺诈行为的证明负担。

在全球蔓延的新冠肺炎疫情成为不可抗力得以援引的情形,银行作为担保人或者是债权人,其可以援引的国际商事规范中的不可抗力的路径有所不同。总体来看,银行作为担保人,若信用证、保函中约定适用了 UCP、URDG 规则,则银行可以穷尽担保人的免责状况,但要注意提交凭证的时间节点以及是否有展期情况;若银行作为债权人(担保权人),则银行得以抗辩的是基础合同中的不可抗力情形。另外,还要注意情势变更抗辩的适用。相比不可抗力而言,情势变更的标准比较灵活,可以给予合同当事人更多的协商空间,也有利于纠纷解决的利益平衡。

四、结语

若把"一带一路"倡议视为双循环经济战略的重要抓手,金融就是贯通双循环经济战略抓手的血脉。"一带一路"倡议的实施为中国银行业带来巨大的金融市场需求,银行跨境担保业务将迎来一个发展机遇期。在这一过程中,特别是在新冠肺炎疫情影响全球的情况下,要重视银行跨境担保业务所面临的法律风险。只有针对银行跨境担保业务相关法律问题予以足够的研究和积极的应对,尊重国际贸易中的有关独立担保规则,注意国内法与国际法的衔接,把握好银行跨境担保法律规则的特别规定,才能有效管控法律风险,保障银行跨境担保业务的健康发展。

Analysis of the Legal Issues of Cross-border Bank Guarantee under the View of the "Belt and Road"

Zhu Changyun, Yang Hui

Abstract: With the implementation of the "Belt and Road" Initiative, banks face major opportunities and challenges in cross-border guarantee business. First of all, from the perspective of financial supervision and international business practices, this paper defines the scope of cross-bank guarantee business, with letters of credit and independent guarantee as the main business model. Starting with the analysis of the difference of the legal relationship between the new guarantee and the traditional guarantee, it focuses on the abstract independence of cross-border guarantee, contract effectiveness, fraud determination, stop payment and other legal issues, and especially discusses the interface between the international trade rules of force majeure and domestic law under the COVID-19 epidemic.

Keywords: the "Belt and Road" Initiative, Cross-border Bank Guarantee, Legal Issues

外国民商事判决承认和执行中推定互惠原则的选择与制度构建

——以"一带一路"沿线国家为视角

张先耷　衡砺寒[*]

摘　要：随着"一带一路"建设的深入推进，沿线国家经济交往的增多，有效开展国际民商事司法协助积极预防并妥善解决争端就成为现实必要。近年来，我国法院在承认和执行外国法院判决方面为事实互惠原则所限，与相关国家陷入"囚徒困境"，不利于为"一带一路"沿线国家经济发展营造良好的法治保障环境。本文梳理了涉外民商事判决承认和执行的相关案例，通过博弈论理论分析模型及司法实践中中日互不承认对方法院判决的案例，分析事实互惠原则存在的弊端及其原因，结合最高人民法院对涉外民商事判决承认和执行的司法政策改变，对外国法院判决承认和执行适用互惠原则的审查标准等进行探讨，认为在"一带一路"沿线国家民商事争端解决中适用推定互惠原则是承认和执行外国法院民商事判决的必要且合理选择，并对适用推定互惠原则制度构建提出建议，以期推进"一带一路"沿线国家司法协作新机制形成。

关键词："一带一路"；判决承认和执行；互惠原则；制度构建

"一带一路"倡议提出以来，沿线国家民商事交往日益增多，构建适应"一带一路"沿线国家需要的民商事法律纠纷争端解决机制，以强化相关国家之间司法协作具有现

---

[*] 作者简介：张先耷，南京市中级人民法院研究室副主任，员额法官；衡砺寒，外交学院英语系本科2017级学生。

实意义。在国际民商事诉讼中,历经漫长的涉外程序取得终局裁判文书后还要面临外国法院判决在内国的承认和执行。"只有法院的判决得到执行,当事人之间的纠纷才能得以完全处理,其合法权益才能实现。"[①]所谓外国法院判决的承认和执行是指根据本国法律规定或者本国与外国签署的条约,对外国法院判决的法律效力在本国予以承认并执行。[②] 根据相关法律规定,我国法院在审理涉外案件中,对于当事人申请承认和执行外国法院判决时,一般会首先审查是否有相关条约,其次审查相关国家是否有承认和执行过我国法院判决的先例。如果该国没有承认和执行过我国判决的先例,那么我国法院就不会认定两国之间存在互惠关系,并据此不承认和执行该国法院判决。当我们以事实上是否存在互惠关系来判断是否承认对方法院判决,就会产生博弈论中的"囚徒困境"现象,影响双方经济交往进一步发展。在"一带一路"建设背景下,本文通过分析外国法院判决承认和执行中经济学及法学理论、国内外的司法实践及历史演进,对"一带一路"沿线国家互惠原则的选择及制度构建进行探讨,以期为加强"一带一路"沿线国家经济交往及法治合作建设建言献策。

一、承认和执行外国法院判决实践中的"囚徒困境"

通过民商事司法协助条约或国际条约来确定两国法院之间判决的承认和执行是非常简单易行且高效的方式,但目前与我国签订民商事司法协助条约的国家数量较少,更没有缔结或参加任何有关外国法院判决承认和执行的国际条约,而且有些民商事司法协助条约对法院判决的承认和执行并没有作出规定。在上述条约缺位的情况下,司法实践中,我国法院一般需要根据相关法律规定适用互惠原则对外国法院判决进行审查并确定能否承认和执行。以下是笔者整理的无条约情况下外国法院判决的承认和执行的案例情况。

(一)外国法院判决的承认和执行案例情况

1. 外国法院承认和执行我国法院判决的案例

我国法院判决在国外法院获得承认和执行的共有7例(见表1)。

---

① 韩德培:《国际私法新论》,武汉大学出版社2003年版,第486页。
② 韩德培主编:《国际私法》(第三版),高等教育出版社2014年版,第535页。

表1　外国法院承认和执行我国法院判决的案例

序号	结案时间	我国法院	外国法院	相关文书案号及文件	法律基础
1	2006年	江苏省无锡市中级人民法院	德国柏林高等法院	(2004)锡民三仲字第1号民事判决书	互惠原则
2	2009年	湖北省高级人民法院	美国联邦法院加利福尼亚州中部地区法院	(2001)鄂民四初字第1号民事判决书	美国加利福尼亚州《统一外国金钱判决承认法》
3	2015年	江苏省南通市中级人民法院	以色列特拉维夫地区法院	(2009)通中民三初字第0010号民事判决书	互惠原则
4	2014年	浙江省海宁市人民法院	美国联邦破产法院新泽西州地区法院	(2014)嘉海破字第1~5号民事裁定书	《美国破产法》
5	2016年	江苏省苏州市中级人民法院	美国合众国地区加利福尼亚州中区法院	(2015)苏园民初字第02762号民事判决书	美国加利福尼亚州《统一外国金钱判决承认法》
6	2014年	江苏省苏州市中级人民法院	新加坡高等法院	新加坡高等法院(2014)SGHC16号民事判决书	互惠原则
7	2020年	江苏省南京市中级人民法院	新加坡高等法院	(2016)苏01破8号民事裁定书	互惠原则

2. 我国法院承认和执行外国法院判决的案例

我国法院承认和执行外国法院判决的共有3例(见表2)。

表2　我国法院承认和执行外国法院判决的案例

序号	结案时间	我国法院	外国法院	相关文书案号及文件	法律基础
1	2013年	湖北省武汉市中级人民法院	德国柏林高等法院	(2012)鄂武汉中民商外初字第00016号民事裁定书	互惠原则
2	2016年	江苏省南京市中级人民法院	新加坡高等法院	(2016)苏01协外认3号民事裁定书	互惠原则
3	2017年	湖北省武汉市中级人民法院	美国加利福尼亚州洛杉矶县高等法院	(2015)鄂武汉中民商外初字第00026号民事判决书	互惠原则

3. 我国法院拒绝承认和执行外国法院判决的案例

因对方没有承认和执行我国法院判决的先例,我国法院认定不存在互惠关系进而不予承认和执行外国法院判决的共有 5 例(见表 3)。

表 3 我国法院拒绝承认和执行外国法院判决的案例

序号	结案时间	我国法院	外国法院	相关文书案号及文件	法律基础
1	1995 年	辽宁省大连市中级人民法院	日本国熊本县地方法院、日本国横滨地方法院	1996 年《中华人民共和国最高人民法院公报》第 1 期的"五味晃"案件	无互惠关系
2	2001 年	浙江省宁波中院	德国法兰克福地方法院	《审判前沿》2003 年第 3 期	无互惠关系
3	2004 年	北京市第二中级人民法院	英国高等法院	(2004)二中民特字第 928 号民事裁定书	无互惠关系
4	2007 年	广东省深圳市中级人民法院	澳大利亚国西澳大利亚最高法院	(2006)民四他字第 45 号民事裁定书	无互惠关系
5	2011 年	广东省深圳市中级人民法院	韩国首尔西部地方法院	(2011)深中法民一初字第 45 号民事裁定书	无互惠关系

4. 外国法院拒绝承认和执行我国法院判决的案例

以双方不存在互惠关系为由,日本法院拒绝承认和执行我国法院判决的共有 2 例(见表 4)。

表 4 外国法院拒绝承认和执行我国法院判决的案例

序号	结案时间	我国法院	外国法院	相关文书案号及文件	法律基础
1	2004 年	中国法院	日本大阪高等法院	日本大阪高等法院第 28090358 号裁决书	无互惠关系
2	2006 年	江苏省南京市玄武区人民法院	东京高等法院	(2003)玄民一初字第 1050 号民事判决书	无互惠关系

(二)承认和执行外国判决中的"囚徒困境"

(1)"五味晃"案件确立了我国法院在承认和执行外国判决案件中适用"事实互惠"原则的审判精神。此后,我国法院在审理此类涉及外国法院判决承认案件时,如果对方与我国没有相关司法协助协议,也没有承认和执行我国法院判决先例,则一律认定双方不存在互惠关系,从而拒绝承认该国判决。表4反映,2003年当中国法院作出的判决在日本申请承认和执行时,日本大阪高等法院认为:中国最高法院复函明确指出中日两国间没有司法协定,且不承认和执行日本法院的判决,因此根据互惠原则,日本的法院也不承认和执行中国法院的判决。③ 由于我国法院实行事实互惠对日本法院判决拒绝承认,所以日本法院对我国法院判决也不予承认,目前两国在承认和执行对方法院判决的司法实践中陷入了恶性循环。

(2)外国法院判决承认和执行中的"囚徒困境"。表3与表4中的案例反映,我国法院在审理承认和执行外国法院判决案件中采用的事实互惠原则,导致我国与相关国家陷入了法院判决承认和执行的"囚徒困境"。"囚徒困境"是20世纪西方经济学中博弈论的一个经典假设,起源于一个经典分析模型。④ 假设判决承认和执行涉及两个法域国家或地区,这两个国家或地区就是博弈参与人。每个国家或地区都有拒绝和承认判决两种选择,按照博弈论的分析:得益就是国家司法主权的维护及其国民经济利益的保护,而损失则是让渡国家司法主权及本来属于内国的财产将会被执行到外国。这两个国家或地区对于外国法院判决有四种态度组合:一是一方承认,另一方也承认;二是一方承认,另一方拒绝;三是一方拒绝,另一方承认;四是一方拒绝,另一方拒绝。按照"经济人是理性人"这样的理论前提,参与博弈的国家或地区都希望在判决书的承认和执行中争取损失最小、得益最多。因此,各方既要考量自己的选择,同时也要考量对方的选择,从而选择一条对己方最有利的战略。在上述两个国家或地区对于对方法院判决承认与拒绝的博弈中,如果对方国家选择拒绝承认己方判决,则自己的最佳选择也是拒绝承认对方判决,因为选择承认将使本国或本国当事人利益受损,拒绝可以使自己获取最大收益;如果在不知道对方选择承认还是拒绝的时候,自己的最佳选择也是拒绝,反之同样如此。而一旦一方选择拒绝,则另一方一般都会随之选择拒绝。根据上述博弈论分析,中日双方在判决承认和执行中实际上选择了一种"相互拒绝"的双输结局。"囚徒困境"理论反映了个体理性与集体理性矛盾的问题:每一个博弈参与人都意图获得最多收益,然而博弈参与人只从自己角度出发作出选择,最终自身利益并没有最大

---

③ 连俊雅:《"一带一路"战略下互惠原则在承认和执行外国法院判决中的适用现状、困境与变革》,载《河南财经政法大学学报》2016年第6期。

④ [美]庞德斯通:《囚徒的困境》,吴鹤龄译,北京理工大学出版社2005年版,第45页。

化,同时也不能取得博弈参与人共同利益最大化。

(3)判决承认和执行的国际公约和条约情况。到目前为止,国际上没有产生一个专门统一的判决承认和执行的国际公约。至于双边条约,我国仅与39个国家签订了民商事司法协助条约(其中与比利时、伊朗的尚未生效),这37个国家中涉及的"一带一路"沿线国家有25个,条约涉及承认和执行外国判决条款的有22个,截至2020年1月,我国已同138个国家签署共建"一带一路"合作文件⑤,因此,援引国际公约或双边条约承认和执行外国判决极其有限。

在"一带一路"建设不断强化的背景下,如何切实维护"一带一路"沿线国家市场主体的合法权益,合理选择互惠原则类型,推进跨境判决的承认和执行实效,营造良好的法治环境,是涉外民商事案件处理中需要面对的难点。

二、推定互惠原则的相关理论及实践

(一)承认和执行外国法院判决的相关理论

一般情况下,一个国家法院作出的判决只能在国内产生法律效力,如果没有判决的承认程序,该国法院的判决就无法在外国生效,也不能在外国领域内得到执行。一国法院对外国法院判决承认和执行的相关理论主要有以下几种。

1. 国际礼让说

国际礼让说首先承认各国主权独立,但同时强调国家之间通过相互给予对方便利而实现共赢发展。胡伯在其《论罗马法与现行法》一书中提出了著名的三项原则,并指出根据该学说,一个国家可以让外国的判决在其境内保持其效力,前提是不损害自己的主权权利及国民的利益。⑥

2. 既得权说

这是英国学者阿尔伯特·韦恩·戴雪对于法律适用所提出的理论。根据这一学说,内国法院适用的并非外国法,而是依据外国形成的权利,因此,一项外国的既得权利具有域外效力,而产生此种权利的外国法则没有域外效力。⑦ 有管辖权的外国法院对

---

⑤ 参见"双边文件",载中国一带一路网,https://www.yidaiyilu.gov.cn/info/iList.jsp?cat_id=10008。

⑥ 肖永平:《国际私法原理》,法律出版社2003年版,第42页。

⑦ 李双元、金彭年、张茂等:《中国国际私法通论》(第2版),法律出版社2003年版,第60页。

国际民商事争议进行判决,对于当事人通过法院判决取得的权利,这种权利具有域外效力,执行地法院应当加以承认和执行。这一理论在英美法判例国家得到较多应用。

3.既判力说

既判力说又称"一事不再理",其含义是指有管辖权的法院针对诉争标的作出的终局判决,具有防止当事人就相同诉争事项重复诉讼的效力。[8] 案件的审理是为了寻求当事人之间实现正义并结束争议,法律不允许就同一案件提出重复诉讼。既判力理论提出即使是一个外国判决,终结诉讼的要求和任何纠纷都不能两次起诉的原则也能适用,它可以构成承认外国判决效力的合法依据。

4.现实主义说

自20世纪60年代以来,在外国判决承认和执行的理论上出现了现实主义说。该学说主张,现代社会非常复杂又彼此依赖,如果只强调各国司法主权及相关利益,不承认外国法院判决,则会影响正常的社会秩序,而且会出现不公平的结果。[9]

(二)互惠原则的理论与分类

基于国际礼让学说的美国希尔顿案确立了外国民商事判决承认和执行中的互惠原则:一国对外国采取礼让行为,是希望以自己的礼让换来外国的礼让,从而达到互利互惠的结果。希尔顿案将礼让学说和互惠原则联系在一起,互惠原则一方面依托于深层次的礼让理论而具有更多的合理性,另一方面通过互惠关系的实践应用弥补了该学说的缺陷。互惠原则较好地平衡了国家主权保护和两国之间司法协助的需要,因此成为国际法上外国法院判决承认所遵从的惯例;同时,很多国家把互惠原则规定在国内法领域。在外国法院判决的承认和执行中,根据判断双方之间存在互惠关系的标准不同,互惠原则可分为条约、事实、法律和推定四种类别。当然目前有的学者将互惠分为广义的互惠和狭义的互惠,广义的互惠是包含条约互惠在内的四种互惠原则,而狭义的互惠则是除了条约互惠以外的法律互惠、事实互惠和推定互惠三种互惠原则。本文采取广义的互惠原则分类模式。

1.条约互惠

条约互惠是指根据两国之间是否签订承认和执行外国法院判决的条约来判断双方

---

[8] 高凤仙:《美国国际私法之我见》,台北商务印书馆1990年版,第177页。
[9] 何其生:《比较法视野下的国际民事诉讼》,高等教育出版社2015年版,第316－317页。

是否存在互惠关系。根据我国目前现行法律相关规定,如果我国与判决作出国之间签订判决承认和执行的司法协助条约,即可认定两国之间存在互惠关系,表1的案例也说明这一互惠原则认定标准。

2. 法律互惠

法律互惠是指对两个国家有关外国法院判决承认和执行条件的立法规定进行审核并评价,如果两国条件基本相当或者外国规定条件比内国还要有利,则认定存在法律上的互惠关系。判断标准一般是按照比较法对两国相关立法规定进行对比判断。

3. 事实互惠

事实互惠是指一国根据对方国家是否有承认和执行本国法院判决的案例来判断,即事实上是否已经产生承认本国法院判决的案例。如果有则认定两国之间存在互惠关系,如果没有则认定两国之间就不存在互惠关系。

4. 推定互惠

推定互惠是指只要对方国家没有拒绝之先例,且外国法院判决不违反本国法律的基本原则或者国家主权、安全、社会公共利益等,就可以推定两国之间存在互惠关系。

根据前述"囚徒困境"理论分析,在承认和执行外国判决的问题上,如果两个国家都选择己方拒绝而期待对方承认,那么就会出现互相都选择拒绝的情形,从而有可能陷入僵局。如果各方主动选择承认,则可能给双方都带来好处;然而,这只是理论上的可能。如何从双方共同利益最大化考量而主动走出第一步,选择先承认对方法院判决?笔者认为采取推定互惠原则是将上述理论上的可能变成现实的必然选择。

(三)推定互惠原则的理论与实践

1. 推定互惠原则的理论

推定互惠原则的理论基础——国际礼让原则发源于欧洲,盛行于美国,这一原则提倡对交易安全和当事人权益合理保护,因此我国在承认和执行外国法院判决中应予充分重视并予以借鉴。随着"一带一路"倡议的深化发展,我国法院与沿线国家法院之间将会面对更多涉及判决承认和执行的申请。在适用互惠原则的过程中,一方面,礼让意味着主动和开放的心态,我国法院应积极发展能动性,树立正确合理的礼让精神,在外国法院判决的承认和执行领域从封闭走向开放,从事实互惠原则走向推定互惠原则,只要不能查明外国法院拒绝我国法院判决的先例,就默认两国之间存在互惠关系。

2. 推定互惠原则的域外立法

推定互惠原则是由德国学者首次提出的,有的也谓之"合作的互惠关系",指的是在确定外国法院没有拒绝承认本国法院判决的先例前提下,就推定互惠关系的存在。1992年罗马尼亚《国际私法》第6条反映其确定了推定互惠原则:"如果要求存在互惠应推定其存在,除非有相关证明。证明由司法部和外交部经过协商查明。"

3. 推定互惠原则的域外司法实践

从本文第一部分收集的案例来看,很多国家在承认和执行外国法院判决中按照推定互惠原则主动走出了第一步,从而为走出"囚徒困境"、推动双方建立司法合作关系创造了条件。

表3第2个案例是2001年中国法院拒绝承认德国判决,但是2006年,在表1第1个案例中,德国柏林高等法院却承认和执行了江苏省无锡市中级人民法院的判决。德国法院从有利于推进两国司法合作与民商事交往出发,认为:如果两个国家都在等对方先承认本国法院判决,自己再跟进承认对方国家法院判决并因此确认互惠的话,则双方永远不可能发生事实上的互惠。在没有承认和执行对方国家法院判决的相关条约的情况下,为了不阻碍双方在承认法院判决向前推进,我们需要考量如果我国先走出一步,对方会不会跟进。德国法院判断按照现在国际贸易发展趋势,中国是会跟进的。[⑩] 正是德国法官在外国法院判决承认和执行方面适用推定互惠原则的积极态度确立了两国互惠关系。2013年,在表2第1个案例中,湖北省武汉市中级人民法院裁定:"鉴于德国柏林高等法院已做出判决承认中国无锡高新区法院号民事裁定,本院可按照互惠原则审查,对卷宗编号为'14 IN 335/09'裁定的法律效力予以承认。"表1第3个案例即以色列特拉维夫地区法院承认和执行江苏省南通市中级人民法院民事判决,这是以色列推定两国之间存在互惠关系并因此首先承认和执行中国判决。在外国法院判决承认和执行方面,上述各国法院积极适用推定互惠原则促进双方司法合作,减少当事人讼累,妥善解决民商事纠纷,推进经济交往。在我国大力推进"一带一路"建设的大背景下,这些实践尤其值得我国法院予以学习和借鉴。

[⑩] 陈洁、肖冰:《"一带一路"背景下承认与执行外国法院中互惠原则适用的变革及建议——以以色列最高法院首次承认和执行我国民商事判决为视角》,载《江苏社会科学》2018年第2期。

三、博弈论视角下承认和执行外国法院判决适用推定互惠原则的选择

虽然将互惠原则这一原本发生于国际公法领域的原则应用到国际私法领域中,本身存在一定冲突,但是我们可以在司法实践中通过互惠原则界定的把握从而平衡这一冲突。《中华人民共和国民事诉讼法》(以下简称《民事诉讼法》)中确认了承认和执行外国民商事判决中应当适用互惠原则,因此我们可以在涉外判决承认和执行中继续适用互惠原则。具体互惠关系的判断标准可以将过去的事实互惠原则调整为推定互惠原则方式,只要不能查明外国拒绝我国法院判决的先例的,即可认定两国之间存在互惠关系,而不是必须查到对方有承认我国法院判决先例才能认定存在互惠关系。

(一)推定互惠原则具有必要性和合理性

鉴于我国目前司法实践,外国法院判决的承认和执行中仍然有必要适用互惠原则,因为互惠原则与我国司法主权息息相关;同时,在相关条约缺失的情况下,互惠原则也是判断能否承认和执行外国法院判决的重要标尺。在博弈论视角下,"一带一路"沿线国家在承认和执行外国法院判决时,应该从双方共同利益最大化出发以更理性、更积极的态度作出判断,而不是片面地从本国利益或者国家主权出发采取过度保守的态度,同时从整体上衡量承认执行或者拒绝外国法院判决的行为所带来的影响。在此背景下,"一带一路"沿线国家在承认和执行外国法院判决选择推定互惠原则具有必要性和合理性。

在重复博弈视角下,国家之间的判决承认和执行是没有限次的重复博弈过程。例如,2001年中国法院拒绝承认德国判决,但是2006年德国柏林高等法院承认了江苏省无锡市中级人民法院判决,2013年湖北省武汉市中级人民法院承认德国柏林高等法院裁定的法律效力。如果博弈参与人首先在满足一定条件下采取推定互惠原则承认对方法院的判决,那么,如果对方也跟进承认,则双方国家继续进行互惠承认;如果对方国家拒绝承认,则以后可以认定不存在互惠关系而进行处理。互惠原则的本意是双方互利共赢,两国之间通过让步,实现双方共同利益的最大化。因此,笔者认为,适用推定互惠原则有利于重新审视互惠原则的真正价值,并推进互惠原则回归本来面目。

新加坡、日本与我国判决承认和执行的司法实践反映了适用事实互惠原则和推定互惠原则截然不同的两种结果。表3载明的"五味晃"案件确立了我国法院在承认和执行外国判决案件中适用"事实互惠"原则的审判精神。我国法院在审理此类涉及外

国法院判决承认案件时,如果对方与我国没有相关司法协助协议,也没有承认和执行我国法院判决先例,根据最高人民法院复函一律认定双方不存在互惠关系,从而拒绝承认该国判决。表4反映,2003年当中国法院作出的判决在日本申请承认和执行时,日本大阪高等法院认为:中国最高法院复函明确指出中日两国间没有司法协定,且不承认和执行日本法院的判决,因此根据互惠原则,日本的法院也不承认和执行中国法院的判决。[11] 由于我国法院实行事实互惠而对日本法院判决拒绝承认,所以日本法院对我国法院判决也不予承认,目前两国在承认和执行对方法院判决的司法实践中陷入了恶性循环。表1中第6个和第7个案例及表2中第2个案例反映了推定互惠原则适用所产生的良性循环。在新加坡法院承认和执行我国江苏省苏州市中级人民法院判决的"高尔案"之前,并不存在新加坡法院判决被我国法院承认的案例,但是新加坡法院没有因此认定两国之间不存在互惠关系,而是以积极的、建设性的态度推定双方之间存在互惠关系。基于此案,才有表2中江苏省南京市中级人民法院承认和执行新加坡高等法院判决一案。而且更进一步的是,2020年6月10日,新加坡高等法院签署《命令》,认可江苏省南京市中级人民法院破产法庭审理的江苏舜天船舶发展有限公司破产清算程序为外国主要程序以及该案管理人身份,该案系首例新加坡法院认可我国破产主程序及破产管理人身份的破产案件。因此,适用推定互惠原则有利于"一带一路"沿线国家建立良好的司法协作关系,从而更好地推动双方经济交往良好发展。

(二)我国适用互惠原则承认和执行外国法院判决的历史进路

1. 最高人民法院关于事实互惠原则的确立

因为《民事诉讼法》没有对互惠原则作出明确解释,1995年6月,针对大连市中级人民法院关于"五味晃"案的请示,最高人民法院作出了《关于我国人民法院应否承认和执行日本国法院具有债权债务内容裁判的复函》(〔1995〕民他字第17号),此后,我国法院根据该复函采取事实互惠原则审理了相关案件。在司法实践中,事实互惠的局限性导致我国法院在很多情况下无法承认和执行外国民商事判决,并进而导致外国法院拒绝承认我国法院判决的困境。

---

[11] 连俊雅:《"一带一路"战略下互惠原则在承认和执行外国法院判决中的适用现状、困境与变革》,载《河南财经政法大学学报》2016年第6期。

2. 最高人民法院在"一带一路"沿线国家承认和执行外国法院判决中提出适用推定互惠原则

2015年6月,最高人民法院发布的《关于人民法院为"一带一路"建设提供司法服务和保障的若干意见》(以下简称《若干意见》)第6条规定:"要在沿线一些国家尚未与我国缔结司法协助协定的情况下,根据国际司法合作交流意向、对方国家承诺将给予我国司法互惠等情况,可以考虑由我国法院先行给予对方国家当事人司法协助,积极促成形成互惠关系,积极倡导并逐步扩大国际司法协助范围。"这表明我国法院在"一带一路"沿线国家承认和执行外国法院判决开始采取积极的立场适用推定互惠原则,改变了过去适用事实互惠原则的态度。

3. 东盟国家之间在判决承认和执行中采取推定互惠原则

2017年6月,第二届中国-东盟大法官论坛在南宁举行并通过了《第二届中国-东盟大法官论坛南宁声明》(以下简称《南宁声明》)。⑫《南宁声明》第7条规定:"尚未缔结有关外国民商事判决承认和执行国际条约的国家,在承认与执行对方国家民商事判决的司法程序中,如对方国家的法院不存在以互惠为理由拒绝承认和执行本国民商事判决的案例,在本国国内法允许的范围内,即可推定在与双方国家之间存在互惠关系。"该声明主张在东盟国家之间采取推定互惠原则,我国在"一带一路"沿线国家法院民商事判决承认和执行时,可以此为指引认定互惠关系。⑬

4. 最高人民法院设立相关国际商事法庭

2018年6月30日,最高人民法院分别在深圳市和西安市设立国际商事法庭,意图为"一带一路"建设提供公正高效的司法服务。国际商事法庭的设立将会积极促进"一带一路"沿线国家的国际合作,拓展国际法治合作发展空间⑭,从而也为"一带一路"沿线国家承认和执行民商事判决的推定互惠原则选择提供了另一个思考维度。

在表2中,虽然江苏省南京市中级人民法院对新加坡法院民事判决的承认和执行,以及湖北省武汉市中级人民法院对德国法院判决的承认在我国承认和执行外国法院判决方面具有标志性意义,确定了我国与这些国家在法院判决的承认和执行中形成互惠

---

⑫ 人民法院新闻传媒总社:《第二届中国-东盟大法官论坛南宁声明》。
⑬ 张勇健:《"一带一路"背景下互惠原则实践发展的新动向》,载《人民法院报》2017年6月20日,第2版。
⑭ 孙航:《最高人民法院第一第二国际商事法庭开始正式办公》,载《人民法院报》2018年6月30日,第1版。

关系,但是上述案例依然是基于事实互惠原则,并没有突破过去的司法习惯,因此最高人民法院《若干意见》和《南宁声明》的精神如何在"一带一路"沿线国家承认和执行民商事判决的司法实务中予以落实,仍需进一步探讨。

(三)推定互惠原则适用条件的判断

当我们选择推定互惠原则来审查外国法院的判决是否可以承认和执行时,需要制定具体的措施来完善这一制度。以下试对推定互惠原则的适用条件予以探析。

(1)明确承认和执行外国法院判决的条件。考量国际上相关国家的立法情况,我国可以法律或者司法解释的形式明确承认和执行外国判决的具体要件,如:①原判法院有管辖权;②所作判决已生效,具有实体终局性、程序正当性;③以金钱给付为内容的民商事判决;④不违反我国基本法律原则及国家主权、安全和公共利益等。

(2)审查是否有条约互惠。在审查是否承认和执行外国法院判决时,首先要审查是否有条约存在,具体包括:全球性国际司法协助条约、区域性国际司法协助条约以及双边民商事协助条约。

(3)审查各国对外国法院判决承认和执行的相关法律。在没有条约的情况下,审查各国对外国法院判决承认和执行的相关法律,如果与我国的规定并无重大的差异,即可考虑适用推定互惠原则。

(4)考察"一带一路"沿线相关国家司法合作交流意向、承诺给予我国的互惠条件等情况。根据最高人民法院《若干意见》第6条规定,在没有条约的情况下,需要根据国际司法合作交流态度、给予我国司法互惠等情况来确定双方是否存在互惠关系。

(5)审查判决作出国是否存在以缺乏互惠关系为由而作出拒绝承认和执行我国判决的案例。如果没有此类案例,在符合相关条件的前提下,则可以推定存在互惠关系。

四、推定互惠原则的制度构建

(一)寻找司法协作机制的利益平衡点

1. 平衡国家主权原则和"一带一路"沿线国家民商事交往需求冲突

在互惠原则的适用中是保护国家利益还是保护私人利益的不同考量,导致在互惠关系启动上相异的态度和结果。传统上过于关注国家利益的后果导致选择事实互惠原则。不过,随着私法自治观念的增强及实质正义的追求,私权利越来越多受到相应的重视。民商事判决主要涉及私人权益,因此,法院适用互惠原则来决定外国判决的承认和执行时,应回归外国判决承认和执行的私权本质,赋予私人利益一定比重,使外国法院判决所实际影响的私人利益获得必要的考量和保护。[15] 因此,我国在互惠原则的司法适用中,也应该进行国家利益和私人利益的衡量。国际平行诉讼产生的一个重要原因就是一国法院判决在另一国无法得到承认和执行,当事人不得不到另一国重复诉讼。这会给当事人带来诉讼成本的无谓增加,同时也浪费了各国的司法资源。适用推定互惠原则,将有效避免"一带一路"沿线国家当事人重复诉讼,提高纠纷解决效率;同时也有利于提高我国司法制度的国际信誉和国际竞争力。当然,寻找利益的平衡点并非易事,对于难以把握的利益分类与权衡,可以呈报上级甚至到最高人民法院,寻求帮助作出衡量。

2. 发挥推定互惠原则激励作用

推定互惠原则有利于促进形成互惠关系,"一带一路"建设保障意见已明确指出要促进沿线各国的司法判决的相互承认和执行。通过推定互惠原则的适用,有助于推进更多的外国判决得到我国法院的承认和执行,同时也有利于推进我国法院更多的判决得到外国法院的承认和执行。

3. 把握互惠原则的防范作用

虽然我国现在的理念是推进形成与多国之间的互惠关系,但是面对不可能给予我国互惠关系的国家时,也应尽到审慎的注意义务,不能一放了之,应发挥互惠原则的防范作用,以保护我国司法主权以及当事人的合法权益。互惠原则的目的之一是防范作用,我国法院在具体司法实践中,需要关注已引起和我国已陷入互相报复状态的国家,以及一些潜在的不可能给予我国互惠关系的国家。

(二) 做好"一带一路"沿线国家外国法查明平台、跨国裁判文书共享等司法信息数据库建设

确定和适用准据法是涉外民商事案件特有领域,也是人民法院审理涉外民商事案件司法能力的重要体现。在评查中,我们发现法院在确定和适用准据法方面存在较大的困难。一是部分涉外民商事案件裁判中,人民法院没有确定准据法。人民法院审理涉外民商事案件,应首先确定涉外民商事关系应适用的法律,但部分法院对此认识不

---

[15] 王吉文:《论我国对外国判决承认与执行的互惠原则——以利益衡量方法为工具》,载《法学家》2012年第6期。

足。二是在部分案件中,人民法院没有准确地识别涉外民事关系。部分判决将股东主张其他股东、董事损害公司利益纠纷定性为侵权纠纷,按当事人协议选择适用准据法,而没有将其定性为公司内部治理问题,适用法人的属人法。三是在本次评查案件中,没有发现适用外国法的裁判文书。法院在涉外商事案件中,存在尽量引导当事人协议选择适用中国法律的现象。主要原因在于,一方面存在外国法内容查明困难,理解和适用外国法困难的问题;另一方面存在法官查明外国法的积极性、主动性不足的问题。在认定互惠关系的司法实践中,最大困难在于外国法的查明,尤其是案例法国家的情形更加复杂,这给认定互惠关系的法院带来很大的负担,也对法官能力提出挑战。面对这一问题建议做好以下几项工作。

1. 最高人民法院牵头建立法律查明数据库

承认和执行外国法院判决,需要对外国法进行查明。目前,"一带一路"沿线的国家中,不少国家对彼此的法律法规都相当陌生,语言文字不同,相关法律法规本身资源的寻找也相当困难。如果能够整合资源,"一带一路"沿线各国通力合作,建立外国法查明平台、跨国司法文书共享等司法信息数据库,将便于"一带一路"沿线国家在进行承认和执行审判中的取证判断,形成良好的国际司法合作氛围。

2. 委托第三方从事外国法律和司法实践查明

相关法院可以利用法学院校及专家资源,建立外国法查明专家库,进一步为查明外国法提供便利。为进一步健全完善涉外商事审判工作机制,充分依托法学专家资源,切实为查明外国法提供便利。例如,江苏省高级人民法院在2019年6月作出关于聘任外国法查明专家的决定,外国法查明专家涉及国内外高等院校专家35名,领域涉及美国、英国、德国、法国、日本法律等。同时该院还有针对性地吸收更多域外法律专家进入专家库,梳理解决专家联系、费用等操作方面的难题,提高专家库在审判实践中的实效性。

3. 建立我国法官与外国法官的司法交流制度

最高人民法院及省直辖市等人民法院可以定期安排法官外出交流考察学习,了解相关法律及司法实践状况,通过对相关案件的直接交流,可以知晓第一手的资料,增进对外国法律的了解,也可直观掌握我国判决在外国被承认和执行情况。

(三)加强涉外审判队伍建设

1. 稳定涉外审判队伍

近年来,全国法院普遍开展了人民法院内设机构改革,部分法院涉外商事审判部门和人员调整较大,影响了涉外商事审判专业队伍的建设。涉外商事审判适用特殊的程序,需要有专门的审判部门和专业的审判队伍。审判部门和人员频繁调整,不利于涉外商事审判专业人才梯队建设,不利于审判队伍相对稳定。

2. 加强对下级法院的监督指导

涉外商事审判需要更加专业的业务能力,目前上级法院对下监督指导的及时性和针对性还不够,特别是对有关国家法律和政策调整带来的新问题缺乏及时有效的指导。较高层级法院应着力通过发布典型案例、案件反馈等途径,开展监督指导,统一裁判尺度,提升涉外商事案件和仲裁司法审查案件的审理水平。

3. 加强涉外审判培训工作

因为法律规定不明确,所以互惠原则在司法实践运用中比较复杂:本国相关法律规定、外国相关法律规定、国际条约的签订、国内外相关法院的判例、国际政治经济形势、国家对外政策等都是需要纳入考虑范围的因素,这就对法官提出了较高的要求。在此情况下,尤其需要对各地区法院涉外案件部门的法官进行培训。

(四)强化类案与关联案件检索

1. 建立类案与关联案件检索制度

根据《最高人民法院司法责任制实施意见(试行)》第39条规定,承办法官在审理案件时,均应依托办案平台等,对关联案件进行全面检索,制作检索报告。建议在承认和执行外国法院判决的案件审理中,建立案件检索制度,承办法官必须要查阅已经审结或正在审理的类案和关联案件,制作类案与关联案件检索报告,从而准确适用推定互惠原则,确定是否承认和执行外国法院的判决。

2. 建立承认和执行外国法院判决的案例库

最高人民法院可以通过智慧法院建设,设立承认和执行外国法院判决的案例库。一方面,最高人民法院可以发文通知收集汇总全国法院作出的承认和执行外国法院判决的案例,另一方面,全国各级人民法院一旦遇到类似案例必须上报最高人民法院,从而为全国法院审理涉外判决承认和执行案件提供较为全面的案例依据。

3. 建立并完善层报制度

人民法院在审理涉外民事判决承认和执行案件中,依据互惠原则尤其是推定互惠原则裁定必须层报至最高人民法院,待最高人民法院答复后,方可裁定。同时对省高级人民法院、最高人民法院答复的期限明确作出规定,以防止层报耗去大量时间。因为涉外案件本就没审限规定，这样的层报在实践中可能会拉长审理周期，影响案件的审理效率，不利于"为中外当事人合法权益提供高效、快捷的司法救济"目标的实现。

推定互惠原则体现出的开放包容、合作共赢理念符合"一带一路"所提倡的精神。习近平主席在出席第一届"一带一路"国际合作高峰论坛开幕式时提出，"坚持以和平合作、开放包容、互学互鉴、互利共赢为核心的丝路精神，携手推动'一带一路'建设行稳致远，将'一带一路'建成和平、繁荣、开放、创新、文明之路"。中国作为"一带一路"沿线的大国，在承认和执行外国法院判决中，采取推定互惠原则有利于提升国际形象，表现出合作共赢的诚意，提升司法国际公信力。

The Choice and System Construction of the Presumption of Reciprocity Principle in the Recognition and Enforcement of Foreign National Commercial Judgments
——From the Perspective of Countries along the "Belt and Road"

Zhang Xianhua, Heng Lihan

Abstract: With the in-depth advancement of the construction of the "Belt and Road", the economic exchanges among countries along the route have increased, and effective implementation of international civil and commercial judicial assistance to actively prevent and properly resolve disputes has become a practical necessity. In recent years, Chinese courts have been limited by the principle of reciprocity of facts in recognizing and enforcing judgments of foreign courts. They have fallen into the "prisoner's dilemma" with related countries, which is not conducive to creating a good legal guarantee environment for the economic development of countries along the "Belt and Road". This paper sorts out the relevant cases of recognition and enforcement of foreign-related civil and commercial judgments, analyzes the shortcomings of the principle of factual reciprocity and their causes through the game theory analysis model and the cases in which China and Japan do not recognize each other's court judgments, and combines the judicial policy changes of Supreme People's Court regarding the recognition and enforcement of foreign-related civil and commercial judgments, reviewsthecriteria for the application of the principle of reciprocity in the recognition and enforcement of foreign court judgments. The main opinion is the application of the presumed reciprocity principle in the settlement of civil and commercial disputes in countries along the "Belt and Road" are recognized and Necessary and reasonable choices for the enforcement of civil and commercial judgments of foreign courts. This paper alsoproposes the construction of a system of applying the presumed reciprocity principle, with a view to advancing the formation of a new judicial cooperation mechanism for countries along the "Belt and Road".

Keywords: the "Belt and Road", Recognition and Enforcement of Judgments, Reciprocity Principle, System Construction

研究综述
Research Review

"一带一路"法律问题研究综述

谢垚琪[*]

摘　要:"一带一路"作为国家顶层合作倡议,其法律问题研究主要从贸易、投资、金融、税收等与经济发展密切相关的领域展开。通过中国知网数据库检索分析,从2017年1月到2020年6月,"一带一路"法律问题研究一方面主要聚焦于法律风险、海外投资等领域,且呈现相互融合趋势;另一方面与俄罗斯法律问题相关的国别研究、与涉外法律人才培养相关的交叉学科研究正方兴未艾。当下"一带一路"法律问题研究着力于微观层面的"个案分析",宏观层面的理论研究则暂未在检索中得到过多体现。

关键词:"一带一路";法律风险;海外投资;争端解决机制

"一带一路"是2013年由习近平主席在出访中亚和东南亚国家期间提出的重大倡议。自该倡议提出后,学界从政治、经济、法律、文化等不同维度对该倡议展开大量理论与实证研究。由于"一带一路"本质是一项经济倡议,所以毋庸置疑,"一带一路"经济问题研究是该领域的热点,法律作为上层建筑由经济基础决定,并反映经济发展的具体形态,"一带一路"法律问题研究热度也随之逐步上升。

一、"一带一路"法律问题研究概况

本研究综述以中国知网数据库为检索来源,以《中国学术期刊(网络版)》从2017

---

[*] 作者简介:谢垚琪,上海政法学院中国-上海合作组织国际司法交流合作培训基地讲师,上海全球安全治理研究院全球化法律问题研究所助理研究员。
基金项目:2020年上海政法学院青年科研基金项目"疫情防控中国际法问题研究"。

年1月到2020年6月收录的期刊文章为研究样本,分析该时间段"一带一路"法律问题的研究概况,对研究现状作出简要分析和总结。

中国知网数据库CNKI(China National Knowledge Infrastructure)拥有丰富的文献资源,能够比较全面地反映"一带一路"法律问题的研究现状。《中国学术期刊(网络版)》CAJD(China Academic Journal Network Publishing Database)是世界上最大的连续动态更新的中国学术期刊全文数据库,以学术、技术、政策指导、高等科普及教育类期刊为主,内容覆盖自然科学、工程技术、农业、哲学、医学、人文社会科学等各个领域。收录国内学术期刊8000种,全文文献总量5700万篇。[①]

本文数据收集方式如下:登录"中国知网"官方网站(https://www.cnki.net/),在文献检索项下选择"高级检索",文献分类目录选择"社会科学",时间选择"从2017年到2020年",来源类别选择"全部期刊",搜索"'一带一路'法律研究",共获得377篇文章。通过系统分析,"'一带一路'法律研究"主题较为集中的领域包括"法律风险"与"法律适用"(70篇)、"'一带一路'倡议"(48篇)、"争端解决机制"(23篇)、"海外投资"(23篇)、"涉外法律人才"(14篇)、"对外投资"(14篇)、"法律规制"(11篇)。

根据检索结果可以发现,随着"一带一路"法律问题研究成果的不断涌现,其研究内容横跨公法和私法多个领域,难以完全按照部门法研究罗列分析。本文拟以研究热度作为分类索引,依次从法律风险问题、投资相关法律问题、俄罗斯法律问题和涉外法律人才培养问题四个方面来进行综述研究。

二、"一带一路"法律风险问题研究综述

法律风险的控制决定了经济合作的稳定,是推动"一带一路"倡议实施首先应关注的问题。通过检索发现,直接与"一带一路"法律风险有关的研究占到了近1/5的比例,法律风险的有效防范不仅是"一带一路"经济发展的坚实基础,也是海外安全利益保护的重要保障。专家学者们对"一带一路"法律风险问题的研究主要集中在宏观的风险类型化研究和微观的中资企业"走出去"具体风险研究两个维度。

(一)"一带一路"法律风险类型化研究综述

专家学者们对"一带一路"法律风险进行总结与分类,并提出了具体的应对措施。

---

① 参见中国知网网站,https://kns.cnki.net/kns/brief/result.aspx? dbprefix = CJFQ,2020年6月20日访问。

李昭钰认为社会历史背景的差异、"一带一路"沿线国所属法系的不同和地区贸易保护主义的影响是"一带一路"相关法律问题产生的原因。而对外投资、人身财产安全、双重征税、货币兑换、知识产权则是法律风险具体的表现形式。[2]

项志祥将"一带一路"建设中的法律风险分为国家风险和企业风险，具体包括法系差异风险、法治水平风险、约束力风险和规则风险四类。[3] 赵赟将"一带一路"建设面临的法律风险分为法系风险、海外投资风险、环境保护风险、恐怖主义风险、贸易争端风险和知识产权风险六类。[4] 金仁淑和孙玥将法律风险分为直接法律风险和间接法律风险两种类别，指出"一带一路"沿线地区我国企业的投资法律风险主要表现为国家风险和经济风险引发的法律风险。法律风险成因则概括为沿线国家投资法治环境复杂和我国相关法规不健全两个方面。与此同时，通过对2013年中资公司投资伊朗油田开发项目的分析，提出在国家风险应对层面应做到提高社会弹性、防范政治风险和改善东道国对华关系，而在经济风险应对层面则应该做到规避经济基础不稳定引发的风险和降低偿债能力不足导致的风险。[5] 李玉璧和玉兰对"一带一路"建设中法律风险进行类型化分析，将其分为因直接投资产生的法律风险、因市场准入触发的法律风险、因知识产权保护引起的法律风险、因国际金融交易造成的法律风险、因劳工问题产生的法律风险、因环境问题产生的法律风险和因经营不善产生的法律风险。在应对方面，主张在政府层面签署多边投资保护协定、建立海外投资相关制度、加强风险评估和优化海外投资保险制度；在企业层面则应注意避开东道国法律"雷区"、依法经营、在合理利用国际贸易规则的同时加强尽职调查。[6] 张敏和朱雪燕将我国企业海外投资的风险分为对外投资准入、运营和退出三个阶段。第一阶段的风险主要包括外国投资者权利限制要求的规定、投资准入范围要求的规定、投资履行中的要求规定和例外规定；第二阶段的风险则涵盖环境保护、税收、知识产权以及劳工四种法律风险；而在企业对外投资退出阶段，法律风

---

[2] 李昭钰：《"一带一路"倡议下的法律问题及应对措施》，载《吉首大学学报（社会科学版）》2018年第S1期。
[3] 项志祥：《"一带一路"建设的法律风险及对策》，载《中阿科技论坛（中英阿文）》2019年第2期。
[4] 赵赟：《国际法视域下"一带一路"建设中的法律风险及防范》，载《理论学刊》2018年第4期。
[5] 金仁淑、孙玥：《我国企业对"一带一路"沿线投资面临的法律风险及对策研究》，载《国际贸易》2019年第9期。
[6] 李玉璧、玉兰：《"一带一路"建设中的法律风险识别及应对策略》，载《国家行政学院学报》2017年第2期。

险主要表现为国有化风险。[7]

徐卫东和闫泓汀分析在实施"一带一路"倡议过程中,海外投资的法律风险已经成为不得不面对的问题,主要包括政策和法律变动、政治因素法律风险、环境保护法律风险、知识产权法律风险、劳工权益保障法律风险。二人还从东道国的政治、经济与文化几个方面分析海外投资风险的内生原因。[8] 芦斌和柴若冰指出"一带一路"倡议是一项长期而复杂的工程,在建设过程中,法律风险主要包括税收叠加法律风险、对外投资法律风险、涉外法律适用风险和知识产权侵权风险。可通过以下四步实现法律风险防范:①健全国内税法、促进国际税制合作;②不断完善双边、多边投资协定,提升资金融通法律服务;③加强品牌建设,树立知识产权保护意识;④加快制定国际司法合作协议。[9]

(二)中资企业"走出去"的法律风险研究综述

"一带一路"倡议的提出推动了我国企业实现从"引进来"到"走出去"的转变。对外工程承包项目数量持续上涨。[10] 而由于"一带一路"在地理上横跨多个大陆,法律环境各不相同,所以中资企业"走出去"的法律风险也值得重视。

部分专家学者从我国不同省份中资企业的情况出发展开研究。龚柏华以上海汽车集团投资泰国、上海纺织控股集团投资孟加拉国、上海电气投资巴基斯坦、复星医药投资印度和中国民生投资集团投资印度尼西亚为例,深入分析上海企业投资在"走出去"的同时应注意建立法律风险防范预警机制,做好投资前的国内合规工作,建立法律纠纷解决快速反应协同机制。[11] 陈璞基于苏北民营企业法律风险防控的现状,指出"一带一路"建设下民营企业缺乏法律风险防范的经验和能力。[12] 王辉指出"一带一路"背景下广东对外劳务合作面临法律体系不健全、企业法律意识不强和法律适用差异等风险,应

---

[7] 张敏、朱雪燕:《"一带一路"背景下我国企业对外投资法律风险的防范》,载《西安财经学院学报》2017年第1期。

[8] 徐卫东、闫泓汀:《"一带一路"倡议下的海外投资法律风险对策》,载《东北亚论坛》2018年第4期。

[9] 芦斌、柴若冰:《"一带一路"建设应该防范哪些法律风险》,载《人民论坛》2017年第31期。

[10] 郑一争、宣增益:《"一带一路"建设中对外工程承包的法律风险及应对》,载《河南大学学报(社会科学版)》2018年第2期。

[11] 龚柏华:《上海企业参与"一带一路"海外投资的法律风险与应对》,载《上海法学研究》2019年第4卷。

[12] 陈璞:《苏北民营企业法律风险防控的困境与对策——基于"一带一路"的思考》,载《北方经贸》2018年第7期。

综合运用多种途径方式解决对外劳动合作纠纷。[13] 刘俊芳总结出"一带一路"背景下云南企业"走出去"可能面临的三大法律风险:因直接投资产生的法律风险、因环境问题产生的法律风险、因劳工问题引发的法律风险。各级政府应积极做好法律风险应对预案,企业也应该做好尽职调查,同时在环境保护、劳工和知识产权等方面做好风险控制。[14]

更多学者则以"一带一路"东道国为研究对象,分析中资企业进入的法律风险。

金仁淑和孙玥指出东盟国家投资风险评价整体较低,营商环境较好;中亚因为基础设施落后的问题,风险较高;而西亚各国风险则两极分化严重。[15]

东盟是"一带一路"沿线对外投资重点地区,柯静嘉指出"一带一路"背景下中国企业投资东盟的主要法律风险在于中国海外投资保护法规专门性法律的缺失、境外投资主体定义不明确和东盟投资企业的"一带一路"信息服务平台及投资风险防范中介机构较少。相关风险可考虑通过加强海外投资立法、设置境外投资服务综合机构和学习新加坡"淡马锡模式"等方式予以解决。[16] 潘晓滨和王梓荧以"金光纸业"为例,指出国际投资活动中不应忽视东道国的环境污染问题,同时有可能进一步造成"环境难民",因此中国与东盟在"一带一路"框架下开展环保合作,一方面应当加强中国企业遵守东道国相关环境法规的意识,另一方面可考虑推动建立区域性的环境保护组织,推动中国和东盟之间环境保护的合作与共赢。[17]

印度既是"一带一路"的沿线国家,也是上海合作组织新进成员。近年来,印度经济的高速发展吸引了大批中国投资者进入印度市场,而印度针对外资准入有其复杂的法律制度,杜玉琼指出印度以国家安全为理由设置的准入障碍是中国企业面临的最主要风险,主张通过理性选择审批渠道、严控投资项目和投资区位、警惕反垄断审查等手

---

[13] 王辉:《"一带一路"背景下广东对外劳务合作的发展机遇和法律问题研判》,载《嘉应学院学报》2019年第2期。

[14] 刘俊芳:《"一带一路"背景下云南企业"走出去"的法律风险控制》,载《云南行政学院学报》2018年第6期。

[15] 金仁淑、孙玥:《我国企业对"一带一路"沿线投资面临的法律风险及对策研究》,载《国际贸易》2019年第9期。

[16] 柯嘉静:《"一带一路"背景下中国企业投资东盟的法律保障》,载《广东行政学院学报》2019年第3期。

[17] 潘晓滨、王梓荧:《"一带一路"倡议下中国与东盟环境保护合作法律路径探析》,载《天津法学》2020年第1期。

段进行防范。[18]

任洋以非洲为主要视阈,分析"一带一路"背景下非洲资源开发投资领域面临的矿产资源开发投资和农林资源开发投资的法律风险,以及在立项、修建和运行阶段非洲基础设施建设领域面临的法律风险;并建议在国家层面完善对外投资环境相关法律规范,健全对外投资环境风险管理体制,在编制环境法律风险防范投资指南的同时逐步健全完善对外投资保险制度,在企业层面加强对外投资环境法律风险防范研究、建立风险预警机制等来化解风险。[19]

三、"一带一路"投资相关法律问题研究综述

"一带一路"倡议激发我国企业海外投资的积极性[20],而"一带一路"投资中法律风险研究已在本文第二部分进行总结,此处不再赘述。"一带一路"海外投资研究与国际贸易、国际金融、国际税收、争端解决等国际经济法领域相关研究之间均存在交叉,本文拟以梳理投资相关法律问题研究为主线,从"一带一路"亚洲基础设施投资银行(以下简称亚投行)法律问题、争端解决机制问题、税收法律问题和劳工法律问题四个方面展开综述研究。

(一)"一带一路"亚投行法律问题研究综述

亚投行是"一带一路"倡议下首个由中国推动设立的多边金融机构,对亚洲经济稳定发展有着重大意义。张继红和赵明指出"一带一路"背景下亚投行面临监管机构缺失、治理机制透明化有待完善、投资争端解决机制不健全的法律风险。以上风险可考虑通过设立专门的内部及外部监管机构、完善信息披露制度和建立多元化融资机制得以解决。[21]胡晓红从"一带一路"建设下亚投行环境与社会标准展开,以国际法院的裁决为例,分析可持续发展原则的规则表象和实践指导,指出可持续发展是符合国际经济法

---

[18] 杜玉琼:《"一带一路"倡议下中国企业投资印度的法律风险及防范研究》,载《江海学刊》2018年第2期。

[19] 任洋:《"一带一路"背景下对外投资环境法律风险防范——以非洲为主要视阈》,载《三峡大学学报(人文社会科学版)》2020年第2期。

[20] 金仁淑、孙玥:《我国企业对"一带一路"沿线投资面临的法律风险及对策研究》,载《国际贸易》2019年第9期。

[21] 张继红、赵明:《"一带一路"背景下亚投行面临的法律风险及其对策研究》,载倪受彬、殷敏主编:《国际贸易法论丛》(第8卷),中国政法大学出版社2018年版,第65页。

基本原则的,亚投行环境与社会标准的设立,也体现了可持续发展原则的要义。[22] 陈云东和宋子文从《亚洲基础设施投资银行协定》和《亚洲基础设施投资银行禁止行为政策》等规范性文件入手,系统分析"一带一路"建设下亚投行制裁机制的对象、范围和措施,以及调查程序、两级制裁程序、证据规则和重新审理、临时中止、和解等特殊程序,最后指出亚投行制裁机制在有所改进的同时也存在被质疑权力过大等问题。[23]

亚投行坚持对腐败零容忍,顾宾从比较研究的视角入手,将世界银行与亚投行的反腐败制度进行对比,从禁止(或可制裁)行为、调查程序、制裁程序、制裁措施的种类以及交叉制裁分析多边开发银行的反腐败制度,并指出亚投行的反腐败制裁目前并不是复杂细致的法律制度,而更多的是一套框架,还需要不断地丰富和细化。[24]

(二)"一带一路"争端解决机制问题研究综述

"一带一路"跨越多个国家和地区,在开展对外交往的过程中难免会遇到贸易往来、资本输出输入、劳工权利、知识产权保护等不同类型的争端,因此建立科学、合理的贸易争端解决机制尤为重要。赵赞认为一方面可以利用既有的国际争端解决机制的平台定分止争,另一方面也应积极开展国际司法交流合作,变"被动"为"主动"。[25]

石静霞和董暖指出"一带一路"倡议下构建投资者与国家间争端解决机制在可提交仲裁的范围、透明度和调解员的任命上面临多重困境,建议通过完善仲裁立法、更新双边投资协议和确保仲裁裁决与和解协议的执行三个方面展开应对。[26] 殷敏和黄思圆指出首届中国国际进口博览会的成功举办为"一带一路"沿线国家经贸规则的发展提供了新的机遇,当前"一带一路"沿线国家贸易合作不仅存在沿线国家和地区的政治、经济和文化差异性大,国际经贸规则体系不稳定的特点,同时也不能忽视沿线国家贸易规模不断扩大、贸易联系逐渐紧密的趋势。在争端解决机制的构建上,提倡建立高效、便捷和多元的,以"大调解"和科技化为特征的中国特色的纠纷解决机制。既重视私力救济,同时不忽视社会救济和公力救济。设立"一带一路"争端解决机制,除积极设立

---

[22] 胡晓红:《可持续发展原则:国际经济治理的基本原则——从亚投行环境与社会展开》,载《兰州大学学报(社会科学版)》2018年第6期。

[23] 陈云东、宋子文:《亚投行制裁机制研究》,载《经贸法律评论》2020年第1期。

[24] 顾宾:《多边开发银行反腐败制度:世界银行与亚投行的比较视角》,载刘晓红主编:《"一带一路"法律研究》(第1卷),知识产权出版社2020年版,第54页。

[25] 赵赞:《国际法视域下"一带一路"建设中的法律风险及防范》,载《理论学刊》2018年第4期。

[26] 石静霞、董暖:《"一带一路"倡议下投资争端解决机制的构建》,载《武大国际法评论》2018年第2期。

国际商事争端解决机制和机构外,同时设立企业和个人可以寻求救济的政府间争端解决机制。[27]

王秋雯以中国国有企业为研究对象,分析国有企业在"一带一路"背景下开展海外投资活动面临的东道国法律规制措施、国际贸易投资协定新规则的挑战,以及国际仲裁程序救济的困境;提出从完善双边投资协定谈判、重塑国企规则、推进国企改革和完善海外投资监管法律制度体系四方面完善应对。[28] 龚柏华指出可利用国际投资协定和争端仲裁机制实现争端的解决。中国与东盟签署有《中国-东盟投资框架协定》,其中包含投资保护条款及国际仲裁机制,并以北京城建海外成功维权为例,指出中国投资者应学会利用协定中的仲裁机制保护自身权益。[29] 范婧昭对于涉及俄罗斯投资纠纷的争端解决机制开展专门研究,指出俄罗斯仲裁法院是其国家机关的组成部分,经过2015年改革,俄罗斯国家法院可以依据地域划分监管仲裁机构,2017年改革后,俄罗斯有四家常设机构可处理相关商业争端。[30]

争端解决的本质是合作共赢,曹苙和任际指出法律共享与方式多元才是"一带一路"法律合作的基本理念。"一带一路"法律合作理念是具体法律合作的法律宗旨和基础。不同国家和地区可以通过保持本国的制度特色、协调既有的合作内容、建立专门的合作框架和遵循双边、多边制度体系四种方式来实现"一带一路"法律合作方式的多元化,促进多元化争端解决机制的构建。[31]

(三)"一带一路"税收法律问题研究综述

在"一带一路"税收法律问题研究方面,多位专家学者提到福建漳州旗滨玻璃有限公司在马来西亚的税务纠纷(以下简称旗滨案)。崔晓静从此案入手,分析中国企业"走出去"因跨境融资贷款利息遭遇的税收问题,指出我国税收协定利息免税条款存在借款主体的列举范围过于狭窄和借款主体不明确的问题。对比美国和欧盟的相应规

---

[27] 殷敏、黄思圆:《"一带一路"沿线国家经贸规则之中国方案》,载刘晓红主编:《"一带一路"法律研究》(第1卷),知识产权出版社2020年版,第28页。

[28] 王秋雯:《"一带一路"背景下国有企业海外投资的法律挑战与中国因应》,载《东南学术》2019年第4期。

[29] 龚柏华:《上海企业参与"一带一路"海外投资的法律风险与应对》,载《上海法学研究》2019年第4卷。

[30] 范婧昭:《俄罗斯投资法律制度和投资风险防范研究》,载《上海政法学院学报》2019年第2期。

[31] 曹苙、任际:《"一带一路"法律合作理念:法律共享与方式多元》,载刘晓红主编:《"一带一路"法律研究》(第1卷),知识产权出版社2020年版,第13页。

定,其总结在"一带一路"建设过程中应推动税收协调理论的转型、修正税收协定利息免税条款和构建税收协调机制。[32] 岳树梅和黄秋红以"旗滨案"和山东电力建设第一工程公司在哈萨克斯坦所面临的税务风险为例,剖析"一带一路"倡议下我国企业海外投资主要面临税收协定有关风险、国际重复征税风险、反避税风险、税收争议未有效解决等其他风险。在国家层面,他们主张通过调整和完善国内税收规定、优化我国税务部门服务、加强国际税收协调和完善"一带一路"国际税收争议解决机制来应对;在企业层面,他们则提倡通过树立正确的风险防控观念、提高税收风险防控能力、合理设计税收筹划等方式来解决。[33]

刘诚宏和王坤指出"走出去"企业税收争议解决机制存在缺乏专门组织机构和信息披露法定激励机制等问题,建议在解决税收争议的过程中可借鉴法国、俄罗斯和新西兰的经验,在法律和机制层面完善税收协商制度,推动形成常态化、持续化和多层次的税收合作机制,助力"一带一路"建设下"走出去"企业税收争议问题的解决。[34]

(四)"一带一路"劳工法律问题研究综述

"一带一路"劳工法律问题不仅涉及沿线国家企业和劳动者基本权利保护问题,同时也关涉中国企业对外投资的劳动风险。

李玉璧和玉兰指出"一带一路"建设中劳工风险产生的原因主要有四个:①招工不平等;②忽视东道国工会的权力;③因雇工待遇和福利保障方面的问题触犯东道国劳动法;④忽略东道国有关裁员力度和补偿的法律规定。[35] 张敏和朱雪燕认为由于东道国不同,因此外来劳工的政策差别较大,不同的法律规定会造成雇用中国劳工的法律风险千差万别。[36] 王铀镱指出用工成本增加、法律制裁和工会干预是"一带一路"沿线国家投资中劳动风险的表现形式,究其原因,在于中国企业对东道国劳动法律的忽视、东道国法治水平的缺陷和劳动者结社、集体谈判和罢工。一方面,应当重视我国现有劳动法

---

[32] 崔晓静:《"一带一路"跨境融资贷款利息税收的法律协调》,载《法商研究》2020 年第 3 期。
[33] 岳树梅、黄秋红:《我国企业在"一带一路"沿线国家税收法律风险防控研究》,载刘晓红主编:《"一带一路"法律研究》(第 1 卷),知识产权出版社 2020 年版,第 40 页。
[34] 刘诚宏、王坤:《"一带一路"倡议高质量发展阶段"走出去"企业税收争议解决机制的借鉴研究》,载《国际税收》2019 年第 2 期。
[35] 李玉璧、玉兰:《"一带一路"建设中的法律风险识别及应对策略》,载《国家行政学院学报》2017 年第 2 期。
[36] 张敏、朱雪燕:《"一带一路"背景下我国企业对外投资法律风险的防范》,载《西安财经学院学报》2017 年第 1 期。

律风险防控的不足;另一方面,应从微观、中观和宏观三个角度对风险防控机制进行完善。[37]

陈希指出"一带一路"沿线国家多为发展中国家,东道国政府更倾向对本国劳动者设置保护性法律规定,因此在劳动者参与并购、劳动合同订立以及劳动者裁员方面应注重背后的法律风险研究。而相关风险可通过建立事前调查机制、构建投资运行风险防范机制和健全投资救济机制来解决。[38] 杜玉琼以印度为研究对象,分析其劳工法律制度最大的两个特点是劳动法规复杂严苛和工会权力较为强大。针对以上法律风险,其强调中国投资企业在树立劳工权益保护意识的同时,应该重视当地工会的作用,并适当加快中国企业在印度实现本土化的进程。[39] 洪永红和黄星永以"一带一路"框架下中企对非投资为例,总结存在非法解雇、强势工会、反就业歧视、工资支付与加班和劳动用工五大劳动法律风险。而诱发风险的原因集中在海外投资经验不足、企业社会责任意识不强和对东道国劳动法体系缺乏系统认知三个方面。[40]

郑一争和宣增益深入分析"一带一路"建设中对外工程承包项目不同阶段的法律风险。首先,在项目取得阶段应防范与主体资质和招标文件有关的风险;其次,在合同签订阶段应注重施工工程和 EPC(Engineer,Procare,Contruct,工程总程包)工程的法律风险;最后,在合同实施阶段不能忽视融资、税务、环保等风险。重视风险评估、做好风险规避和利用好争端解决机制是解决以上风险的关键。[41]

四、"一带一路"俄罗斯法律问题研究综述

2019 年 6 月 5 日,中俄两国关系提升为"新时代中俄"全面战略协作伙伴关系。[42] 俄罗斯也是"一带一路"沿线最有代表性的国家,"一带一路"俄罗斯法律问题研究热点

---

[37] 王铀镱:《"一带一路"沿线国家的劳动法律风险评估机制》,载《重庆理工大学学报(社会科学)》2019 年第 1 期。

[38] 陈希:《"一带一路"建设中第三方市场合作的法律风险及其应对》,载《中州学刊》2019 年第 5 期。

[39] 杜玉琼:《"一带一路"倡议下中国企业投资印度的法律风险及防范研究》,载《江海学刊》2018 年第 2 期。

[40] 洪永红、黄星永:《"一带一路"倡议下中企对非投资劳动法律风险及应对》,载《湘潭大学学报(哲学社会科学版)》2019 年第 5 期。

[41] 郑一争、宣增益:《"一带一路"建设中对外工程承包的法律风险及应对》,载《河南大学学报(社会科学版)》2018 年第 2 期。

[42] 参见新华网,http://www.xinhuanet.com/2019-06/05/c_1124588219.htm,2020 年 6 月 20 日访问。

聚焦在与能源相关的投资问题上。

祝宁波和王晓伟指出俄罗斯能源投资的宏观法律风险分为国际和国内两部分。国际风险来源于投资争端解决机制的不畅通以及俄罗斯对加入《能源宪章条约》的迟疑。国内风险则聚焦于俄罗斯在联邦立法与地方法律不协调的前提下频繁修改法律,增加了有关能源投资法律的不确定性;而在能源管理上过度强调国家资本主义和能源民族主义,进一步缩小了合作谈判的空间。俄罗斯能源投资建构在多元主体和复杂的法律关系之上,我国企业应该加强对相关法律风险的分析和预判,及时进行风险管理。[43] 范婧昭从国别研究入手,深入分析俄罗斯投资法律制度,指出俄罗斯的法律体系横向划分可分为基本法、特别法和单行法,纵向划分则由联邦法规和地方法规构成。俄罗斯投资法律制度渗透到每一个层级的法律法规中。具体来看,俄罗斯投资环境的风险可分为法律政策、劳资关系、环境保护、行业准入、外汇管制、税收和投资安全七部分。通过投资前法律环境的尽职调查、明确权利救济的方式、加强国家层面的法制合作等手段可实现风险的防范。[44] 刘勇以"尤科斯诉俄罗斯案"为视角,指出投资者起诉东道国的不当管制行为可考虑以国际条约授予的权利为基础;分析"一带一路"国家投资风险的特点,提出要重视和化解中国双边投资协定下的"管辖权风险",适时做好法人投资者的国籍策划,避免利益拒绝条款的适用,必要时可考虑向欧洲人权法院寻求救济。[45] 俄罗斯虽然是一个能源大国,但是在农业上发展相对滞后,因此中国企业投资俄罗斯农业具备一定优势。童友美指出俄罗斯农业投资的法律风险主要包括俄罗斯涉农法律体系较为复杂,俄罗斯整体法治化程度较低,执法、司法环境不完善。中国企业赴俄罗斯农业投资存在国家安全审查、反垄断审查、土地、环境、劳动、农产品回运、农业保险等具体风险。政府应注重引导企业在投资运营过程中积极履行社会责任,同时建立俄罗斯政治风险预防评价体系;企业应建立风险防控体系,强化管控体系建设,积极利用当地的法律服务资源,系统分析法律制度规范,排除冲突规定。[46]

---

[43] 祝宁波、王晓伟:《俄罗斯能源投资法律风险环境研究》,载刘晓红主编:《"一带一路"法律研究》(第1卷),知识产权出版社2020年版,第138页。

[44] 范婧昭:《俄罗斯投资法律制度和投资风险防范研究》,载《上海政法学院学报》2019年第2期。

[45] 刘勇:《"一带一路"投资风险及其法律应对——以"尤科斯诉俄罗斯案"为视角》,载《环球法律评论》2018年第1期。

[46] 童友美:《"一带一路"背景下中国企业投资俄罗斯农业的法律风险及防范》,载刘晓红主编:《"一带一路"法律研究》(第1卷),知识产权出版社2020年版,第158页。

梁咏指出中国企业在"一带一路"倡议下对俄罗斯投资增速明显,俄罗斯整体政治环境稳定,客观上有利于外国投资,然而由于腐败和可能遭遇的次级制裁等原因仍存在一定投资风险。梁咏分析投资的准入、运营和退出阶段的法律保障以及风险防范,建议中国政府应注重强化从不同方面与俄罗斯合作,完善海外投资保险机构和适度运用国际投资仲裁机制,使对俄投资更加平稳和顺畅。[47] 殷敏分析"一带一路"倡议下中国对俄投资的法律保障,列举部分"一带一路"倡议相关政策、境外投资相关规章、中俄投资经贸领域的合作协议和俄罗斯外国投资相关法律,指出当前中国对俄投资存在俄罗斯外商投资法律制度不健全、俄罗斯国内法对环境保护标准较高、高税负和复杂税制等法律风险。其认为可通过加强事前防范、注重环境保护风险、完善双边和区域投资保护协定等方式进行应对。[48]

五、"一带一路"涉外法律人才培养问题研究综述

在"一带一路"建设的背景下,涉外法律人才的需求显著提升,涉外法律人才培养也面临更高要求。刘晓红指出法治人才不足是"一带一路"倡议的短板,以上海政法学院深化人才培养模式为例,从宏观和微观两个维度分析"一带一路"倡议下法治人才培养的路径设计。在宏观上可考虑开设涉外卓越人才特色试点班,建立政法人才"订单式"培养模式,在打造国际司法交流合作培训基地的同时加快基地和智库的科研成果转化。在微观上,加大对"一带一路"倡议法治人才培养的资本支持,推进"一带一路"倡议法治人才培养的教学改革,建立相关人才培养的保障机制。[49] 具体来看,上海政法学院目前已同世界一百余所高校建立友好合作关系;设立丝绸之路律师学院,以培养涉外卓越律师人才为己任,直接服务"一带一路"建设;依托中国-上海合作组织国际司法交流合作培训基地,打造协同育人机制,助力涉外法律人才的培养。[50] 聂帅钧指出由于当前我国高校法学教育存在规模大而质量不够高、东西部法学教育资源不均衡等瓶

---

[47] 梁咏:《"一带一路"倡议下中国对俄罗斯的投资法律保障与风险防范》,载《人大法律评论》2017年第2期。

[48] 殷敏:《"一带一路"倡议下中国对俄投资的法律风险及应对》,载《国际商务研究》2018年第1期。

[49] 刘晓红:《"一带一路"战略与法治人才培养机制改革——以上海政法学院深化人才培养模式改革创新为例》,载王瀚主编:《法学教育研究》(第16卷),法律出版社2017年版,第66页。

[50] 刘晓红:《"一带一路"倡议背景下的法律人才培养改革探索》,载杨宗科主编:《法学教育研究》(第28卷),法律出版社2020年版,第71页。

颈性问题，"一带一路"倡议下涉外法律人才培养面临培养方案不具体、外语能力不突出和知识结构不完善的困境，所以可以考虑以创新涉外法律人才培养为改革思路，从国家和高校两个层面营造"一带一路"涉外法律人才的培养环境。[51] 张正怡指出"一带一路"倡议下选派高校学生赴国际组织实习与培养涉外法律人才是相互促进的关系。尽管实践中存在语言、工作能力和工作习惯等诸多问题，但是可以考虑通过建设全英文教学体系、加大应用类实践教学比例和建设高端境外实习基地等方式应对解决。[52] 胡晓霞指出应首先厘清"一带一路"建设中争端解决机制的现状，积极推进建立沿线各国法律共享平台、国际调解中心和国际仲裁院，探索线上争端解决机制，从积极培养高水平的涉外律师、着力打造国际仲裁员队伍和全力培养涉外调解人才入手，加大推进"一带一路"涉外法律人才培养。[53] 针对"一带一路"倡议下国际化法律人才培养模式，姜兴智从因地制宜制订培养方案、改革法学教育布局和提升法学院国际化程度三个维度提出了完善方向。[54]

六、结语

总结2017—2020年《中国学术期刊（网络版）》收录"一带一路"法律问题研究文章，可以发现，在该领域学术界已有较为丰硕的成果。"一带一路"法律问题研究主要围绕法律风险问题、投资相关法律问题、俄罗斯法律问题和涉外法律人才培养等问题展开。各领域研究并不孤立，反而呈现出相互融合的趋势。

通过对上述研究主题所涉及的文章内容进行分析，可以发现，当前"一带一路"法律问题研究聚焦于解决具体法律问题的微观层面，"一带一路"倡议的提出与不断发展帮助中国走出在国际法上所面临的困境，亚投行的创立改变了国际金融法的格局，中欧班列的开通则推动了国际贸易法的新发展[55]；而在宏观层面，相关研究则暂未在检索中

---

[51] 聂帅钧：《"一带一路"倡议与我国涉外法律人才培养新使命》，载《重庆高教研究》2019年第2期。
[52] 张正怡：《"一带一路"倡议下学生赴国际组织实习与涉外卓越法律人才培养的融合与发展》，载《教育现代化》2019年第81期。
[53] 胡晓霞：《"一带一路"建设中争端解决机制研究——兼及涉外法律人才的培养》，载《法学论坛》2018年第4期。
[54] 姜兴智：《"一带一路"倡议下国际化法律人才培养模式研究》，载《长春师范大学学报（人文社会科学版）》2020年第1期。
[55] 何力：《通向人类命运共同体之路："一带一路"与国际法》，载刘晓红主编：《"一带一路"法律研究》（第1卷），知识产权出版社2020年版，第1页。

得到体现。事实上,"一带一路"倡议已经成为构建人类命运共同体的一部分,与此同时,"一带一路"倡议与国际法治发展形成内在契合,推动着国际法治建设,国际法治的发展也给"一带一路"倡议提供保障。[56] "一带一路"法律问题研究顺应历史发展潮流,对推动国际合作、促进共同发展有着深远意义。

A Review of the "Belt and Road" Research from the Perspective of Law

Xie Yaoqi

Abstract: As one of the top-level national cooperation initiatives, the "Belt and Road" initiative focuses on legal issues such as trade, investment, finance, and taxation, which are all closely related to economic development. Through the search and analysis of the China National Knowledge Infrastructure Database, from January 2017 to June 2020, the research on the "Belt and Road" legal issues mainly concentrated upon legal risks, overseas investment and other fields, and established a trend of integration with each other. Furthermore, the national studies on Russian legal issues and cross-disciplinary studies on the cultivation of foreign-related legal talents are on the rise. However, the current research of the "Belt and Road" from the perspective of law stresses on the "case analysis" at the micro-level, while the theoretical research at the macro-level has not yet been widely reflected in the search.

Keywords: the "Belt and Road", Legal Risks, Overseas Investment, Iispute Settlement Mechanism

---

[56] 刘晓红、冯硕:《论国际法视域下上海合作组织命运共同体建设》,载《上海政法学院学报》2020年第3期。

政治学学科视域下中国学界"一带一路"研究述评
——基于 CiteSpace 可视化分析

俞婧婷 何达蔫[*]

摘 要:自"一带一路"倡议提出以来,各类研究成果不断丰富。政治学作为"一带一路"研究的第二大学科,也涌现出一系列优秀的研究成果。以 2014—2019 年 CSSCI 数据库中政治学学科领域的"一带一路"研究论文为样本,通过文献计量法,运用 CiteSpace 对目前政治学学科视域下的"一带一路"研究现状、前沿和热点进行可视化分析,发现政治学学界对"一带一路"的关注集中在"人类命运共同体""全球治理""中国外交"三个大类。未来一段时间,有关研究仍会在这三大主流上继续延伸,但是具体的研究议题会有所深化,学界可以从研究角度、研究方法、理论范式等方面进行突破。

关键词:CiteSpace;"一带一路";人类命运共同体;全球治理;中国外交

2013 年 9 月,习近平主席在哈萨克斯坦提出共同建设"丝绸之路经济带",同年 10 月又在印度尼西亚提出共同建设"21 世纪海上丝绸之路"(两者简称为"一带一路"倡议)。自提出以来,该倡议得到国际社会的广泛关注和响应。截至 2019 年 7 月,中国政府已与 136 个国家和 30 个国际组织签署了 195 份政府间合作协议。虽然官方并没有给出具体名单,但是其数量和广度都前所未有。

在"一带一路"建设不断取得新突破的同时,国内学界也涌现出一批优秀的研究成果,范围涵盖各个学科领域。从中国知网(CNKI)展现的"一带一路"研究学科分布(见图 1)[①]来看,经济学类的论文所占比例最高,具体议题涵盖"一带一路"与"经济体制改

---

[*] 作者简介:俞婧婷,天津师范大学政治与行政学院本科 2018 级学生;何达蔫,天津师范大学政治与行政学院讲师。

① 登录中国知网官方网站首页,点击"知识元检索",输入主题"一带一路",勾选"指数",点击"搜索",得到一张"学科分布"图(检索时间为 2020 年 1 月 17 日),笔者将图中各数据换成相应比例,得到图 1。

革"(占 41.38%)、"一带一路"与"工业经济"(占 11.82%)、"一带一路"与"贸易经济"(占 10.42%)等方面。政治学虽是"一带一路"倡议研究的第二大学科类别,但其总体发文数量与经济学类相比还有很大差距,且主要集中在"中国政府与国际政治"(仅占 8.64%)方面。"一带一路"作为一项经济倡议,受到经济学学界的热捧不难理解。但是政治学学界作为"一带一路"研究的重阵,同样产生了一系列具有政治学学科特色的"一带一路"研究成果。然而现阶段对政治学学科视域下的"一带一路"研究还缺乏系统的总结和归纳,导致政治学学科视域下的"一带一路"研究进入 2019 年以来出现发展"后劲不足"的现象。通过对已有研究成果的梳理,可以发现新的学科增长点,增强学科研究的"发展后劲"。因此,本文通过文献计量法,借助 CiteSpace 工具对政治学学科视域下的"一带一路"研究进行文献回顾,找到"一带一路"研究在政治学学科背景下的前沿热点和发展脉络,并在此基础上探寻新的发展空间。

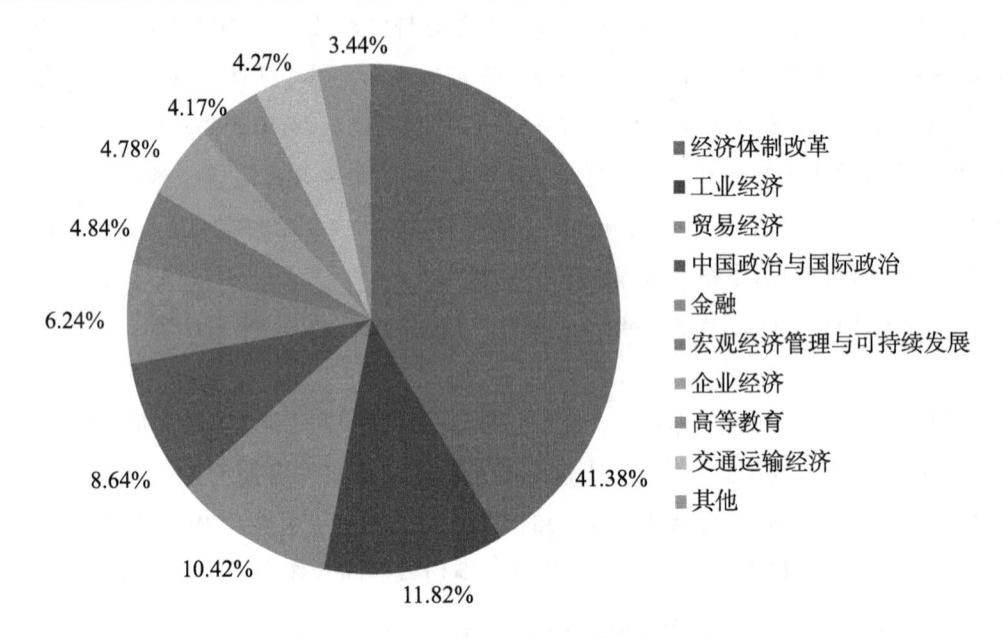

图 1　CNKI"一带一路"研究学科分布指数

一、研究方法与数据来源

(一)研究方法

CiteSpace 是美国雷德赛尔大学(Drexel University)信息科学与技术学院的陈超美博士与大连理工大学的 WISE 实验室基于 Java 语言开发的科学文献分析工具,通过绘制科学知识领域发展的可视化图谱,识别某一学科领域的关键节点文献、研究热点和前沿,是文献计量法中的一项常用软件,近年来受到学界的普遍运用。然而,目前利用 CiteSpace 对"一带一路"文献进行可视化分析的研究成果还不多,对政治学学科视域下"一带一路"文献的可视化分析成果更是几乎空白。本文运用 CiteSpace(版本为 5.6.R2)知识图谱工具的作者被引、期刊被引、关键词聚类等功能,呈现 2014 年至 2019 年政治学学科视域下"一带一路"研究的现状、热点和前沿,为掌握政治学学科下"一带一路"研究的发展态势提供可视化的科学依据。

(二)数据来源

本研究数据来源于 CSSCI 数据库[②],该数据库收录了各学科领域的高质量期刊论文。数据的收集具体操作如下:打开"中文社会科学引文索引"(CSSCI),点击"高级检索","篇名"中输入"一带一路",学科类别选择"政治学",发文年代选择"从 2014 年至 2019 年",文献类型选择"论文",共找到相关结果 412 条[③];经过人工筛选除去无作者、专访、目录、导言等非研究性论文,共得到有效论文 389 篇,以确保结果的正当性和准确性,操作时间为 2020 年 1 月 21 日。

二、政治学学科视域下"一带一路"研究的基本现状

将得到的 389 篇有效论文导入 CiteSpace,选择"作者(Author)""机构(Institution)""文献共被引(Cited Reference)"等不同的节点类型,可以得到相应的知识图谱。从不同类型的知识图谱中可以发现,"一带一路"倡议提出以来,政治学学科视域下有关"一带一路"的研究呈现出蓬勃发展的态势,学界能够紧跟高层动态和时代潮流发出声音,为倡议的落实和推广贡献力量,目前已经形成一批具有影响力的核心作者群、核心研究机构群、核心发文期刊群。本文选取年度发文数量、研究机构、期刊共被引等角度对"一带一路"在政治学学科下的研究进行分析,以此呈现政治学学科视域下"一带一路"研究的基本现状。

(一)年度发文数量分布

年度发文数量往往可以显示某一研究议题的发展趋势。通过对政治学学科视域下"一带一路"研究(以下简称"一带一路"研究)的年度发文数量进行分析,可以更好地了

---

② CiteSpace 目前并不能做 CNKI 的共被引分析,并且 CNKI 无法选择政治学学科,范围最小也只能到"社会科学Ⅰ辑"(除了政治学领域的还包含法律等学科),无法保证学科的纯粹性,而 CSSCI 可以避免这一问题,所以选择从 CSSCI 中提取数据。

③ 结果显示数为"438",但是本研究除去了《求是》《红旗文稿》等评论性质的文章 26 篇。

解过去六年学界对"一带一路"的产出情况和研究热度。本文利用软件生成的年度文献数量,制作出了"一带一路"研究的年度发文数量图(见图2)。从图中可以看出,2014—2019年"一带一路"研究的年度发文量基本可以分为两个阶段:2014—2017年的快速发展期和2018—2019年的平稳发展期。

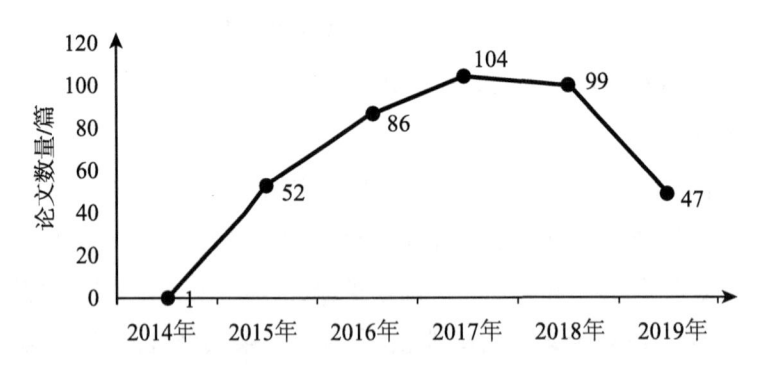

图2 2014—2019年"一带一路"研究论文数量及趋势

自2013年国家提出"一带一路"倡议开始,2014年就有学者展开相关研究并且论文被发表在CSSCI上,其中最早收录于CSSCI的相关论文是北京第二外国语学院国际关系学院柳思思发表在《南亚研究》上的《"一带一路":跨境次区域合作理论研究的新进路》[④]一文。此后三年里,相关研究成果快速涌现,"一带一路"研究在这一时期不断受到政治学界的学者关注,并在2017年达到了一个小高峰。2017年之所以成为"一带一路"研究的峰值年,究其原因可能有两点:其一,第一届"一带一路"国际合作高峰论坛的顺利召开,使得"一带一路"倡议受到国际社会的广泛关注,围绕不同国家对待"一带一路"的态度和反应,学界展开了大量的研究;其二,党的十九大将推进"一带一路"写进党章[⑤],党中央高度重视"一带一路"建设的决心和信心引发了学界对"一带一路"建设的意义、重要性等方面的讨论。此后的两年,相关研究进入平稳发展期,发文量有所下降,到了2019年仅有47篇,不及前一年的一半。从表面上来看,这一时期的"一带一路"研究似乎进入了"瓶颈期",但是这背后是否蕴含着新的研究空间? 笔者在本文最后对此问题进行了分析。

(二)核心作者群分布

通过 CiteSpace 对"一带一路"研究的发文作者进行分析,可以得到具有较高文献发

---

④ 柳思思:《"一带一路":跨境次区域合作理论研究的新进路》,载《南亚研究》2014年第2期。
⑤ 刘卫东:《"一带一路"开启包容性全球化新时代》,载中国一带一路网,http://www.yidaiyilu.gov.cn/ghsl/gnzjgd/40609.htm。

表量的核心作者群。将"作者(Author)"作为节点类型,设置相应阈值⑥,得到"一带一路"研究发文作者的知识图谱(见图3)。节点越大,则代表作者的发文量越多。数据显示,目前在政治学学科背景下进行"一带一路"研究的学者中,发表在 CSSCI 文章数量最多的是中国人民大学王义桅教授(8 篇)。2015 年,王义桅和郑栋发表的《"一带一路"战略的道德风险与应对措施》分析了"一带一路"建设所面临的道德风险,并从观念、机制、实践三方面提出了面对此类风险的应对措施⑦,在政治学学界引起较大反响。除此之外,王义桅还对"一带一路"与文明转型⑧、"一带一路"与改革开放⑨、"一带一路"与新兴全球化⑩等议题进行了关注和研究。值得一提的是,王义桅自 2015 年至 2018 年每年均有"一带一路"研究的论文发表,这都体现了其较强的学术生产能力以及对"一带一路"研究的学术耐心。

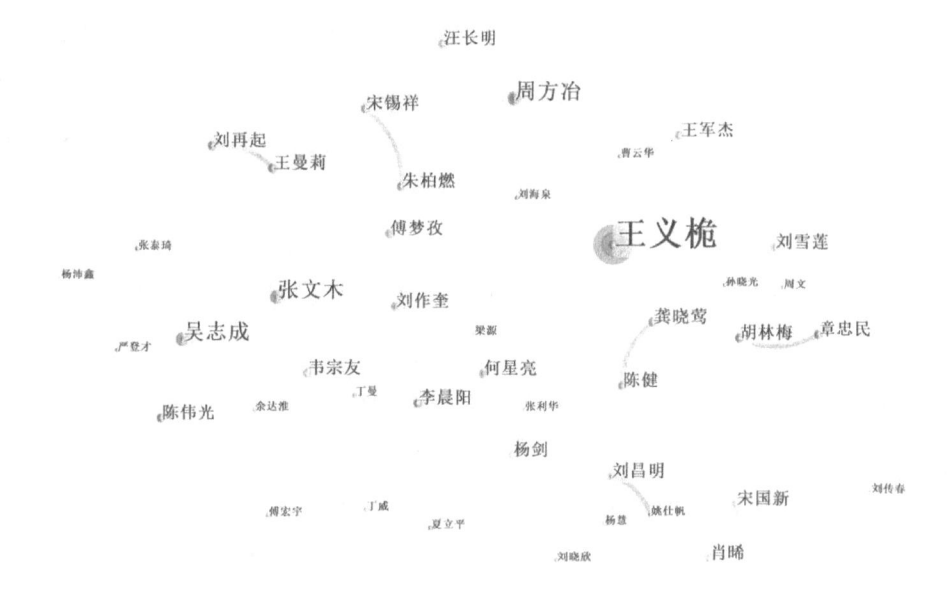

图3 "一带一路"研究作者知识图谱

此外,南开大学周恩来政府管理学院吴志成(3 篇)、中国社会科学院亚太与全球

---

⑥ 将相关的阈值设置为 TopN = 50, topN% = 10, thresholds 设为默认值,剪枝方式选择最小生成树(minimum spanning tree)。

⑦ 王义桅、郑栋:《"一带一路"战略的道德风险与应对措施》,载《东北亚论坛》2015 年第 4 期。

⑧ 王义桅:《"一带一路"的文明解析》,载《新疆师范大学学报(哲学社会科学版)》2016 年第 1 期。

⑨ 王义桅:《"一带一路"彰显改革开放的世界意义》,载《太平洋学报》2018 年第 9 期。

⑩ 王义桅:《"一带一路"的国际话语权探析》,载《探索》2016 年第 2 期。

战略研究院周方冶(3篇)、中国现代国际关系研究院张文木(3篇)等学者也有较高的发文量。以上学者都通过各自不同的研究平台优势,从大国关系、战略定位、倡议内涵等不同角度对"一带一路"进行研究,一并构成了"一带一路"研究的核心作者群。

(三)研究机构分布

通过对发文作者所在的机构进行分析,可以找出"一带一路"研究的核心机构。将节点类型选择"机构(Institution)",并设置相关阈值①,得到的图4则为"一带一路"研究的核心机构知识图谱。图中的每一个节点代表一个"一带一路"研究机构,节点的大小反映该机构的发文数量,节点越大,发文数量越多,则该机构在某一领域的科研实力越强。通过图4的节点大小可以看出,2014—2019年发文数量最多机构的是中国社会科学院亚太与全球战略研究院(14篇)。作为国际战略研究的重阵,中国社会科学院亚太与全球战略研究院始终以"代表国家水准、具有世界影响的研究成果服务于党和国家的决策"为宗旨,对于"一带一路"始终予以密切关注和研究,并且在高质量论文的产出上遥遥领先。另外,中国人民大学国际关系学院、北京大学国际关系学院、上海外国语大学中东研究所等也有较多的发文量。从构成看,拥有研究平台和学科优势的各大科研机构和高校,现已成为"一带一路"研究的主要核心机构群。从地域看,京沪作为全国的政治和经济中心,吸引了一大批有学术影响力的科研机构和高校,在"一带一路"的研究中占据主导地位。

虽然"一带一路"的研究已经出现了一批核心机构群,但是也应该看到机构图谱中稀疏的连线下"一带一路"研究可能存在的问题。正常情况下,节点之间的连线代表各机构之间的合作程度,连线越多,网络密度越大,则研究机构间的合作也越紧密。图4中网络连线数量仅为8,网络密度仅为0.001,说明在进行"一带一路"研究的过程中,各研究机构之间合作程度低,有关"一带一路"研究的学术共同体尚未开始形成。因此,各机构加强"一带一路"研究交流,实现研究资源互补能力还有待提高。

---

① 将相关的阈值设置为 TopN = 50, topN% = 10, thresholds 设为默认值,剪枝方式选择最小生成树(minimum spanning tree)。

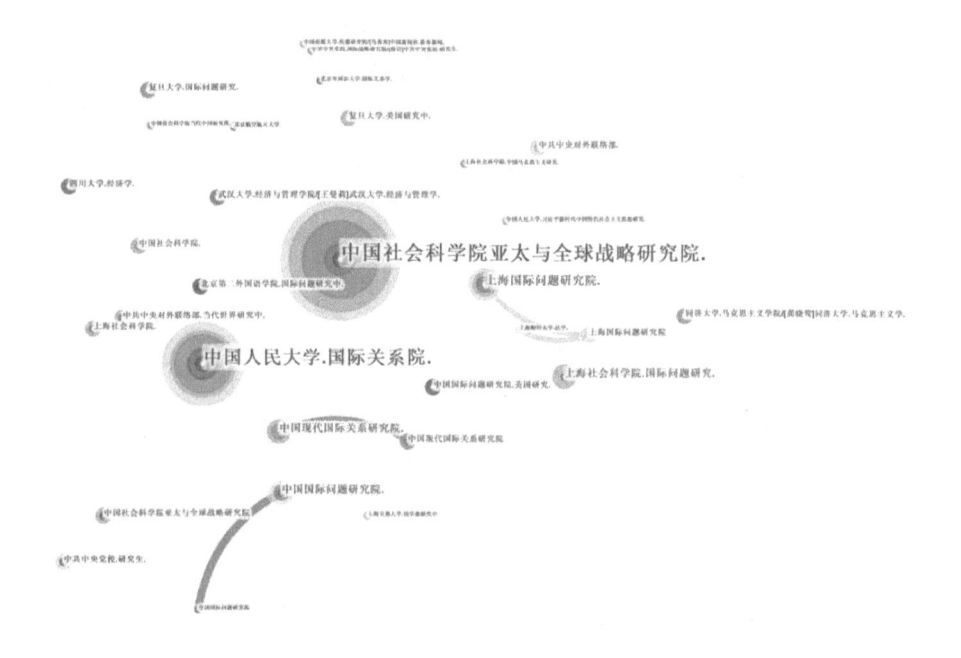

图 4 "一带一路"研究机构知识图谱

(四)期刊共被引分布

期刊共被引是指两本期刊被同一篇文献引用的现象,期刊的共被引关系及强度可以揭示期刊的学科或专业性质。通过期刊共被引的分析可以找到在"一带一路"研究领域中发挥重要学术影响力的核心期刊。将节点类型选择"期刊共被引(Cited Journal)",并设置相应的阈值⑫,得到拥有 197 个节点、334 条连线的期刊共被引知识图谱(见图 5)。图中年轮的大小反映期刊被引用的次数,年轮越大表示被引次数越多,被引次数越多则越表示该期刊在"一带一路"研究中占主流地位。表 1 列举了 CSSCI 中被收录的政治学学科下"一带一路"研究被引频次最高的前八个期刊,其中《世界经济与政治》以 120 次高居榜首。《世界经济与政治》是中国社会科学院世界经济与政治研究所主办的综合性学术月刊,在国际政治和国际关系理论等研究领域居于领先地位,多次被评为政治学类权威期刊(A+),其高被引频次也显示出该期刊在"一带一路"研究领域中所拥有的广泛影响力。自 2013 年以来,该刊对"一带一路"研究保持了长期的密切关注,刊发了不少有关"一带一路"倡议的内涵界定、"一带一路"的公共产品属性、

---

⑫ 将相关的阈值设置为 TopN = 50,topN% = 10,thresholds 设为默认值,剪枝方式选择最小生成树。

不同大国或地区对于"一带一路"的看法等问题的文章。另外,《国际问题研究》(58次)、《现代国际关系》(45次)等在国际政治研究领域中较具影响力的刊物在"一带一路"研究中也有较高的期刊共被引频次。从类型上来看,国际关系和国际理论类期刊是"一带一路"研究的主力军,这与"一带一路"倡议作为国际合作新平台的战略定位是相吻合的。

图5 "一带一路"期刊共被引图谱

表1 "一带一路"研究被引频次最高的前八个期刊

序号	被引频次	中介中心性	期刊名称
1	120	0.04	《世界经济与政治》
2	58	0.06	《国际问题研究》
3	45	0.06	《现代国际关系》
4	43	0.17	《外交评论》

续表

序号	被引频次	中介中心性	期刊名称
5	42	0.14	《国际观察》
6	40	0.12	《国际经济评论》
7	39	0.06	《太平洋学报》
8	37	0.17	《当代亚太》

(五)文献共被引分布

某一文献的共被引次数可以展示该文献的学术影响力,一般说来,单篇文献的被引频次越高,该文献的学术影响力越大。本研究运用 CiteSpace 来找到"一带一路"研究的高影响力文献。将节点类型选为"文献共被引(Cited Reference)",设置相关阈值[13]得到"一带一路"研究的文献共被引知识图谱(见图6),并将被引频次大于等于7的文献整理成表2。表2中具有较高文献被引频次的文献可被认为是国内"一带一路"研究的重要知识基础,因此具有较高的研究价值。

林民旺在2015年发表于《世界经济与政治》第5期的《印度对"一带一路"的认知及中国的政策选择》一文是政治学学界共被引频次最高的文章,该文解析了印度对"一带一路"采取消极质疑态度的原因,从对"一带一路"的意图判定、是否加入"一带一路"的讨论两个角度分析了印度智库、媒体和主流学者对"一带一路"的认知,并在此基础上提出了中国应采取相应的政策选择。[14] 共被引频次位于第二的是黄河于2015年发表的《公共产品视角下的"一带一路"》一文,该文从国际政治经济学的角度,从公共产品理论出发,认为"一带一路"具有区域性或区域间公共产品属性,并且指出中国通过"一带一路"能够有效提供沿线地区的公共产品,改善因美日欧经济停滞所导致的公共产品供应能力的不足,形成新的以中国为中心的合作体系。[15] 此外,马建英(2015)通过对美国媒体、学界、智库等的考察,概括了美国对"一带一路"倡议意图的四点认知以及对倡议的影响与前景的认知。受这些认知的主要影响,美国政界对"一带一路"倡议采取了设置障碍、调整竞争方案等政策选择。针对以上政策选择,马建英提出了中国层面

---

[13] 以1年为一个时间切片,节点类型选择文献共被引,topN 设为50,选择寻径算法并对每个切片的网络进行最小生成树裁剪,标签阈值调节为默认值。

[14] 林民旺:《印度对"一带一路"的认知及中国的政策选择》,载《世界经济与政治》2015年第5期。

[15] 黄河:《公共产品视角下的"一带一路"》,载《世界经济与政治》2015年第6期。

扭转"观念市场"等六项策略选择。⑯ 金玲(2015)的《"一带一路":中国的马歇尔计划?》从"中国版马歇尔计划"概念说起,讨论了"一带一路"的根本属性和原则基础,得出"一带一路"不是中国版马歇尔计划的结论,有力地回应了国内外对"一带一路"定位的质疑,同时也指出了"一带一路"相较于马歇尔计划所面临的更大挑战。⑰

上述文章都是国内政治学界在"一带一路"研究领域具有基础性作用的高被引频次的重要文献。通过对这些文献的分析,有利于掌握目前"一带一路"研究的重要议题。从上述统计数据中还可以发现,"一带一路"研究中的高被引频次的文献多出于高被引频次的期刊,如共被引频次排名前八的文献大多出自于共被引频次排名前十的《世界经济与政治》《国际问题研究》等期刊。

图6 "一带一路"文献共被引图谱

---

⑯ 马建英:《美国对中国"一带一路"倡议的认知与反应》,载《世界经济与政治》2015年第10期。
⑰ 金玲:《"一带一路":中国的马歇尔计划?》,载《国际问题研究》2015年第1期。

表2 "一带一路"研究共被引频次大于或等于7的文献

序号	第一作者	文献名称	期刊	被引频次
1	林民旺	《印度对"一带一路"的认知及中国的政策选择》	《世界经济与政治》	22
2	黄河	《公共产品视角下的"一带一路"》	《世界经济与政治》	14
3	马建英	《美国对中国"一带一路"倡议的认知与反应》	《世界经济与政治》	9
4	金玲	《"一带一路":中国的马歇尔计划?》	《国际问题研究》	8
5	时殷弘	《"一带一路":祈愿审慎》	《世界经济与政治》	8
6	秦亚青	《全球治理失灵与秩序理念的重建》	《世界经济与政治》	7
7	李向阳	《论海上丝绸之路的多元化合作机制》	《世界经济与政治》	7
8	薛力	《中国"一带一路"战略面对的外交风险》	《国际经济评论》	7

(六)研究热点与前沿分析

通过关键词聚类找出有关学科的研究热点和前沿是CiteSpace的强大功能之一,本文通过对筛选过后的文章进行关键词词频分析、关键词聚类分析来探寻"一带一路"研究的热点与前沿。

运行CiteSpace软件,将节点类型选为"关键词(Keyword)",设置相关阈值[18]即可得到"一带一路"研究的关键词词频知识图谱,本文已将词频大于5的关键词导出至表3。在高频关键字图谱中,频次越高代表该关键字出现次数越多。由于在选取文献时将"一带一路"作为搜索的主题,所以"一带一路"(159次)自然而然成为出现频次最高的关键词。

然而,关键词词频的高低并不完全等于某一研究领域的研究热点,要想找到"一带一路"研究的热点与前沿,则必须在词频图谱的基础上进行关键词聚类。本文采用对数似然率算法(LLR)对关键词进行聚类,得到模块值(Q值)为0.918,平均轮廓值(S值)为0.9887的"一带一路"关键词聚类图谱(见图7)。一般而言,当Q值大于0.3,S值大于0.5时就意味着划分出来的社团结构是显著的,聚类特征是合理的;若S值大于0.7,则表明聚类是高效率且令人信服的。[19]本文所选取的数据经过聚类后Q值和S值远高于0.3和0.5的标准值,可以认为从图谱中提取"一带一路"研究的热点与前沿是

---

[18] 设置时间切片为1,阈值设置为 top N = 60,topN% = 10,将(c,cc,ccc)设为(2,2,30)(1,3,30)(2,3,20),采用最小生成树剪枝。
[19] 陈悦、陈超美、刘则渊等:《CiteSpace知识图谱的方法论功能》,载《科学学研究》2015年第2期。

有效的。因此,结合关键词词频和聚类标签,发现政治学学科视域下"一带一路"研究的主要内容集中在"人类命运共同体""全球治理""中国外交"这三个大类。本文的下一部分就将以此为线索,对"一带一路"研究的热点与前沿进行文献回顾和梳理。

表3 "一带一路"高频关键词

序号	频次	关键词	序号	频次	关键词
1	159	一带一路	11	7	东南亚
2	150	"一带一路"	12	7	互联互通
3	38	"一带一路"倡议	13	7	印度
4	20	人类命运共同体	14	6	中国方案
5	14	全球治理	15	6	区域合作
6	12	中国	16	6	战略对接
7	9	中国外交	17	5	一带一路倡议
8	9	命运共同体	18	5	中欧关系
9	8	周边外交	19	5	中美关系
10	8	地缘政治	20	5	地缘政治风险

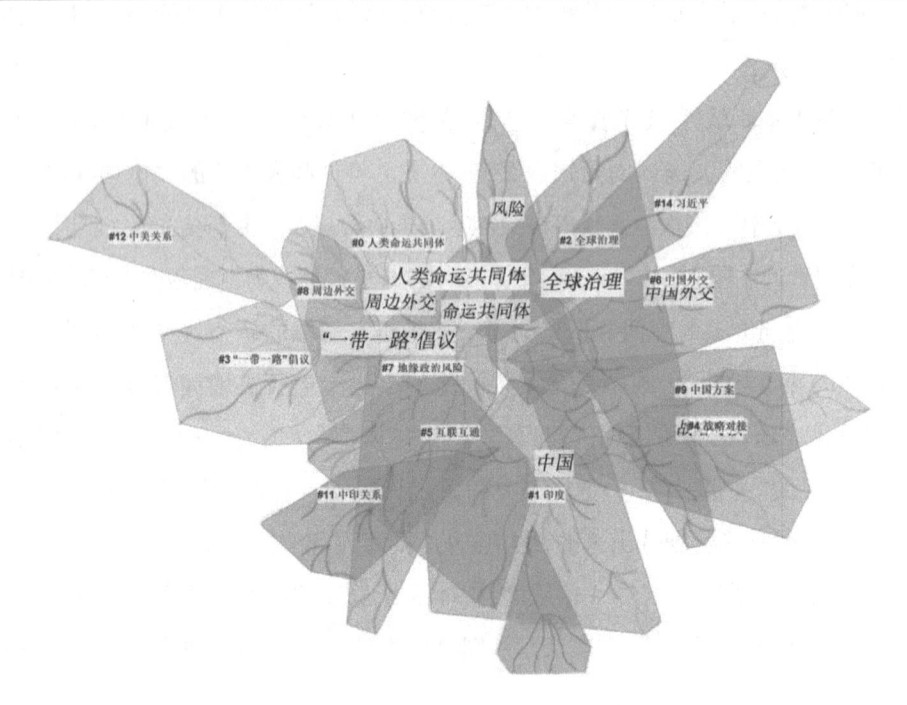

图7 "一带一路"关键词聚类图谱

三、政治学学科视域下"一带一路"研究之前沿与热点

(一)"一带一路"与"人类命运共同体"

从"一带一路"研究的关键词聚类图谱中(见图7)可以看到,"人类命运共同体"属于#0聚类级别,是聚类的最高级别,这表明"人类命运共同体"作为关键词较为频繁地出现在"一带一路"的有关研究中,是热点之一。通过相关文献可以发现,关于"人类命运共同体"的理论思考、实践分析以及其与"一带一路"的内在统一性研究是学者们的主要关注点。

1."一带一路"与"人类命运共同体"的理论思考

"一带一路"倡议产生于"人类命运共同体"思想体系[20],可以说,"人类命运共同体"是"一带一路"倡议的理论依托。因此,对"人类命运共同体"进行理论思考,成为学界研究"一带一路"的出发点。在此层面上,学者多从共同体的产生、内涵、意义等角度出发展开讨论。例如,学者刘方平重点研究了共同体的产生,提出了"内向共同体"和"外向驱动型共同体",并且指出后者是为了打造自身的同盟体系,而前者是依靠各方的力量共同应对人类社会内部所面临的挑战,人类命运共同体并不是搞自身的"小圈子",而是为了世界各国的共同发展进步,共同应对人类社会的集体福祉,因此不可将人类命运共同体的产生简单地归结于联盟。[21] 学者杨洁勉重点研究了共同体的内涵,他认为从共同体的价值来看,人类命运共同体不同于西方共同体,相反,它实现了对西方共同价值理念的超越:西方国家所倡导的共同体理念和实践具有"排他性",许多西方大国奉行着"零和博弈、弱肉强食"的丛林法则,在自身发展的时候并不能兼顾对方,而"人类命运共同体"在其构建中尊重各国差异,超越所谓的"普世价值",将"认同"与"包容"放在重要的地位。[22] 学者王义桅则重点研究了共同体的意义,认为人类命运共同体在确立"三同",化解"三异"——以共同使命化解国家利益冲突、以共同目标化解全球化争执、以共同身份化解价值观分歧方面发挥着独特作用。[23]

2."一带一路"与"人类命运共同体"的实践分析

要想使"人类命运共同体"真正从战略构想变成现实,必须有可行的路径规划。因

---

[20] 由于"一带一路"没有自身的思想体系,"人类命运共同体"的思想体系一定程度上就是"一带一路"的思想体系,因此对"人类命运共同体"的内涵进行分析有利于更好地理解"一带一路"的思想内涵。
[21] 刘方平:《论人类命运共同体思想的内在逻辑》,载《青海民族研究》2018年第4期。
[22] 杨洁勉:《新时代中国外交的战略思维和谋划》,载《外交评论(外交学院学报)》2018年第1期。
[23] 王义桅:《人类命运共同体的内涵与使命》,载《人民论坛·学术前沿》2017年第12期。

此,对"人类命运共同体"的思考不能仅仅停留在理论层面,还必须进行实践层面的分析。在构建"人类命运共同体"的实践层面上,国内学者都持有较为统一的看法,即认为"一带一路"倡议是"人类命运共同体"的实现路径之一,"一带一路"的顺利实施对实现"人类命运共同体"有着重要意义,并从不同角度进行了论证。例如,天津外国语大学东北亚研究中心主任姜龙范从"共同体"的历史演进谱系出发,认为"一带一路"倡议强调照顾各方利益关切,在逐利的同时考虑义,对于探索新型国际治理模式具有重大意义,超越了原有国际关系的"共存"和"合作"阶段,将使国际关系正式迈入"共同体"阶段。[24] 中国人民大学国际政治经济学研究中心主任保建云从习近平主席的国际战略论述出发,论证了"一带一路"对于"人类命运共同体"的重要作用。在他的文章中,"一带一路"倡议通过"为沿线国家社会规划美好前景""促进沿线各国文明""促进人类利益共同体的形成""促进人类责任共同体的形成"以及"构建人类命运共同体"五个方面体现了中国的大国担当精神。中国提出并积极推动的"一带一路"建设,是习近平主席新时代中国特色社会主义外交思想的重要内容,也是中国推进构建"人类命运共同体"的重要战略步骤和举措。[25] 除了以上学者从理论研究角度分析外,还有学者通过实证研究论证了"一带一路"倡议对于"人类命运共同体"的重要意义。中国社会科学院研究员何星亮通过实地考察"一带一路"沿线国家的情况,从中国企业与中亚国家共建现代化基础、共建现代农牧业生产和加工体系、共建现代化的工业生产体系、培训高素质技工、增加各国税收五个方面获取了大量一手资料,从中国企业的角度论证了"一带一路"倡议与古代丝绸之路的相同之处,即将中国的物质、制度和精神文明传播到世界各国,得出了"一带一路"不是谋求"中国中心秩序"的工具,而是沿线各国经济、科技、文化交流之路,是中国建构"人类命运共同体"的重要方式这一结论。[26]

3."一带一路"与"人类命运共同体"的内在统一

作为"一带一路"倡议的最终目标与理想,"人类命运共同体"与"一带一路"倡议的逻辑存在统一性。对此,学界也进行了讨论,并从不同的研究视角来论证两者逻辑上的一致性。例如,中国人民大学国际关系学院教授王义桅从"理念"和"行动"的辩证统一

---

[24] 姜龙范:《"一带一路"倡议视域下的危机管控与东北亚安全合作机制的构建》,载《东北亚论坛》2018年第3期。

[25] 保建云:《基于"一带一路"倡议的习近平国际战略观》,载《马克思主义研究》2019年第6期。

[26] 何星亮:《"一带一路"建设与人类命运共同体》,载《中南民族大学学报(人文社会科学版)》2018年第4期。

来分析"一带一路"倡议与"人类命运共同体"的统一性。在他看来,"一带一路"倡议正在践行"人类命运共同体"理念,是中国历经40年改革开放所探索出的解决世界性难题的中国方案,也是"天下大同"思想在21世纪的回归。"一带一路"倡议推动欧亚大陆重新回归人类文明中心地带,实现了国际政治从地缘经济政治到地缘文明的跨越,这与"人类命运共同体"的文明逻辑是相符合的。[27] 新疆师范大学马克思主义学院王林兵和雷琳从世界秩序的角度出发来论证两者的契合点。他们指出,中国当下的世界秩序观本质上是一种"发展型世界秩序观",而这种发展型世界秩序观的本质内涵是一种"礼序"的"人类命运共同体观"。这里的"礼序"的具体体现就是"一带一路"倡议所呈现出的具有现代性意义的"民主、平等"的"主权礼序"、"普惠、共赢"的"经济礼序"与"互鉴、共存"的"文化礼序"。从这一点来看,"一带一路"倡议正契合于"人类命运共同体"理念,以"礼序"共同体思维修正和变革现行世界秩序下的西方霸权思维,尝试通过公平、正义的世界规则变革霸权的自由规则。[28] 北京第二外国语学院国际关系学院柳思思还从差序格局视域下发现了"一带一路"倡议与"人类命运共同体"的共通性。在她看来,与差序格局所提倡家庭与邻里等熟人关系的重要性一样,"一带一路"和"人类命运共同体"都体现了从自我出发建构关系网络,都强调差序格局的伸缩性以及情感联系的重要性,这种由内而外的差序格局与西方等级制度下按照权力大小从中心到四周辐散的路径有着根本不同,差序格局理论下的"一带一路"与"人类命运共同体"更加凸显出中国智慧。[29]

总之,作为中国特色社会主义新时代下中国与世界关系的回应,"人类命运共同体"理念和"一带一路"倡议的提出告别了近代以来中西体用的纠结,完成了对以竞争、斗争为核心的传统地缘政治学的超越[30],是改革开放发展理念的国际化体现,为中国崛起提供了新理念和新方案。国内关于"一带一路"的研究必然离不开对"人类命运共同体"的研究,通过相关论文的阅读可以发现,学者们对于两者的关系问题持较为统一的看法,即"一带一路"是构建"人类命运共同体"的中国逻辑和路径尝试。在此基础上,

---

[27] 王义桅:《人类命运共同体的内涵与使命》,载《人民论坛·学术前沿》2017年第12期。
[28] 王林兵、雷琳:《世界秩序变革中的"中国方案"——以"一带一路"倡议为实践路径》,载《科学社会主义》2018年第5期。
[29] 柳思思:《差序格局理论视阈下的"一带一路"——从欧美思维到中国智慧》,载《南亚研究》2018年第1期。
[30] 黄凤志、魏永艳:《"一带一路"倡议与建设对传统地缘政治学的超越》,载《吉林大学社会科学学报》2019年第2期。

学者们又从不同的视角阐发了"一带一路"倡议对于实现"人类命运共同体"的重要意义以及两者的内在统一性。

(二)"一带一路"与"全球治理"

从关键词词频图谱和聚类图谱中可以看到,"全球治理"(聚类#2)是政治学界"一带一路"研究中的又一关注热点。通过阅读相关文献发现,"一带一路"研究中涉及"全球治理"的内容大抵可以分为三个方面:"一带一路"与全球治理变革、"一带一路"对全球治理的积极作用以及"一带一路"对中国参与全球治理的影响。

1."一带一路"与全球治理变革

"一带一路"倡议是后危机时代,中国向国际社会提出的一种基于世界各国人民共同利益和国际正义的全球治理思想。[31] 在讨论"一带一路"与全球治理的辩证关系之前,学者们首先对"一带一路"提出时的全球治理现状做了分析。例如,吴志成和迟永从发展的视角出发,指出当今的全球治理还是延续"冷战"结束之初的以美国为主导的规则体系,没有考虑崛起的新兴力量参与全球治理的能力与意愿,这种霸权下的全球治理愈发阻碍着有效治理机制的形成。[32] 郝保权从西方传统治理理念谈起,认为崇尚一元主义、工具理性和二元对立的西方现代性思维是当今全球治理体的主导理念,这些治理理念的排外性和对立性注定了在其主导下的全球治理模式下的潜在问题。[33] 戴长征则从政治、经济、社会三个维度分析了当下全球治理的"软约束性",以及既有的全球治理格局的主体困境和制度体制困境。[34] 总之,学界普遍认为,当下的全球治理体系存在治理理念落后、治理矛盾频发等问题,而全球治理体系亟须变革正是"一带一路"倡议提出的深刻国际背景之一。

2."一带一路"对全球治理的积极作用

作为全球治理变革的中国方案,"一带一路"在提出之时就被赋予了改革现存全球治理问题的重要使命。围绕"一带一路"对全球治理所发挥的积极作用,学者们从治理理念的创新、治理主体的扩大、治理机制的创新等方面进行了讨论。

从治理理念来看,"一带一路"倡议提供了"共商共享共建"[35]的新型全球治理理念,

---

[31] 乔玉强:《人类命运共同体:应对全球治理困境的中国逻辑》,载《理论月刊》2018年第4期。
[32] 吴志成、迟永:《"一带一路"倡议与全球治理变革》,载《天津社会科学》2017年第6期。
[33] 郝保权:《"一带一路":人类命运共同体的路径探索》,载《中国高等教育》2018年第Z1期。
[34] 戴长征:《全球治理格局变革视野下的"一带一路"》,载《人民论坛·学术前沿》2017年第8期。
[35] 《中国首次明确提出全球治理理念》,载新华网,http://www.xinhuanet.com/world/2015-10/14/c_1116824064.htm。

这种新型全球治理理念融入了中国传统元素,是对原有全球治理理念的突破。秦亚青和魏玲认为,新型全球治理观的特色在于明确回答了"谁治理"(多元主体)和"怎样治理"(代表性、包容性、开放性和公正性)的问题,这与"一带一路"的原则相吻合,新型全球治理观和"一带一路"原则之间存在内在联系和互动关系,落实到"一带一路"具体实践中就形成了两者的统一。[36] 陈伟光和王燕从"规则治理"与"关系治理"的概念出发,认为"一带一路"倡议尝试以"关系治理"驱动"规则治理",并用"规则治理"保障"关系治理",将利益共同体这一"感性认知"与建设过程中的"理性规则"相结合,最终优化区域内的经贸关系,从理论层面实现对传统单一的"规则治理"模式的超越。[37]

从治理主体来看,"一带一路"倡议改变了过往的以西方发达国家为主导的治理模式,让更多的沿线国家参与到全球治理中去,实现了治理主体的扩大。何志鹏指出,"一带一路"从一开始就是以亚非国家为主导的"国际法律秩序",这种以发展中国家利益为目标的"国际法律秩序"体现了全球治理主体的扩大,是从主体角度为全球治理作出的一次有益尝试;有利于亚非国家参与和积累全球发展治理的经验,增加亚非国家全球治理的信心。[38] 此外,治理主体范围的扩大还体现在政府和非政府间的国际和地区组织的作用日渐凸显。"一带一路"试图将更多的行为体纳入治理体系,形成更大范围的国际合作。随着"一带一路"的推进,这些主权国家之外的行为体将发挥越来越重要的作用。陈晓春和曾维国开展了"一带一路"视域下我国非政府组织(NGO)研究,指出了其在倡议实施过程中对全球治理产生的影响以及存在的问题,并且选取国外政府对NGO的培育与管理模式以及NGO的自我管理的做法,试图为我国NGO建设更好地服务"一带一路"倡议和全球治理带来启发。[39]

从治理机制来看,"一带一路"倡议通过建立多边(一投一金)和双边国际制度(双边联委会、混委会等)来协调推进实施方案和行动路线,体现了治理机制[40]上的创新。

---

[36] 秦亚青、魏玲:《新型全球治理观与"一带一路"合作实践》,载《外交评论(外交学院学报)》2018年第2期。

[37] 陈伟光、王燕:《共建"一带一路":基于关系治理与规则治理的分析框架》,载《世界经济与政治》2016年第6期。

[38] 何志鹏:《"一带一路"与国际制度的中国贡献》,载《学习与探索》2016年第9期。

[39] 陈晓春、曾维国:《"一带一路"视域下我国非政府组织建设路径研究》,载《湘潭大学学报(哲学社会科学版)》2017年第4期。

[40] 本文认为机制和过程是全球治理的两个方面,具体参见戴长征:《全球治理格局变革视野下的"一带一路"》,载《人民论坛·学术前沿》2017年第8期。

丛晓男指出,"一带一路"是中国提出的"倡议"而非实体性的国际组织,因此其运作机制与其他区域性国际组织存在根本性不同,能够有效避免机构重叠、议题重复等问题,有效防止了对原有区域协作机制的破坏和对原有国际组织作用空间的挤压,在一定程度上是对原有区域协作机制的补充。[41] 王明国通过对"一带一路"国际合作高峰论坛的制度逻辑分析,论证了高层会晤、主场外交、多边机制嵌入相关议题等形式共同构成"一带一路"多层立体式的制度架构,加强了沿线国家之间以及区域性国际组织之间的交流与合作。[42] 谢来辉则通过类型学分析来讨论"一带一路"在全球治理中的定位,通过构建包含"制度形态"和"权力结构"的分析框架,比较了"一带一路"与西方权力较为集中的非正式制度之间的差异,由此揭示"一带一路"在治理机制上的创新及其对于打破全球治理垄断的意义。

从公共物品的提供来看,"一带一路"倡议的提出契合了当今国际公共产品需求大于供给的现状,并通过新型公共物品的提供来解决国际公共产品不足这一问题。王亚军从"一带一路"的设计理念到操作框架分析了其作为中国特色的国际公共产品的特色和个性。[43] 黄河和戴丽婷用"一带一路"倡议下中国对全球发展、治理与安全类公共产品的提供来说明其在融资方式上的创新。[44] 朱磊和陈迎从"一带一路"与现有国际机制的战略对接层面论证了"一带一路"在弥补全球公共物品的供需缺口和结构性失衡方面的重要作用。[45]

3. "一带一路"对中国参与全球治理的影响

共建"一带一路"是中国推动全球治理结构转型的一次尝试。除了对全球治理发挥积极作用之外,"一带一路"对中国参与全球治理也有着重要影响,有益于中国从全球治理的参与者转变为引领者。关于"一带一路"对中国参与全球治理的影响,学者们主要从话语体系、文化内涵、国内治理与国际治理的辩证关系等方面进行研究。

从话语体系上来看,学者们普遍认为"一带一路"开启了中国主动参与国际合作及全球治理体系重建的先例,从某种意义上讲解构了西方在全球治理中"霸权式"的话语

---

[41] 丛晓男:《以"一带一路"建设破解发展这一时代命题》,载《红旗文稿》2018 年第 19 期。
[42] 王明国:《"一带一路"国际合作高峰论坛的制度逻辑》,载《教学与研究》2017 年第 8 期。
[43] 王亚军:《"一带一路"倡议的理论创新与典范价值》,载《世界经济与政治》2017 年第 3 期。
[44] 黄河、戴丽婷:《"一带一路"公共产品与中国特色大国外交》,载《太平洋学报》2018 年第 8 期。
[45] 朱磊、陈迎:《"一带一路"倡议对接 2030 年可持续发展议程——内涵、目标与路径》,载《世界经济与政治》2019 年第 4 期。

体系,有利于中国提升在全球治理体系中的话语权并探索新的全球治理话语体系。

从文化内涵上讲,"一带一路"治理内容涉及了政策沟通、民心相通等政治和文化议题,超越了传统治理只注重经济发展治理的缺陷,学者们认为这有利于增强中国的文化建构能力,提升中国的文化软实力。例如,吉林大学行政学院刘雪莲和桑溥以建构主义为视角,探讨了"一带一路"在文化建构方面的作用,得出了"一带一路"倡议是中国对沿线各国以集体身份为支撑,通过集体身份建构来实现中国的全球治理理念的一次尝试这一结论,并且认为这是中国在建立新型的国际秩序文化上的一次突破,有极大的示范意义。[46]

从国内和全球的关系上讲,国内学者们认为"一带一路"协调了全球治理与国家治理两者的关系,有利于以国家治理推动全球治理能力提升。贵州大学公共管理学院教授杨达指出,"一带一路"作为中国主动参与全球治理的试验田,不仅有助于国内依法治国、以宪治国的真正落地,而且助力安稳社会秩序的打造,造福中国的同时又裨益于整个世界。[47] 学者韩笑则从中国脱贫治理出发,认为中国改革开放以来的脱贫治理经验能够借助"一带一路"为沿线国家的经济发展和社会进步带来支撑,以国家治理推动全球治理绩效的提升,进而赋予两者联动共建的全新意义。[48]

从相关的研究成果中可以发现,学者们普遍认为"一带一路"倡议是"去中心化的全球化"(decentred globalism)[49]的时代背景下中国向国际社会提出的一种基于各国人民共同利益和国际正义的全球治理思想,并且从必要性和影响(对中国、对世界)层面来分析"一带一路"对于全球治理的重要意义。

(三)"一带一路"与"中国外交"

可以看到,关键词聚类图谱还显现出了印度、中印关系、中美关系等级别较高的聚类标签,将其进行分类合并,可以归结为"中国外交"层面的"一带一路"研究。[50]

"一带一路"是中国特色外交思维的体现,也是中国特色大国外交的主要平台。[51]

---

[46] 刘雪莲、桑溥:《"一带一路"建设与中国的全球治理理念——以建构主义理论为视角》,载《吉林大学社会科学学报》2018年第6期。

[47] 杨达:《秩序完善、地缘缓和、治理提升:"一带一路"的国际政治理论新解》,载《贵州社会科学》2017年第5期。

[48] 韩笑:《全球发展治理视域下的"一带一路"建设》,载《国际观察》2018年第3期。

[49] Barry Buzan, Geogre Lawson, *The Global Transformation*, Cambridge University Press, 2015, p.274.

[50] 本文将聚类#1、#6、#7、#8、#11、#12合并为"中国外交"研究热点。

[51] 杨洁勉:《新时代中国外交的战略思维和谋划》,载《外交评论(外交学院学报)》2018年第1期。

一方面,体现着"亲""诚""惠""容"的"一带一路"倡议是中国优秀传统文化所蕴含的交往价值典范,是一种"建构发展型世界秩序"[52],符合我国新型大国外交思想。另一方面,利用中国雄厚的物质力量,充分发挥中国的主观能动性,"一带一路"倡议将会改变中国外交的被动局面,使中国外交从"韬光养晦"向"奋发有为"转型[53]。在这一部分,学者们主要是从"一带一路"涉及的不同外交主体和对象、"一带一路"涉及的不同外交领域、"一带一路"所面临的外交风险与挑战三个方面展开。

1. "一带一路"涉及的不同外交主体和对象

从外交涉及的对象来看,学者们主要是从国别和区域两个角度来进行"一带一路"研究。

学界有关国别层面的"一带一路"研究主要从大国外交框架出发,集中于地缘政治、战略价值等角度对不同大国对"一带一路"倡议的认知以及态度进行分析。对于这一类的研究已经相当多,较有影响力的文章有林民旺的《印度对"一带一路"的认知及中国的政策选择》[54]、信强的《"三重博弈":中美关系视角下的"一带一路"战略》[55]、沈予加的《澳大利亚对"一带一路"倡议的态度及原因探析》[56]等。从相关研究的结果上看,大国对"一带一路"的看法基本分为两派,俄罗斯、英国、法国、德国等国均表示支持,而美国、印度、日本、澳大利亚等国则以怀疑甚至否定为主。

学界有关区域层面的"一带一路"研究又可以被分为两类:一类是研究"一带一路"与东盟、欧盟等国际性组织的合作与发展;另一类是以地区为划分,研究"一带一路"在中亚、中东、海湾等国际热点地区的地位以及发挥的作用。

东盟作为周边外交的重点发展对象和"一带一路"倡议实施的重点区域,在相关研究中备受关注,国内学者多从中国-东盟经贸关系的发展[57]、中国-东盟公共外交的现状和动因[58]、澜湄合作机制的现状与评析[59]等方向对其进行研究。另外,欧洲虽然不是

---

[52] 王林兵、雷琳:《世界秩序变革中的"中国方案"——以"一带一路"倡议为实践路径》,载《科学社会主义》2018年第5期。
[53] 高程:《从中国经济外交转型的视角看"一带一路"的战略性》,载《国际观察》2015年第4期。
[54] 林民旺:《印度对"一带一路"的认知及中国的政策选择》,载《世界经济与政治》2015年第5期。
[55] 信强:《"三重博弈":中美关系视角下的"一带一路"战略》,载《美国研究》2016年第5期。
[56] 沈予加:《澳大利亚对"一带一路"倡议的态度及原因探析》,载《太平洋学报》2018年第8期。
[57] 谷合强:《"一带一路"与中国-东盟经贸关系的发展》,载《东南亚研究》2018年第1期。
[58] 唐小松、景丽娜:《中国对东盟的公共外交:现状、动因与方向》,载《东南亚研究》2017年第4期。
[59] 戴永、曾凯:《澜湄合作机制的现状评析:成效、问题与对策》,载《国际论坛》2017年第4期。

"一带一路"最初的发展重点,但是自2015年英国加入亚洲基础设施投资银行[60]后,欧盟国家与中国的合作越来越多,欧盟已然是"一带一路"的重要参与方,因此相关研究也比较多。中国现代国际关系研究院副院长冯仲平等从"一带一路"的本质分析了中欧合作的动力,在描述了中欧合作的现状后又从经济、秩序和文化层面探讨了中欧合作的前景,认为时代趋势赋予了中欧新的合作空间。[61] 复旦大学国际关系与公共事务学院研究员张骥等则从双层欧盟的视角分析"一带一路"倡议的中欧对接,并且介绍了中欧双层对接良性互动机制的四个途径——横扩、上传、下载和溢出。[62] 总体来说,学界对"一带一路"倡议在东盟国家、欧盟国家合作的现状和前景都持积极的看法。

"一带一路"倡议的广泛性使其在建设过程中不仅涉及主要大国和区域性组织,还涉及中亚、中东、海湾等关键地区,对此学者们也进行了讨论。例如,华东师范大学国际问题研究所所长陆钢从区域经济、地区文明角度分析了"一带一路"倡议在中亚地区的影响,认为"一带一路"对开发中亚市场、再造欧亚地区文明秩序有着重要作用,但中国对中亚外交仍存在着意识形态上的认知偏差、形式主义和官僚主义现象等问题,并对此提出了解决建议。[63] 中国国际问题研究院副研究员柳莉等研究了海湾地区在"一带一路"建设中的战略意义、"一带一路"框架下的中海合作现状以及"一带一路"在海湾地区取得进展的原因,在肯定海湾地区在"一带一路"中发挥作用的同时也指出了"一带一路"建设在海湾地区所面临的地缘政治风险、经济风险、宗教和文化冲突等挑战。[64] 武汉大学中国边界与海洋研究院梁源研究了中国与太平洋岛国地区在"一带一路"框架下合作的主要挑战,并从基础设施建设、经济发展和教育文化方面给出了"一带一路"政策在该地区的实现路径。[65] 西北大学中东研究所副研究员王猛则研究了"一带一路"在中东实施的目标选择和国别途径,认为中国的中东外交要谨防将国家主权平等观念泛化为对外交往的平均主义,需要有针对性地区分国家的重要程度,将共建"一带一路"的愿景与行动同中东外交既往实际对接,将合作重点与中东区域及各具体国家

---

[60] 2015年英国未脱欧,2020年1月31日英国脱欧后的情况还有待研究。
[61] 冯仲平、黄静:《中欧"一带一路"合作的动力、现状与前景》,载《现代国际关系》2016年第2期。
[62] 张骥、陈志敏:《"一带一路"倡议的中欧对接:双层欧盟的视角》,载《世界经济与政治》2015年第11期。
[63] 陆钢:《"一带一路"背景下中国对中亚外交的反思》,载《探索与争鸣》2016年第1期。
[64] 柳莉、王泽胜:《"一带一路"建设在海湾地区进展与挑战》,载《国际问题研究》2017年第2期。
[65] 梁源:《"一带一路"在太平洋岛国地区的良性发展路径》,载《人民论坛·学术前沿》2019年第10期。

情况相结合,确定具体的推进路径。[66] 政治学学界的学者对"一带一路"在关键地区这一层面上的研究得出的结论大多是机遇与挑战并存,或是挑战大于机遇。

从外交涉及的主体来看,除了中央层面,"一带一路"倡议的特殊性还在于促进了中国地方层面的外交。陈翔和韦红从中国地方外交的历史演进、形式和作用出发,分析了"一带一路"倡议下中央政府的政策性放权、沿线国家扩大与地方政府的合作等条件给中国地方外交带来的契机以及"一带一路"实施过程中面临的地方政府内生性外交治理能力不足、中央政府与地方政府之间的博弈困境、地方政府间竞争以及国家间关系波动等问题。在此基础上,有关学者又从地方政府自身对外交往素养、地方与中央政府交往的协调等方面提出了建议,以期更好地提升地方政府在"一带一路"倡议中所发挥的作用,提升地方外交在国家总体外交中的地位。[67]

2."一带一路"涉及的不同外交领域

从外交涉及的不同领域来看,"一带一路"相关研究不仅集中于政治领域这样的安全性外交,也有学者从经济、人文、农业、能源等发展型外交领域来研究"一带一路"对中国的影响。例如,丁冰等学者从"一带一路"与经济全球化的关系、"一带一路"的经济成果和作用等方面论证了"一带一路"对我国经济外交的重要作用。[68] 邢丽菊等学者认为"一带一路"人文交流有利于推进中国与沿线国家民心相通,促进中国与有关国家政治互信,有利于我国人文外交的发展。[69] 张帅和孙德刚认为"一带一路"建设基础设施联互通、资金融通为开展农业对外交往提供了保障,为沿线国家实现农业产业优势互补、共享发展机遇创造了良好条件,使得中国特色农业外交的方式不断创新,为新时期中国特色农业外交的开展开辟了更加广阔的空间。[70] 李冉等学者则以水资源、天然气等为重点,研究了"一带一路"视域下的中国能源外交新机遇和新挑战。[71]

---

[66] 王猛:《论"一带一路"倡议在中东的实施》,载《现代国际关系》2017年第3期。
[67] 陈翔、韦红:《"一带一路"建设视野下的中国地方外交》,载《国际观察》2016年第6期。
[68] 丁冰:《"一带一路"是推进中国特色大国外交的重要经济基础》,载《思想理论教育导刊》2018年第12期;傅梦孜、徐刚:《"一带一路":进展、挑战与应对》,载《国际问题研究》2017年第3期;等等。
[69] 邢丽菊:《推进"一带一路"人文交流:困难与应对》,载《国际问题研究》2016年第6期;杨荣国、张新平:《"一带一路"人文交流:战略内涵、现实挑战与实践路径》,载《甘肃社会科学》2018年第6期;刘再起、王曼莉:《"一带一路":中国软实力的"西游"之路》,载《江汉论坛》2016年第6期;等等。
[70] 张帅、孙德刚:《论新时期中国特色的农业外交》,载《宁夏社会科学》2019年第1期。
[71] 李冉:《"一带一路"视域下的中国天然气外交战略:新机遇、新形势和新思路》,载《西北师大学报(社会科学版)》2018年第5期;许长新、孙洋洋:《基于"一带一路"战略视角的中国周边水外交》,载《世界经济与政治论坛》2016年第5期;等等。

3."一带一路"所面临的外交风险与挑战

在看到"一带一路"倡议给中国外交带来了机遇的同时,也有学者看到其在外交层面所面临的外部风险和内部挑战。

从外部风险看,首先绕不开的话题就是美国。自中国政府提出"一带一路"倡议以来,美国政府对"一带一路"倡议的态度尽管有过一些好转,但总体来说是消极的和负面的,学者们认为这将造成"一带一路"的外部风险。例如,林民旺通过"印太"的建构过程指出,美国、印度、日本、澳大利亚四边安全对话重启的一个重要的指向就是"一带一路"。[72] 沈予加在分析澳大利亚迟迟不肯与中国签订"一带一路"备忘录的原因中指出,美国对"一带一路"的负面态度在一定程度上影响着有关国家的政策走向,使得不少"在安全上依靠美国,在经济上依靠中国"的国家做出了安全利益让位于经济利益的选择,阻碍了"一带一路"倡议的进一步推广和实施。[73] 其次,学者们认为外部风险还包括沿线的文化风险。他们普遍认为,沿线各国政治体制的差异性本身就增加了相互理解的难度和认同度,加上近年来恐怖主义、分裂主义等恶劣外部因素,"一带一路"沿线的文化差异性会给中国开展"一带一路"建设增加不小的难度。例如,上海外国语大学丝路战略研究所所长马丽蓉从菲律宾的马拉维之战、若开邦问题的久拖难解、罗兴亚难民等问题分析了"一带一路"在东南亚实施过程中遭遇的"伊斯兰因素",认为该"伊斯兰因素"从不同层面上影响了倡议实施过程中的软环境建设。[74]

"一带一路"建设过程在外交层面中除了外部风险外,也包括现行外交决策机制不完善、外交目标设定等内部挑战,学者们对此也进行了讨论。例如,中国社会科学院世界经济与政治研究所国际战略室主任薛力等学者认为,随着"一带一路"倡议的实施,外交事务的广度与深度都将前所未有地扩展,现实的需求暴露出中国外交决策机制信息的收集与分析、政策建议的筛选与综合、决策的做出等方面的不足,将"倒逼"中国外交决策机制进行反思和改革。[75] 另外,还有学者指出,如何辩证理解以我为主和责任担当之间的关系、如何正确回应沿路(带)国家和地区的不同期待、如何适当处理与也许是属于更发达国家和地区间的多维关系(尤其是经济之外的社会生态维度)等[76]都是

---

[72] 林民旺:《"印太"的建构与亚洲地缘政治的张力》,载《外交评论(外交学院学报)》2018 年第 1 期。
[73] 沈予加:《澳大利亚对"一带一路"倡议的态度及原因探析》,载《太平洋学报》2018 年第 8 期。
[74] 马丽蓉:《"一带一路"软环境中的东南亚"伊斯兰因素"及其因应之策》,载《东南亚研究》2019 年第 3 期。
[75] 薛力、肖欢容:《"一带一路"倒逼中国外交决策机制改革》,载《东南亚研究》2016 年第 2 期。
[76] 郇庆治:《理解人类命运共同体的三个重要层面》,载《人民论坛·学术前沿》2017 年第 12 期。

"一带一路"在实施过程中所面临的现实外交挑战。

"人类命运共同体""全球治理""中国外交"三大领域共同构成了政治学学科视域下的"一带一路"研究热点,此三者看似毫无关系,实则有内在的联系性。对人类命运共同体和"一带一路"所倡导的新型全球治理进行研究,可以在"一带一路"具体的实施过程中以更加开放包容的心态面对沿线国家经济、文化等差异,对中国外交决策有着现实意义。而关注"一带一路"与中国外交,则能够检验人类命运共同体的具体实践情况,对"一带一路"所倡导基本价值理念有更深刻的理解。

四、政治学学科视域下"一带一路"研究之发展趋势与展望

总体来说,"一带一路"倡议提出以来,政治学学界给予其高度关注,成为仅次于经济学学界的第二大研究群体,涌现出了一批"一带一路"研究的专家学者和科研机构,也取得了一系列优秀的研究成果。各学者和研究机构能够针对"一带一路"发展过程中遇到的理论和现实难题,及时发声和回应,为国家重大决策提供科学依据。但同时也应该看到目前政治学学科视域下"一带一路"研究所面临的现状和难题——自2018年开始研究成果迅速下降,学科发展缺乏后劲。基于已有文献以及统计数据,可以对"一带一路"研究的发展趋势进行预测,并在此基础上找到新的研究突破口和学科增长点,探寻新的研究空间。

(一)发展趋势

一般来说,延续至最近年份的"突现关键词(Burst Terms)"[17]能够代表某一领域未来的研究趋势,本文通过CiteSpace中的"突现关键词"知识图谱[18](见表4)来预测"一带一路"研究的未来发展趋势。分析发现,所有延续至2019年的突现关键词都可以在上文提到的"一带一路"研究热点中找到定位:有关"义利观"的研究从属于"人类命运共同体"热点;有关"WTO""基础设施""全球经济治理""国家治理现代化"的研究从属于"全球治理"热点;而有关"中亚地区""日本""国家安全"的研究则从属于"中国外交"热点。突现关键词与研究热点的契合不仅验证了上文关键词聚类的正确性,也预

---

[17] 突现关键词指的是在某一较短时间内变化频次较大的关键词,表明某一关键词在一段时间内突然变冷或变热,往往是不同研究阶段的划分依据,代表了某一研究问题的研究前沿或发展趋势。

[18] 在原有的关键词聚类图谱的基础上,将"control panel"中的"¥值"设置为0.1,进行"refresh"后,选择"view = 24"进行查看。

测了接下来的一段时间里"一带一路"研究的发展趋势,即"人类命运共同体""全球治理""中国外交"将继续成为主流与前沿。

表4 "一带一路"研究前二十三大突现词
(Top 23 Keywords with the Strongest Citation Bursts)

主题词 (Keywords)	出现年份 (Year)	突现强度 (Strengt)	主题词突现 开始年份 (Begin)	主题词突现 结束年份 (End)	2014—2019
一带一路倡议	2014	1.5737	2015	2016	
国家利益	2014	0.6277	2015	2016	
风险防范	2014	0.9424	2015	2016	
华侨华人	2014	0.6277	2015	2016	
中国外交	2014	1.4447	2015	2016	
挑战	2014	0.6277	2015	2016	
一带一路建设	2014	0.6277	2015	2016	
公共外交	2014	0.9424	2015	2016	
亚太再平衡	2014	0.6277	2015	2016	
国家形象	2014	0.3208	2016	2017	
对外开放	2014	0.3208	2016	2017	
制度建设	2014	0.3208	2016	2017	
地区合作	2014	0.3208	2016	2017	
反恐合作	2014	0.3208	2016	2017	
话语体系	2014	0.3208	2016	2017	
国家安全	2014	0.2364	2017	2019	
wto	2014	0.2364	2017	2019	
基础设施	2014	0.2364	2017	2019	
中亚地区	2014	0.2364	2017	2019	
日本	2014	0.2364	2017	2019	
全球经济治理	2014	0.2364	2017	2019	
国家治理现代化	2014	0.2364	2017	2019	
义利观	2014	0.4736	2017	2019	

(二)后续发展空间

结合政治学学科视域下"一带一路"研究基本现状分析、前沿与热点分析、发展趋势分析,可以从以下三个方面拓展发展空间。

1. 对三大主流继续深化研究

"一带一路"的发展趋势与热点问题相一致,因此在已有的研究成果上继续拓展三大主流的研究空间是有必要且合理的。

在"人类命运共同体"的研究层面上,现有研究多从共同体的内涵、意义等价值层面的理论分析出发,分析"人类命运共同体"的演进以及其与"一带一路"的关系,而对具体领域的共同体建设研究比较少。未来,可以加强对"一带一路"建设过程中的网络、能源、气候等具体领域的共同体建设研究。

在"全球治理"的研究层面上,虽然已有许多学者从治理主体、治理机制等角度分析了"一带一路"对全球治理产生的影响,但大多只是提供了一个研究框架或是一种理论模型,没有考虑到在具体的倡议实施过程中的相关机制运行情况以及可能存在的问题。例如,许多学者都提到了亚洲基础设施投资银行和丝路基金作为国际多边制度对国际治理机制有着创新意义,但是对"一投一金"在现实运行过程中的状况、"一投一金"与国际现存多边机制的关系却缺乏研究。"一带一路"建设中成立的双多边合作机制与现有国际组织,究竟是"共生"还是"互斥",是"相辅相成"还是"机构重复"?这些都是有待回答的问题。此外,研究者还可以从"一带一路"已有的全球治理经验出发,为中国的国家治理现代化提供意见,以实现全球治理与国家治理的互通性研究。

在"中国外交"的研究层面上,"重大国研究,轻小国研究"是当下研究存在的显著问题。固然,大国态度以及大国间的政治博弈对"一带一路"倡议的实施和推进起着关键作用,但是作为一项惠及广大发展中国家、构建"人类命运共同体"的倡议,"一带一路"面对的群体包括但不仅局限于大国,更多的应是沿线的小国。现实情况也证实了这一点,在"一带一路"已有的经济走廊建设、铁路合作建设、通信合作建设等具体实践中,成功合作的案例恰恰多来自沿线的小国。因此,在未来的研究中,学者们可以更多着眼于微观层面的小国研究,在跟进"一带一路"倡议在有关国家的实施进程的基础上,将倡议实施过程中所产生的模范案例和模范国家及时进行理论总结,打造"一带一路"新名片,提升研究成果的针对性和实用性,而非仅仅将关注点放在宏观层面的大国研究上。此外,针对"一带一路"建设过程中出现的外交决策机制滞后等内部挑战,学者们可以结合自身的专业优势,对相关问题建言献策,最终使中国外交更好地服务于"一带一路"倡议。

2. 加强跨机构交流和跨学科研究

本文在分析机构分布时提到,当前的"一带一路"研究机构间连接密度十分稀疏,有关"一带一路"研究的学术共同体尚未开始形成,这一定程度上限制了研究的进一步深化。未来,各机构可以依靠自身所拥有的优势,以专题会议、学术论坛等形式提高研究资源互补能力,朝着构建"一带一路"研究资源共享平台努力,迈进各机构合作协同。此外,"一带一路"涉及经济学、政治学、法学等不同学科下的不同领域,在进行研究时注重学科之间的交叉性,可以为"一带一路"研究提供更加全面的视角。除了政治学学界通常采取的定性研究方法之外,不妨在"一带一路"研究中适当加入定量分析的元素。例如,对倡议具体实施过程中的典型案例加入经济学学界的模型分析,抑或是在实际调研中采取社会学学界常用的问卷调查等形式,不仅可以使研究结果更有说服力,也可以扩大政治学学界对"一带一路"研究的范畴。

3. 加强本土化研究

当前,政治学学界对于"一带一路"的研究偏好利用欧美国际关系理论,尚未完成"一带一路"中国特色的理论构建。例如,在研究"一带一路"与全球治理的关系时,学者们利用类型学分析、国际公共产品理论、博弈论模型对"一带一路"倡议进行定位;在研究"一带一路"与中国外交的关系时,又难逃现实主义和建构主义的理论范式之争。欧美国际关系理论范式下的"一带一路"研究确实可以解决一些问题,但不免有些本土化缺失的遗憾。有学者指出,目前占主流地位的欧美国际关系理论在其创立之初就是为了解决欧美国家的现实问题,本质上是为欧美国家量身定做的理论,用来解释我国"一带一路"倡议并不完全契合。习惯用欧美的理论体系来解释中国的实践,归根结底是我们缺乏理论自信的表现。[79]

但是也应该看到,已有部分学者意识到了这一问题并开始重视"一带一路"的中国特色研究。例如,在研究"一带一路"与人类命运共同体时,就有学者用中国传统的差序格局来分析"一带一路",从"知行合一""义利观"等角度来解释"一带一路"的中国

---

[79] 柳思思:《差序格局理论视阈下的"一带一路"——从欧美思维到中国智慧》,载《南亚研究》2018年第1期。

逻辑，但相关研究并未形成主流之势。在未来的研究中，学者们可以继续加强对"一带一路"本土化的研究，将"一带一路"倡议所蕴含的中国智慧上升到理论层面，以此提高中国的文化软实力和国际话语权，同时为中国的国际关系理论贡献力量。

A Review of Studies on the "Belt and Road" Initiative from the Perspective of Political Science
——Visual Analysis Based on CiteSpace

Yu Jingting, He Daru

Abstract: Since the "Belt and Road" Initiative (BRI) was put forward, various research achievements have been enriched. As the second major subject of studies on the BRI, political science has also produced a series of excellent research results. In this paper, studies on the BRI in the field of political science in CSSCI database from 2014 to 2015 are identified and analyzed using bibliometric methods to perform visual analysis. The aim of this article is to systematically present the research status quo and hotspots of the studies on the BRI from the perspective of political science. The results reveal that current studies mainly focus on "a Community of Shared Fature for Mankind", "global governance", "China's foreign" three categories. In the future, relevant research will continue to extend in these three main streams, but specific research topics will be deepened. Therefore, scholars could lay more emphasis on "research perspectives", "research methods", "theoretical paradigms", etc. which is related to the studies on the BRI.

Keywords: CiteSpace, the "Belt and Road" Initiative, a Community of Shared Fature for Mankind, Global Governance, China's Diplomacy

上海政法学院中国－上海合作组织
国际司法交流合作培训基地简介

2013年9月13日,习近平主席在吉尔吉斯斯坦首都比什凯克举行的上海合作组织成员国元首峰会上宣布,中方将在上海政法学院设立"中国－上海合作组织国际司法交流合作培训基地",愿意利用这一平台为其他成员国培养司法人才。2014年、2015年、2018年习近平主席又3次在上海合作组织元首峰会上强调,中方要依托中国－上海合作组织国际司法交流合作培训基地(以下简称"中国上合基地")为上海合作组织成员国培养人才。

"中国上合基地"于2014年5月20日在上海政法学院奠基揭牌,2017年全面建成。2017年9月,"中国上合基地"被上海市政府列入《上海服务国家"一带一路"建设 发挥桥头堡作用行动方案》重点项目之一,为沿线国家(地区)培养政府精英。

依托"中国上合基地",上海政法学院先后获批最高人民法院"一带一路"司法研究基地、最高人民检察院上海合作组织检察官培训基地、司法部上海合作组织成员国法律服务委员会中方筹备办公室、司法部中国－上海合作组织法律服务委员会合作交流基地、司法部调解理论研究与人才培训基地、教育部批准备案建设的区域和国别研究中心、上海高校一类智库(上海全球安全治理研究院)、上海高校人文社科重点研究基地等重要平台。上海政法学院是"一带一路"智库合作联盟理事单位,上海合作组织研究院和"一带一路"安全研究院为CTTI(中国智库索引)来源智库,其智库成果在上海市高校智库中连续多年名列前茅。